中国经济文库
应用经济学精品系列

中国经济文库·应用经济学精品系列（二）

内蒙古师范大学“公共管理一流学科与师资队伍建设”项目
内蒙古高等学校青年科技人才发展项目（NJYT24071）
内蒙古自然科学基金项目（2022LHQN07003）
内蒙古师范大学基本科研业务费专项资金资助项目（2022JBZH006）

李东海◎著

内蒙古黄河流域生态产品价值实现路径研究

Study on the Path to Realize the Value of Ecological Products of Inner Mongolia Yellow River Basin

中国经济出版社
CHINA ECONOMIC PUBLISHING HOUSE
北京

图书在版编目（CIP）数据

内蒙古黄河流域生态产品价值实现路径研究 / 李东海著. --北京：中国经济出版社，2024.4
ISBN 978-7-5136-7694-6

Ⅰ.①内… Ⅱ.①李… Ⅲ.①黄河流域-生态经济-区域经济发展-研究-内蒙古 Ⅳ.①F127.26

中国国家版本馆 CIP 数据核字（2024）第 060750 号

责任编辑 耿 园
责任印制 马小宾
封面设计 李 萌

出版发行 中国经济出版社
印 刷 者 北京建宏印刷有限公司
经 销 者 各地新华书店
开　　本 710mm×1000mm 1/16
印　　张 14.75
字　　数 224 千字
版　　次 2024 年 4 月第 1 版
印　　次 2024 年 4 月第 1 次
定　　价 88.00 元
广告经营许可证 京西工商广字第 8179 号

中国经济出版社 **网址** http：//epc. sinopec. com/epc/ **社址** 北京市东城区安定门外大街 58 号 **邮编** 100011
本版图书如存在印装质量问题，请与本社销售中心联系调换（联系电话：010-57512564）

目　录

第一章　绪　论

第一节　研究背景

党的二十大报告指出，推动黄河流域生态保护和高质量发展。新时代，中国经济发展已转入高质量发展阶段。黄河流域作为中国重要的生态屏障和经济地带，是我国重要的能源、化工、原材料工业基地，但长期粗放式的发展模式使得黄河流域面临严峻的生态环境问题，2019 年 9 月，黄河流域生态保护和高质量发展被列为重大国家战略，强调了保护黄河流域生态环境、实现黄河流域高质量发展的重要性，并从战略层面作出安排①。2021 年 10 月，习近平总书记在推动黄河流域生态保护和高质量发展座谈会上指出，沿黄河省（区）要落实好黄河流域生态保护和高质量发展战略部署，要坚定走绿色低碳发展道路。中共中央、国务院下发了《黄河流域生态保护和高质量发展规划纲要》②。习近平总书记历次到内蒙古考察，重点关注生态环保工作的开展情况，要求内蒙古加强生态安全，守护好北方生态安全屏障。内蒙古黄河

① 习近平. 在黄河流域生态保护和高质量发展座谈会上的讲话［EB/OL］.（2019-09-18）［2021-12-24］. http：//www. court. gov. cn/zixun-xiangqing-190581. html.

② 中共中央，国务院. 黄河流域生态保护和高质量发展规划纲要［EB/OL］.（2021-10-08）［2021-12-24］. http：//www. gov. cn/zhengce/2021-10/08/content_ 5641438. htm.

流域地处黄河“几”字弯，是北方典型的干旱半干旱地区，在经济发展进程中面临着诸如生态环境承载力不足、水沙关系不协调、矿产资源开发不合理、资源开发和经济发展冲突严峻等一系列生态问题。可见，作为祖国北方重要的生态安全屏障，推动内蒙古黄河流域生态保护和高质量发展是亟须解决的重大问题。

党的十九大报告指出，供给更多优质的生态产品用以满足人民群众日益增长的生态需要。党的二十大报告也指出，建立生态产品价值实现机制。生态产品价值实现理念是马克思劳动价值论的丰富和拓展，生态产品价值实现是习近平生态文明思想的实践抓手，是实现人与自然和谐共生的必由之路，是破解新时代社会主要矛盾的重要手段。中共中央办公厅、国务院办公厅在2021年印发的《关于建立健全生态产品价值实现机制的意见》强调，要构建完善的生态产品价值实现评价核算体系和考核机制。国家标准化管理委员会在2023年以构建“双碳”标准体系为根本，联合其他十部门共同印发了《碳达峰碳中和标准体系建设指南》，明确指出要推动制修订生态产品价值实现绩效评估标准。党中央下发的一系列政策文件得到了地方政府的积极响应，各省份都为生态产品价值评价考核机制的形成与落实付出努力，将该机制当成重要的政策手段，为生态产品价值实现提供助力。从当前情况来看，我国大部分省份都以国家要求为导向制定了实施方案，对生态产品价值实现绩效考核与评价工作的开展作出安排，为生态产品设定价值转化路径，以满足群众在生态环境方面的需求为目的设置环境指标，为生态产品价值实现提供制度保障，构建综合性、完整性评价体系。

我国大部分生态产品来自国家重点生态功能区（鲍丙飞等，2022），在评价考核工作推进过程中，国家层面要求国家重点生态功能区先行一步，维护国家生态安全，提高生态产品供给数量与质量。黄河流域有较多国家重点生态功能区，承担着生态系统服务功能，要为区域内群众生活带来保障。黄河流域重点生态功能区环境容量有限，生态系统较为脆弱，出现了严重的生态退化现象，而且多数地区前期经济欠发达，是脱贫攻坚重点地区，各项事业发展都比较缓慢，尽管脱贫攻坚取得成功，但巩固胜利成果的任务却依然繁重（温旭新等，2022）。经济发展与生态保护之间存在不协调的现象，生态补偿机制尚不完善，黄河流域重点生态功能区在发展中遇到诸多困难，要想利用生态优势换取经济优势，需要为生态产品价值实现摸索出多元路径（陈耀等，2020）。在新的发展形势下，黄河流域在我国生态系统中占据着重要位置，生态产品价值实现机制的建立健全，既是生态环保的必然要求，也是高质量发展的先决条件。

内蒙古黄河流域在持续推进生态产品价值实现过程中已取得显著成效，但仍存在生态产品价值实现监测监控体系不够完善、核算补偿机制不够完备、市场价格机制不够成熟、政策保障力度不够到位等诸多挑战。生态产品价值实现是推动内蒙古黄河流域生态保护和高质量发展的重要抓手，是实现内蒙古黄河流域人与自然和谐共生的必由之路，是破解新时代内蒙古黄河流域社会主要矛盾的重要手段。内蒙古自治区在推动生态文明建设过程中，贯彻落实“两山”理论，高度重视黄河流域生态治理与生态产品价值实现。内蒙古自治区党委办公厅、自治区人民政府办公厅于2022年发布了《关于建立健全生态产品价值实现机制的实施方案》，指出了内蒙古持续完善生态产品价值实现机制以及生态产品价值实现的有效转化路径。可见，探寻内蒙古黄河流域生态产品价值机制与路径，对推进黄河流域生态保护和高质量发展、加强我国北方重要生态安全屏障建设、推动中国式生态治理现代化具有重要意义。

基于此，本书围绕“内蒙古黄河流域生态产品价值实现”主题，重点从以下几个方面开展研究工作：一是构建内蒙古黄河流域生态产品价值实现理论框架。系统分析生态产品价值实现的理论基础，包括生态产品的概念界定与基本属性、生态产品的分类体系、生态产品价值实现的遵循原则等内容，为本书的顺利开展奠定理论基础。二是建立内蒙古黄河流域生态产品价值核算体系。明确内蒙古黄河流域生态资产和生态系统服务价值总量，确定内蒙古黄河流域生态产品价值与生态系统生产总值，进而探究内蒙古黄河流域生态产品价值的发展现状与面临的困境。三是揭示内蒙古黄河流域生态产品价值实现机制。构建内蒙古黄河流域生态产品“调查监测—核算评估—经营开发—保护补偿—制度保障—持续推进”的系统性价值实现机制，实现从价值监测、价值核算、价值保障和价值经营的集逻辑性、针对性、持续性于一体的生态产品价值实现机制。四是提出内蒙古黄河流域生态产品价值实现路径。基于内蒙古黄河流域生态产品价值实现现状和面临的困境，从生态产品整体和分类视角，全面、系统探寻内蒙古黄河流域生态产品的具体价值实现路径。五是内蒙古黄河流域生态产品价值实现的典型案例分析。在分析国内外生态产品价值实现的典型案例的基础上，进一步对内蒙古呼和浩特、鄂尔多斯、巴彦淖尔等地的生态产品价值实现进行探讨。内蒙古黄河流域生态产品价值实现路径的探究，为缓解生态脆弱区人地矛盾、实现内蒙古黄河流域生态保护和高质量发展、打造全国乃至国际生态文明高地提供理论依据和实践支持。

第二节　研究现状

围绕本书的研究内容梳理国内外同一领域的研究成果，加深对“生态产品”这一概念的理解。最初人们简单地将这一概念看作生态系统服务，历经半个世纪的研究，取得了丰硕的成果。西方绿色运动在 20 世纪 60 年代产生了较强的影响力，生态产品在学界的关注度不断提高，理论成果持续增加。回顾这一概念在学界的发展历程，可以将研究脉络梳理为：内涵定义（Constanza，1997）→设定评价指标（马国霞等，2017）→分析机理（刘江宜等，2020）→高质量发展（廖茂林等，2021）。在二十几年的研究中，学界将价值梳理、实现机理、质量提升路径等当成关注点并展开细致分析。

一、研究历程

（一）萌芽起步阶段（2010—2014 年）

该阶段的研究处于起步阶段，文献研究相对较少，并且国外相关研究早于我国，主要是关于生态产品内涵方面的研究。“生态产品”的概念于 20 世纪末提出，2007 年联合国环境规划署支持将生物多样性与生态系统服务价值评估方法综合，2010 年“生态产品”作为衡量生态环境保护评价标准被提出，目的是优化国土空间格局、开展生态产品的有效供给等。因此，该阶段国外生态产品领域的研究成果多于国内，国外研究为国内研究提供了参考借鉴。之后国内也逐渐重视资源环境的价值，将资源环境成本纳入生态产品价值评估体系，是生态产品价值实现的雏形，为后续研究奠定了坚实基础。

（二）努力探索阶段（2015—2019 年）

随着“绿水青山就是金山银山”理念的不断深入，我国生态文明建设持续向前推进。该阶段主要围绕生态产品价值核算、生态产品供给等方面进行探索。“绿水青山就是金山银山”是将生态优势转化为经济效益，指明了生态产品价值实现的主要方向，逐步开展生态文明试验区试点研究，关于生态产品有效供给、探索生态产品市场化机制的研究逐渐增多①，而国外更多地关注生态产品价值核算评估方面的研究。

（三）全面推进阶段（2020 年至今）

“双碳”目标背景下，关于生态产品价值实现的研究进入快速发展期，系统探究生态产品价值实现机制是实现“双碳”目标的重要手段。政府从顶层设计层面规划生态产品价值实现的实施方案，地方试点项目逐步展开，推动“双碳”目标背景下生态产品价值的实现。截至目前，浙江、福建、江西、海

① 李宏伟，薄凡，崔莉．生态产品价值实现机制的理论创新与实践探索［J］．治理研究，2020，36（4）：34-42.

南、云南、贵州等省份已制定了生态产品价值实现的实施方案①，并逐步探索生态产品价值实现的路径。关于生态产品概念界定、价值核算、经营路径等方面的研究成果逐渐丰富，而国外更多地关注经济价值与生态价值二者间的权衡。

二、文献综述

（一）生态产品的基本内涵研究

在对生态产品进行研究时，学界以生态系统服务为起点（Daily，1997），在不同理论的指导下对生态系统服务给出定义，说法不一。生态系统服务指人类通过生态系统服务获得需要的物质产品，产生良好的自然效应，创造美学价值（Constanza，1997）。联合国千年生态系统评估（Millennium Ecosystem Assessment，MA）指出，生态系统服务能为人类带来直接效益，具有强大的支持功能，国外学者在研究中重点关注产品属性（Farley，2010）。从国内研究看，最先对生态产品进行概念界定的学者为洪子燕等（1985），他们在对黄土高原生态畜产品的收益与价值进行分析时指出，生态系统将初级产品提供给人类，借助光合作用快速实现生态转化，获得更高的经济收益。其他国内学者对生态产品的内涵界定，任耀武和袁国宝（1992）认为生态产品是凭借自然加工不存在生态滞竭的产品，这类产品对人类是安全、可靠、无伤害的高端产品②；徐阳和郭辉（1994）从维护人类身体健康和降低生态环境破坏的角度提出生态产品是不会对人类产生伤害并保护生态环境的绿色、环保产品③；马涛（2012）提出生态产品不仅包括保障生态调节、维系生态安全、提供宜人居住环境的纯自然产品，还包括通过人类经济活动产出的绿色环保、

① Jun-li Z. Establishment of value-realization mechanism for ecological products in provincial management level: A case study in Yunnan [J]. Ecological Economy, 2023, 19 (2): 186-191.

② 任耀武，袁国宝．初论“生态产品”[J]．生态学杂志，1992 (6)：48-50.

③ 徐阳，郭辉．生态产品方兴未艾 [J]．科学与文化，1994 (2)：5-6.

生态有机的物质产品①；张林波等（2019）认为生态产品是生态系统在自然环境活动与人类生产活动共同作用下，产出为人类发展提供福祉的最终服务或产品②；廖茂林等（2021）基于表现形态和功能属性视角，将生态产品分为生态物质产品、生态调节服务和生态文化服务三类，提出生态物质产品是不仅包括自然生态系统本身提供的生态产品，还包括人类参与生产的绿色农产品、生态工业品、旅游产品③。

（二）生态产品的供给方式研究

部分学者着重分析生态产品的供给方式，围绕自然与社会经济两大属性展开研究，尤为关注社会经济属性，认为这是生态产品价值的重要体现形式。曾贤刚等（2014）指出，我国生态产品在市场化发展过程中主要通过直接交易、生态购买等方式供应产品，供给主体的数量与类型都比较多，要通过市场化的手段协调多方利益，不断增加产品供应量，保持良好的发展趋势。孙庆刚等（2015）在对生态产品进行研究时，重点分析供给与价值之间的关系，发现两者之间存在“U”形线性关系，在前期发展中会造成严重破坏，然后治理。因此，政府要结合区域发展情况为生态产品制定完善的补偿制度，在内在激励机制的引领下统一生态与经济价值。孙爱真等（2015）对西南地区生态产品供给情况进行分析，发现在供给与服务质量、数量等方面，城乡之间存在明显差距，为了增强生态产品供给有效性，要求从总体上协调好供需关系。林黎（2016）认为，政府、市场、社会要保持密切联系，不断丰富生态产品供给主体的数量，形成多中心治理机制，使困扰中央、企业、地方等主体多年的问题能顺利解决。李繁荣等（2016）认为，政府要推行 PPP 模式，与企业深度合作，通过多样化的手段增加生态产品供应量，包括生态购

---

① 马涛．依靠市场机制推动生态产品生产［N］．中国证券报，2012-11-28.

② 张林波，虞慧怡，李岱青，等．生态产品内涵与其价值实现途径［J］．农业机械学报，2019，50（6）：173-183.

③ 廖茂林，潘家华，孙博文．生态产品的内涵辨析及价值实现路径［J］．经济体制改革，2021（1）：12-18.

买、外包项目等，让供给机制能高效运行。朱颖等（2018）重点对森林生态产品供给情况进行分析，认为在供应森林生态产品过程中各大利益主体都要投入一定的生产要素，发挥出多元化供给方式的优势，使利益主体能获得需要的产品与服务。

（三）生态产品价值核算及评估研究

在衡量生态产品的价值时，价值核算是一项重要技术，要把握住每一种生态系统服务的特征选择合理的价值评估方式。国外学者在这方面的研究中重点关注环境层面的问题，结合区域内的水分、地貌等情况对生态系统的价值进行估算，采用的方法通常为当量因子法、市场价值法等（Kibria et al.，2017）；有学者在评估水源生态服务价值时选择支付意愿法（Farhana et al.，2019）。最近几十年间国内学者不仅进行理论研究，也在实践中采用多种方式对生态产品价值进行核算，对生态系统自身及产品的价值进行估算（欧阳志云等，2013）；在对土壤保持量、水源涵养等价值进行评估时可以选择能值法，有利于把握住生态产品的供应能力及创造的价值（庞丽花等，2014）；在对各个地区的生态产品价值进行对比时可以选择修正当量因子法（谢高地等，2015）；在对农产品、清新空气等生态产品的价值进行评估时，建议使用替代市场法、直接市场价格法（李芬等，2017）；在评估生态产品供应能力时可以引入先进的地理信息软件（庞丽花等，2014）。上述学者积累的经验，为本书的深入探究提供了方法借鉴。

1. 生态产品价值实现的评价体系构建

各学者在服务类型及核算内容上意见不尽相同。1997 年，Costanza 等提出了一套评估体系，包括了气体调节、气候调节、干扰调节、水调节、供水、控制侵蚀与保持沉积物、土壤形成、养分循环、废物处理、传粉、生物控制、避难所、食品生产、原材料、基因资源、休闲娱乐、文化等 17 个维度。这一分类法不但首次对全球生态系统服务的价值进行了评估，而且推进了全球生态系统价值评估研究的进程（Costanza et al.，1997）。2001 年，联合国启动的千年生态系统评估对生态系统服务进行了新的分类，概括为四类核心功能：生活资料提供的供给服务，对气候、洪灾、疫病、废物管理及水体状况等的调控服务，涉及娱乐、审美和心灵愉悦的文化服务，以及土壤发育、光合作用和营养循环等基础支持服务。随后，TEEB（2010 年的生物多样性与生态系统服务的经济估价）和 2014 年的《环境经济核算体系下的试验性生态系统核算》（SEEA-EEA）在原有 MA 核算框架的基础上，发展出了一套新的生态系统服务核算方法。在这一体系中，TEEB 将生态系统服务细分为四大类：基础生活资料供应的供给服务，对气候、洪灾、疾病、废弃物处理及水质调控的调节服务，涉及娱乐、审美及精神满足的文化服务，以及维护迁徙物种生命周期和保护基因多样性的栖息地服务，总计包括 22 个具体服务项目。在国际核算经验的基础上，我国积极开展了对国内生态系统服务评估指标体系的研究，陆续发布了一系列标准性文件，如《森林生态系统服务功能评估规范》（GB/T 38582—2020）、《海洋生态资本评估技术导则》（GB/T 28058—2011）、《荒漠生态系统服务评估规范》（LY/T 2006—2012）和《自然资源（森林）资产评价技术规范》（LY/T 2735—2016），为森林、海洋和荒漠等多种生态系统服务的评估提供了强有力的推动。同时，欧阳志云等（2013）、吴丹等（2016）、张林波等（2019）等研究人员陆续对适合中国特色的生态系统服务评估指标体系进行了深入研究与建构，为该领域的发展作出了突出贡献。

2. 生态产品价值实现的评价方法研究

在生态产品价值实现过程中，机制建设意义重大，绩效评价工作占据着基础位置，是落实党和国家政策方针的有效举措。通过文献梳理了解到，生态产品价值实现成效测度并非主要课题，相关研究开展的时间并不长。参照文献资料，在对生态产品价值实现成效进行测评时，采取的方法大致有三种：

一是综合指标评价法。这种测度方法应用率比较高，能否获得客观的评价结果，关键在于是否能构建完善的指标体系。现有研究通常是在“两山”理论的指导下，从生态产品价值实现过程入手构建指标体系，重点关注机制保障、生态环境等内容。多数学者认为在构建指标体系时应该注重生态产品价值实现过程，王晓欣等（2023）对大量案例进行分析，进一步意识到在对生态产品价值实现成效进行测度时要关注民生福祉，制定量化评价指标；雷硕等（2022）构建的评价指标体系包含三个维度，即保护生态环境、转化价值、制度建设；Zhang 等（2023）指出，要在“双碳”目标的引领下对生态产品价值实现情况进行评估，要体现出量化评价的优越性，构建包含四个维度的评价体系，即保护生态环境、机制保障、价值转化、碳中和成效。部分学者从“两山”转化视角出发，以实现绿色发展为目标构建评价体系，包含制度保障、生态资源、经济实力、民生福祉等维度（潘张蕤，2019；纪荣婷等，2020；辛越优等，2021）。多数学者认为，在构建评价体系过程中要重点关注“生态”“经济”两项内容，而且要保证两个子评价系统的独立性（朱佳天等，2022）。从总体上看，现有评价指标体系以发展成效指标为侧重点，却没有过多关注转化成效，忽略了政策、资源、资金、技术等问题，缺失“潜绩”指标，无法描述工作重视与努力程度，也没有设置能体现出进展成果的“显绩”指标，对评价体系的推广运用造成了不良影响。

二是生态系统生产总值（GEP）转化法。运用这种方法进行测度时，在 GEP 核算结果与生态产品实现价值之间进行对比，以此描述价值转化程度（赵云皓等，2021）。GEP 核算为核心内容。自然资本核算的推行，生态系统服务估值的运用，为 GEP 这一概念的提出奠定了基础（Small et al.，2017），有利于把握人类通过生态系统获得了怎样的福祉（Ouyang et al.，2020）。GEP 核算在政府绩效评估中有较高的应用率，其中包含对生态保护有效性、生态系统服务能力的评价。此外，在分配环境权利、发放生态补偿、对土地流转生态环境增值情况进行评价时，GEP 核算结果能提供重要参考（Hao et al.，2022）。运用这种方法对生态产品价值实现情况进行评价时，必须得出客观的 GEP 核算结果。王金南等（2021）认为，在对生态产品价值实现成效作出评价时，要以初级转化率为依据。林亦晴等（2023）在对丽水市生态产品价值实现程度进行评价时，将 GEP 核算结果与生态产品实现量进行对比，通过这种易于操作与理解的方法描述真实情况。然而，GEP 核算也有局限性，如未实现科目统一、核算范围不明确、在设定价格与标准时会受到主观因素的干扰、实物量化评估不确定性较强等。上述技术难题无法在短期内得到解决，无法得出公信力较强的评估结果（张林波等，2023）。

三是绿色全要素生产率法。这种方法利用资源环境指标对生态产品生产能力进行描述，将其认定为与资本、劳动力具有相同重要程度的生产要素，求出全要素生产率，采用 DEA 法或参数法求出每一种生产要素在经济发展中的作用。高涵等（2020）认为，在投入的所有生产要素中，“绿水青山”是关键的一种，设定的产出指标为地区生产总值，衡量在经济发展中绿色全要素生产率的贡献率，对“两山”转化效率进行客观评价；李娜（2020）在对湖州市绿色经济发展效率进行评价时指出，作为投入要素，技术、劳动力、资本同等重要，经济发展与环境污染则是重要的产出要素。采用这种方法能直观地描述在地区生产总值增长过程中生态产品价值实现的贡献程度，却忽略了政策激励的作用（高涵等，2020；李娜，2020）。

从总体上看，每一种评估方法都有优势与不足，应用面最广的是综合指标评价法，不需要采用复杂的技术，能通过多项指标对生态产品价值实现成效进行客观评价，有较高的推广价值。

（四）生态产品价值实现机制及影响因素研究

1. 生态产品价值实现机制研究

学者们的侧重点有所不同。黎元生（2018）指出，生态要素产权制度在完善过程中要体现出较强的可交易性，要为生态产业的发展培育多元经营主体，对生态产品价值进行客观评估，持续拓宽价值实现路径。高晓龙等（2019）认为，要想让生态产品创造更高的价值，需要制定出能对供给者行为进行有效引领的政策，敦促其维护私人与公共利益。于丽瑶等（2020）指出，要采用合理方式评估森林资源的价值，结合经济发展形势为森林生态系统构建完善的价格体系，为森林生态产品创造更高的价值形成可行性实现机制，将生态保护与损失补偿两项内容囊括其中，实现市场化与可持续化发展。张文明（2020）指出，生态产品价值的实现，需要对自然资源管理形成完善的产权制度，采用合理的方式对生态资源资产价值进行客观评估，持续优化管理制度，为生态产品价值提升创设良好的市场环境。张兴等（2020）结合当前我国自然资源管理工作的开展情况深入分析干扰生态产品价值实现的因素，将价值评估方法不精准、生态产品供给力低下等确定为关键因素，为生态产品价值实现设定合理路径。何跃君（2020）深入黄河源区进行调查，了解牧民在全面发展过程中遇到的困难，为生态产品价值实现机制的完善提出意见。蒋凡等（2020）对“水银行”交易机制的优越性进行分析，借此促进内蒙古黄河流域生态产品价值的提升，让价值实现成为可能。

2. 生态产品价值实现影响因素研究

在生态产品价值实现过程中，最重要的一点就是要确定合理的驱动因素并把握住每个因素的影响程度。过往学者在研究中，只是定性地从理论层面入手分析生态产品价值实现影响因素，将诸多驱动因素梳理为两类：一是内生性因素，是指能促进生态产品价值实现的地区内部因素，包含人力资本、地理位置、生态环境等。姚文婷（2022）指出，生态产品能否实现价值，取决于多个因素，包含生态文化、区位、技术水平、供给主体等；靳诚等（2021）指出，包括地形、温度等在内的自然因素会对生态产品供给与价值实现造成影响，人文因素也会产生一定干扰，包括地理位置、交通设施等；宋蕾（2022）指出，生态产品在价值实现过程中，“质”与“量”都会受到多个因素的影响，包括基础设施、自然资源、利益主体在获取资源过程中体现出的实力等。二是外源性因素，是指能从外部促进生态产品价值实现的因素，包括利好政策、工业化发展水平、经济实力、城镇化进程等。杜焱强等（2022）指出，生态产品价值实现会受到服务水平、管理制度、社会资本等现实条件的影响。在该领域的研究中，也有少数学者对驱动机制展开实证分析，李蔓婷（2019）借助面板模型进行研究，发现生态产品供给能力取决于投入的资金、科技实力、经济水平等；孔凡斌等（2023）指出，投资水平、劳动力转移等都会对生态产品转化效率造成影响。前期学者在研究中大多运用定性方法分析生态产品价值实现过程会受到哪些因素的影响，实证量化研究较少，并没有为生态产品价值实现指明市场路径，也没有找到易于操作的政策工具。

（五）生态产品价值实现路径研究

1. 关于生态产品价值实现路径

许多学者都开展过深入研究，一致认为在对生态产品价值进行核算及构建制度体系过程中要重点关注各个地区的生态资源的拥有量与特征，选择合理的核算方法，在政府与市场之间形成协同效应。高晓龙等（2020）在对试点案例进行分析时，将生态产品价值实现路径与机理当成研究重点，认为在价值实现过程中要选择合理的工具、科学的监测指标，客观评价取得的成效，在创造经济效益的同时产生良好的生态环保效果。史哲宇等（2020）在对生态产品文化价值实现路径进行分析时重点关注品牌培育、康养旅游等内容。刘江宜等（2020）对最近一段时间内的国内研究成果进行梳理，发现学者们认为绿色金融、转移支付、市场交易等在生态产品价值实现过程中能发挥重要作用，日后在分析生态产品价值实现机理与路径时要关注每一种生态产品的特征，把握住每个地区的实际情况。廖茂林等（2021）指出，生态产品价值的实现，最重要的一点就是要确定实现主体，结合不同类型公共产品的特征为实现价值设定合理路径。周伟等（2021）指出，生态产品价值实现是一个包含多个环节的流程，结合系统、核算、生产、交易等环节的特征摸索出合理的实现路径，要求凸显政府主导与市场主体地位。蒋凡等（2020）对内蒙古黄河流域的生态产品价值进行了客观评估，为价值实现路径、价值持续提升制定合理的保障措施。

2. 重点生态功能区生态产品价值实现研究

重点生态功能区的价值体现在多个方面，包括供给生态产品、脱贫攻坚、生态补偿等，然而，生态产品价值实现并非当前的研究重点，尚未引起学界的广泛关注。在生态产品价值实现过程中，生态补偿是有效路径，生态补偿绩效考核成为重要的研究课题。许多学者指出，在重点生态功能区执行转移支付政策并没有让生态效益发生积极改变（李国平等，2013）。熊玮等（2018）深入江西重点生态功能区进行调研，对生态补偿绩效展开全面评估，发挥 SBM-DEA 模型的作用，发现当前该省并没有获得突出的生态补偿效果。徐鸿翔等（2017）对陕西重点生态功能区创造的生态效益进行分析，发现执行转移支付政策能产生积极影响，强调了基期生态环境的重要性。在我国，许多重点生态功能区也是经济欠发达地区，生态产品价值实现能更好地发挥出生态扶贫作用，学界对政策效应（张玉等，2019；马本等，2020）与扶贫绩效进行了重点评价（袁月，2017），以此为据分析扶贫成效。多数学者指出，重点生态功能区如果能制订并执行生态补偿计划，则能产生良好的减贫效果。Peng 等（2018）指出，农村金融普惠政策在推行中产生了空间溢出效应，能对减贫工作在农村地区的有效开展产生积极影响。部分学者指出，要发挥市场机制的作用，促进生态产品价值实现，就需要为生态产品搭建交易平台，完善横向生态补偿机制，培育知名品牌（牟雪洁等，2022）。

在我国，国家重点生态功能区密集分布于黄河流域，黄河流域生态系统较为脆弱，对沿黄省份社会经济发展造成不良影响。因此，在生态补偿机制推行中，国家将黄河流域设定为重点区域。Zhou 等（2022）在对沿黄九省（区）生态系统服务能力进行测评时选择等值因子法，得出生态补偿与生态系统服务价值之间存在负向关系的结论；Zhang 等（2023）在对黄河流域获得补偿的主体的生态价值进行量化分析时引入预分配模型，测算后发现生态补偿基金偏高的是黄河上游地区。黄河流域在推行横向生态补偿机制时打破了省际边界，山东与河南、甘肃与四川等省份围绕生态补偿签订协议。然而，当前多数学者只是对生态产品价值实现路径等进行分析，没有从总体上把控目标，生态补偿机制与其他政策之间的衔接不够紧密，实证分析不足，理论阐释能力有限，无法为生态产品价值实现成效的提升指明合理路径并提供合理的政策工具。

（六）文献评述

生态产品价值实现路径备受国内外学界的关注，许多学者在深入分析后提出了独到见解，但依然有不足：在理论探讨过程中并没有充分结合当前的时代背景，研究层次不够深入。到目前为止，尚未梳理好生态产品、生态资产等概念之间的关系，未形成统一认识，很少有学者重点分析我国生态产品的特征。在生态产品价值实现过程中，多数学者没有考虑当前的时代背景，未将这一问题纳入理论框架之中。当前学界在对生态产品价值进行核算时使用的方法较为灵活，构建的评价指标体系有明显差异，在设定指标时侧重点有所不同，没有为评估生态产品价值设定统一的标准，缺乏权威评价体系，很难客观对比多个地区的生态产品价值。学者们立足于当前的发展形势系统地对生态产品进行理论研究与实证分析，但设定的价值实现路径与机理是否可行，需要在实践中检验，较少有学者专门对内蒙古黄河流域的生态产品进行研究，相关研究成果匮乏。

结合上述分析，本书将研究重点设定为“内蒙古黄河流域生态产品价值”，在为样本地区构建生态产品价值实现研究框架时得到多种成熟理论的支撑，包括生态资源价值理论、生态承载力理论等。首先，结合样本地区的具体情况，为核算 GEP 构建完善体系，指出当前在生态产品价值实现中遇到的问题，在深层次剖析原因的基础上确定合理的实现机制与路径，从理论层面为化解人地矛盾、打造生态文明高地、引领黄河流域生态环境可持续发展提供支持。其次，对生态产品的内涵进行深入分析。在一系列成熟理论的指导下，立足当前我国在发展中体现出的特征深刻理解生态产品的内涵与特征并进行明确界定。再次，为区域生态产品经济机理构建完善的研究框架并展开深入探索。为生态产品价值实现设定合理路径，目的就是要协调好经济建设与保护环境的关系，应该从利益视角出发，为生态产品价值实现确定合理的经济机理。最后，核算生态产品的价值。在对样本地区生态产品价值进行评估时要发挥出 GEP 核算体系的作用，为精准施策提供参照，为生态产品实现价值设定路径。生态发展不能脱离时代背景，要根据当前的发展形势为内蒙古黄河流域生态产品创造更高的价值指明方向。

第二章　生态产品价值实现理论分析

本章根据劳动价值论、人地关系学说、公共资源理念、生态经济学和可持续发展等相关理论，准确界定了生态商品价值的定义、主要特性、类别划分及其遵循的原则，进而确定本书的研究框架。

第一节　生态产品的概念界定

生态产品的概念界定与分类体系构建是促进生态产品价值实现的基础性工作。因此，本节拟在梳理生态产品的概念及属性已有研究基础上，清晰界定生态产品的内涵，进而深入研究生态产品分类体系的构建。

一、生态产品的基本概念

“生态产品”这一概念出现之前，国内外与之类似且应用广泛的概念是生态系统服务。从生态学视角来看，生态系统服务是指生态系统内在功能，即为满足和维持人类生活需要，自然生态系统及其物种为人类所提供福利的生态组分①；从经济学和社会学视角来看，生态系统服务强调的是效益，即人类

① Boyd J, Banzhaf S. What are ecosystem services? The need for standardized environmental accounting units [J]. Ecological Economics, 2007, 63 (2-3): 616-626.

直接或间接从生态系统中获得的收益①②③。不管从哪种视角出发，生态系统服务都是基于自然生态系统的基本功能，反映对人类福祉的贡献。

在对生态产品的内涵进行分析时，国内研究主要包含三种情况：一是在研究中直接使用《全国主体功能区划》中的定义，即生态产品由纯自然系统提供，包含多样化的自然要素，包含有形与无形两大类（郑晶等，2018）。根据《全国主体功能区规划》，生态产品是指能够满足生态安全、生态调节功能和良好人居环境需要的自然要素。这一概念首次将生态产品界定为具备产品功能属性的纯自然要素，包括清新的空气和洁净的水源等。在学术研究中，一些学者也认同并采用了这一定义④。提出生态产品概念的目的是优化国土空间格局，开展生态产品价值实现的核算评估及产业发展等。二是将生态产品看作生态系统服务，强调正外部性的重要性，包含来自自然系统的有形产品与无形服务（姚震等，2019）；生态产品为自然生态系统和人类社会经济系统共同作用所产生的、能够满足人类使用和消费或增进人类福祉的最终产品或服务⑤。三是从两个层面进行概念界定，从广义上看，由自然系统提供的产品与服务，以及受到人类影响而获得的产品均为生态产品，有人工属性，与人类劳动有必然联系，从狭义上看，生态产品就是生态系统服务（王金南等，2018）；生态产品不仅包括自然要素、具有自然属性的生态系统与人类社会共同产物，还包括完全由社会经济系统生产的具有生态中性的环境友好型产品

---

① Costanza R, Arge R, Groot R D, et al. The value of the world's ecosystem services and natural capital [J]. Nature, 1997, 387 (15): 253-260.

② 谢高地，鲁春霞，成升魁．全球生态系统服务价值评估研究进展［J］．资源科学，2001，23（6）：5-9.

③ Millennium Ecosystem Assessment. Ecosystem and human well-being: Synthesis [M]. Washington D C: Island Press, 2005.

④ 曾贤刚，虞慧怡，谢芳．生态产品的概念、分类及其市场化供给机制［J］．中国人口·资源与环境，2014，24（7）：12-17.

⑤ 俞敏，李维明，高世楫，等．生态产品及其价值实现的理论探析［J］．发展研究，2020（2）：47-56.

（张瑶，2013）①。总体来看，三层定义由窄入宽，再到更为宽泛的范畴，体现了现阶段对生态产品概念多角度的探讨，但同时也从不同方面挖掘生态产品的特性，即生态产品的内涵首先强调保障生态安全，在此前提下，以可持续的方式支撑人类生存和发展，满足人们的物质消费和精神消费，实现人与自然的和谐共生。

目前，对生态产品的内涵界定尚存在争议。生态产品现有概念定义涵盖范围广泛、生产劳动属性界定不明晰、与自然资源边界界定不清等问题和不足，导致其与生态系统服务、经济产品和自然资源等相关概念的关系和边界不清晰。至此，本书认为，生态产品分为狭义的生态产品与广义的生态产品。狭义的生态产品是指包括清洁的空气、水源等在内的生态服务系统；广义的生态产品不仅包括空气、水源等生态物质产品，还包括凝聚人类劳动的生态调节产品和生态文化产品等，凸显了生态产品的生态价值、文化价值、经济价值等生态属性。

二、生态产品的基本属性

生态产品能够满足人类物质和精神需求，主要维持人类生命与健康的需要。具有如下属性：①自然属性。生态产品的生产和消费离不开自然界的参与，人类和整个生态系统的再生产也离不开生态产品。因此，生态产品具有鲜明的自然属性。②稀缺属性。人类对美好生态环境的需求与日俱增，而自然生态系统提供优质生态产品的能力是有限的。因此，生态产品具有稀缺性。③时空属性。生态产品在时空上分布不均，主要表现为时间上的代际分配矛盾和空间上的分布不均衡。在时间分配上，生态产品既要满足当代人的生态需要，也要满足未来几代人的生态需要。在空间分布上，生态产品的种类和数量在不同地区存在差异性，导致生态产品在空间上的分布不均衡。

① 张瑶．生态产品概念、功能和意义及其生产能力增强途径［J］．沈阳农业大学学报（社会科学版），2013，15（6）：741-744.

生态产品具有以下五个方面的特征。第一，生态产品具有公共物品和准公共物品特征。公共物品具有非排他性和非竞争性的特点，准公共物品则是指生态产品具有一定的排他性或竞争性的特点。第二，生态产品具有外部性。生态产品具有公共性特点，因而生态产品具有正的外部性。生态产品生产时充分考虑生态环境因素，维护生态环境带来的效益远大于个人获得的效益。第三，生态产品具有不可分割性。该特点是指生态产品在消费过程中，很难分割其中一部分进行消费，往往是一个地区为该地区内所有人提供生态产品。第四，生态产品具有一定的时效性。部分通过人类参与自然生产的生态产品，如有机食品等，具有一定的最佳消费时期，一旦超过这一时期，该类生态产品的品质可能会遭到破坏，甚至可能污染生态环境。第五，生态产品具有商品属性。生态产品具有使用价值和价值，能够发挥生态价值的作用。

第二节 生态产品的分类体系

生态产品分类是探究生态产品价值来源和实现路径的前提。通过构建生态产品的分类体系，有助于生态产品的信息调查与动态监测，有助于生态产品的核算评价与经营开发，有助于生态产品价值实现与协同推进，从而建立相互联系的生态产品管理体系。本节基于产品的供给视角、需求视角及功能类型视角三个方面对生态产品的分类进行阐述。

一、总体思路

从“绿水青山就是金山银山”理念出发，构建生态产品的类别体系，遵循由政府引导、企业及社会各方共同参与、以市场为主导的发展路径，有效推动生态产品价值的持续获取，同时确保为环境保护和恢复工作作出贡献的人们得到应有的合理补偿，任何损害环境的行为者都承担相应的责任。这一基本原则是建立生态产品类别体系过程中必须坚守的准则，以促进生态产品价值实现为主要目标，重点服务生态产品微观主体生产、核算、经营与管理活动需要，推动生态产品经济实现和损害赔偿。围绕“科学明确分类，服务实践需求”的思路，按照“明确分类目标，制定分类原则，提出分类方案”的步骤，根据对生态产品的定义及其不同属性特点，破解当前存在的问题和难点，构建一套满足生态产品价值实现现实需求的多级综合分类体系，使该体系尽可能涵盖所有生态产品，贯穿应用于生态产品的监测管理、核算评价、补偿交易等环节。

二、生态产品分类原则

为了科学合理地体现生态产品的基本内涵，切实服务生态产品价值实现的实践需求，在对生态产品进行分类时，应遵循如下原则：

（一）科学性原则

生态产品的分类要以生态产品的形成机理和概念定义为学理基础，综合考虑其不同属性，并厘清生态产品与自然资源、生态系统服务、环境友好产品等的联系和区别，在确定分类类型及内容时内涵应清晰明确，不造成混淆。

（二）全面性原则

生态产品分类层次的划分要客观、合理，各类别之间边界分明，无交叉重叠，并尽量涵盖所有的生态产品类型，以及尽可能将每一种生态产品都划归到某一特定类别当中。

（三）系统性原则

生态产品的分类要将生态产品视为一个整体系统，在系统内，不同维度的生态产品处于不同的分类级别，各分类层级之间、同级分类类别之间分别具有清晰的逻辑关系。

（四）实用性原则

生态产品分类的类别与层级不是越多越好，在具体划分时，一方面要考虑生态、经济等相关数据的可获得性，另一方面也要结合生态产品价值实现实践，服务生态产品的生产、核算、经营与管理等需求，有助于探究生态产品价值实现的路径与模式。

三、生态产品分类方案

（一）基于生态产品供给视角

供应生态产品的能力取决于其包含的生态元素的制造力，这既可能来自生态体系自身，也可能是由于人类或受人类控制的市场实体而产生。根据潘家华（2020）的研究，生态产品被划分为四种类型：第一种是自然属性的生态产品。自然属性的生态产品包括那些并非人为创造但是具备独特性质的东西，如各类动植物，它们兼具了物质性和文化的特性。第二种是自然要素类的生态产品。自然要素类的生态产品是由非人造的生态系统的自然资源构成，这些资源并不具备特殊的稀有性，如清洁的空气、水源、土地和适合的环境条件，以及完整的生物链和服务完善的生态功能等。第三种是生态标志型产品。生态标志型产品主要为人类制造，并经过生态无害认证的产品，如生态农作物和环保产业制品等。第四种是生态延伸型产品。这类产品通常受到人类活动的深度影响，并且需要利用自然的资源和特质，同时拥有明显的交易价值，比如人工种植的森林、林间的中草药和天然饲养的家禽牲畜等①。

（二）基于生态产品需求视角

实现生态产品价值需要将其外在效应内化，但在具体实施方式上存在科斯式和庇古式的可能性。科斯式方案通过产权界定和交易市场来解决问题，但是，部分生态产品存在产权不明晰、交易成本高等问题，对实施科斯式方案产生重要影响。科斯式方案主要适用于产权明晰、市场机制完善的领域，如碳排放交易权等。庇古式方案则需要政府进行干预，通过税收或财政补贴

① 潘家华．生态产品的市场属性及其价值溯源［C］．中宣部、生态环境部“两山理论”研讨会论文，2020.

等形式控制生态产品外部效应的产生。庇古式方案适用于政府能够有效干预的领域，如环境污染等。基于此，科斯式方案从长期看更具效率，庇古式方案则更适用于短期控制生态产品的外部效应。选择何种方式，取决于各种策略执行的交易成本。随着政府对环境保护和治理的关注度逐步增加，生态产品已经被认定为基础公共物品。然而，政府间的财政转移支付以及政府主导的生态补偿等政策措施，其目标在于提供公共生态产品，显然不能简单地根据贸易理念来理解。尽管一般将所有生态环境视为公共物品，但实际情况表明，许多环境商品具有排他性和竞争性特征。因此，我们可以进一步区分自然产物的类型：纯粹的环境保护型（公共）、接近于公众型（准公共）和私人性质的产品。虽然采用公益产品的价格策略费用较少且远低于庇古的价格法则，但在实施过程中仍可能面临效率分配问题。此外，政府在提供公共生态产品的同时，也扮演着代理方的角色，这增加了如财务预算不足、无效服务及滥权等问题的风险。从 20 世纪 80 年代开始，以新治理模式为主导的管理方式试图摆脱旧有的复杂结构，并赋予国家和地方机关新的功能与责任范围——从多层次组织架构向更简洁明晰的方式转型。这一变革使国家的角色不再局限于监管部门，而是转变为商业行为体和社会实体参与自然资源资产评估。然而，需要指出的是，在这个过程中仍存在部分既不适合企业也不适合官方介入的所谓“两败俱伤”的区域。在某些情况下即使引入市场机制，生态产品的价值也可能难以得到有效的实现。张林波等（2021）对生态产品进行了严谨的分类。①具有公共属性的生态产品，主要是指由生态系统自然产生的自然资源，其公共属性明显。②包含商业元素的生态产品，是由人类活动深入介入并创造出的生态产品，商业特征明显。③处于公共属性和商业元素之间的准公共生态产品，兼具公共属性和商业特征①。具体而言，首先，在广义上，生态产品是一种具有排他性和竞争性的公共物品，例如林业产出和生态旅行商品等，可以直接进入市场。这类产品通常涉及大量的人类投入，

① 张林波，虞慧怡，郝超志，等．生态产品概念再定义及其内涵辨析［J］．环境科学研究，2021（3）：655-660.

包括农业和林业制品、生物能源等基础材料，以及基于生态环境提供的精神文化消费品和服务。这些商业性质的生态产品与传统的食品、旅游服务具有相似特性，并可以通过制造、销售和交换在市场上获得价格。其次，另一种特殊的生态产品概念，即狭义的生态产品。这类产品是没有排他性和竞争性的，例如清新的空气、纯净的土壤等，都是生态体系为我们提供的天然产品。此外，人居环境产品（如新鲜的空气、优质的水源、安全的土壤和清洁的海域）以及维护生态安全的产品（如动植物保护、气候调控和生态灾害预防）也属于这一类。这类生态产品通常具有协同生成的特点，其生成过程无法精确地限定在特定地方或元素上，因此具有地区性或共有性所有权，无法在市场交易中产生实际经济效益。最后，准公共生态产品的存在形式既包括公共生态产品又涵盖商业生态产品。它们的特点在于其有限的竞争性和排他性，可以进一步划分为准公共生态产品和俱乐部生态产品。这些产品具有明显的公共资源特征，例如需要交易的排污权、碳排放权等污染排放权利，用水权、碳排放权、能源使用权等资源开采权利，以及总量配额和开发配额等资源分配标准。这类产品的主要功能是降低环境负担，同时能够通过市场实现自身的经济价值。

根据物品的排他性和竞争性以及生态产品供给主体的差异性，可以将生态产品划分为四类（见表 2-1）。首先，私人物品具有排他性和竞争性，产权清晰，产品的市场供给者和需求者充足，是生态产品最基础的供给形式。这种形式的产品主要包括绿色有机农产品、水产品、林产品、畜（牧）产品等农产品。因此，私人物品可以直接通过市场交易达到市场出清。其次，俱乐部物品和公共池塘物品也是生态产品的重要供给形式。俱乐部物品如乡村度假区、农家博物馆及乡土历史遗址等，而公共池塘物品则包括自然保护区等。要防止“公地悲剧”的发生，我们必须通过实施政府监督管理、鼓励私有财产权制度并采用多元化社区治理等方式推动它们的价值体现。最后，纯公共物品是生态产品中比较特殊的一种。该模式以舒适的环境条件为核心要素，如气温适宜、空气清新、水质优良等。然而，由于公共资源具有明显的非排他性和非竞争性特点，易导致“搭便车”现象，从而造成物品供应短缺的问题。因此，纯公共物品价值实现主要依靠政府限制开发、直接购买、生态补偿、财政转移支付等方式。

表 2-1 生态产品的类别划分

分类		特性	价值类型	实现路径
私人物品		排他性、竞争性	以市场价值为主	市场交易
准公共物品	俱乐部物品	排他性、非竞争性	市场价值和非市场价值	资源资产化、资源资本化、生态产业化等
	公共池塘物品	非排他性、竞争性		
纯公共物品		非排他性、非竞争性	以非市场价值为主	生态补偿、财政转移支付等

（三）基于生态产品功能类型的视角

基于生态产品功能类型的视角，将生态产品分为生态物质产品、生态调节产品及生态文化产品（见表 2-2）。生态物质产品或生态有形产品，构成了生态调节产品以及生态文化产品供给的物质载体。根据提供者的差异，生态产品可划分为两大类。一类是由自然环境直接提供的，如空气、森林、水源、土地、河流及草原等；另一类则是在人类生产活动中形成的，这些产品融入了生态理念，以环保制造、循环使用和节能减排等方式进行生产，从而减少了对水、能源和其他自然资源的消耗，并产生了绿色农产品、生态工业品、林间经济产品等生态材料。生态调节产品主要包括防风固沙、保持水土、调节气候等多种生态系统服务项目①。生态文化产品主要提供精神享受、休闲活动、生态文化旅游、审美体验和艺术价值等非物质产品。廖茂林等（2021）对生态产品进行了新的分类，将其分为三大类：生态物理产品、生态文化服务和生态平衡服务。这一分类深入探讨了生态产品在提升人类生产活动、丰富社会文化生活、优化居住环境以及维持生态系统平衡方面的积极作用，涵

① 张林波，虞慧怡，郝超志，等．生态产品概念再定义及其内涵辨析［J］．环境科学研究，2021（3）：655-660.

盖了物质层面和精神层面的多方面贡献①。

生态物质产品是生态产品的一种重要类型，既具有私有化的特性，又具有公用性，能够全面满足人们的基本生活需求以及更高级别的需求。此外，基于公共产品的特性，我们定义生态调节产品的主要功能是提供多种生态调节服务，如气候调控、土壤保护、水源保育和生物多样性维护等。这些服务不仅保障了人们日常生活和持续发展的需求，也进一步满足了人们精神层面的需求。最后，我们将生态文化产品归纳为一种结合了俱乐部产品和公共资源特性的生态产品类别。这种产品的目标不仅能满足人们的生存和生活需求，更是实现人们对高品质物质和精神生活的追求。这种追求涵盖了审美、文化、教育等多个方面，使生态文化产品成为一种特殊类型的生态产品。

表 2-2　生态产品内涵及分类

生态物质产品	生态调节产品	生态文化产品
物质供给：生态农畜产品、天然材料、清洁能源电力、淡水、其他物质供给	调节服务：气候调节、空气净化、涵养水源、水土保持、固碳释氧、防风固沙、生物多样性维护等	文化服务：生态旅游、观光、休闲、生态康养、精神和教育价值、审美价值观等

综上，本书将生态产品界定为那些来源于健全生态系统，并以可持续方式为人类提供所需物质和服务的一系列可再生物品与服务的总和。这主要涉及三个方面：一是由健全的自然系统直接提供的，如农作物、畜牧产品、新鲜的水资源和清洁能源等；二是维护生态平衡的产品，如具有吸纳碳排放、维护土质、净化环境、蓄积水源、保护生物种类多样性等功能的服务；三是为了满足人们的精神和文化需求而提供的，如生态旅游、休闲娱乐等服务产品。特别强调的是，不可再生的资源如矿物和化石燃料等不在生态产品的范畴之内，真正的生态产品应来源于那些能够持续发展并提供可再生资源的生态系统。

---

① 廖茂林，潘家华，孙博文．生态产品的内涵辨析及价值实现路径［J］．经济体制改革，2021（1）：12-18.

第三节 生态产品价值实现遵循的原则

从理论层面来看，生态产品价值的实现是一个复杂的过程。它涉及两个主要方面：首先，我们通过市场化的交换机制，有效地将供应方与需求方进行连接，并以金钱为标准来评估环境商品的价格。其次，我们将外部环境影响纳入内部考量，确保当地居民在参与环保活动和生产绿色商品的过程中能够获得实际收益。同时，我们也要求消费者为这些商品付出适当的成本。为了确保环境商品价格的公正性和可持续性，我们必须依赖政府和市场的双重力量，实现有效的市场调控和政策引导。政府需要制定相关政策法规，保障居民积极参与生态环境保护并进一步提高生活质量。市场则通过供需关系和价格机制来促进生态产品的供给和消费的公平性。综上所述，生态产品价值的实现需要遵循一系列原则，才能更好地推动生态产品价值的实现，促进经济与环境的和谐发展，为人类社会的可持续发展作出贡献。

一、政府指导与市场运作相结合原则

根据古典经济学理论，生态产品存在“市场失灵”，仅仅依靠市场无法达到资源配置的最佳状态，很难实现“帕累托最优”。因此，应充分发挥政府的作用，以解决市场失效及其产生的正面外溢效应问题。这可以通过征税、收费和赔偿等措施来实现。另外，需要指出的是，外部性的核心问题在于产权定义不明晰。如果产权明晰且交换费用为零，那么生态环境方面的外部性问题就能够通过市场机制得到有效解决。

政府指导与市场运作相结合的原则，旨在确保政府和市场各自履行其职责，并最大限度地发挥其功能。在确定公共资产和服务价格方面，政府应利用生态环境建设的财政预算分配、转移支付和生态赔偿等手段，发挥领导和

导向作用。此外，政府还应制定相应的规则和政策，以确保生态商品的市场交易体系正常运行。市场在优化环境资源配置方面具有重要作用。通过直接使用权转让、生态产业发展以及工业生态化管理等方式，市场能够高效地体现生态服务的经济价值。因此，应按照政府指导与市场运作相结合的原则，充分利用政府和市场的双重力量，实现生态服务价格合理化。

二、保护优先、合理利用原则

环境商品已转变为实施“绿色财富”观念的实际工具和执行平台，同时也是实现“双碳”目标的关键途径，主要关注如何平衡环保与商业的发展。习近平总书记强调，要正确处理好经济发展同生态环境保护的关系，牢固树立保护生态环境就是保护生产力、改善生态环境就是发展生产力的理念①。我们需要坚持在发展的过程中保护环境，并在保护的基础上推动发展，以确保经济发展与环境保护达到和谐统一，从而让我们的绿色家园产生巨大的生态收益和社会利益。

为确保生态产品的正常供给与价值实现，我们必须牢固树立生态优先的观念，加强生态环境保护的基础地位，并统筹推进生态治理工作。在开发利用生态资源时，我们必须充分考虑当地的生态环境承载力，避免对生态环境造成破坏。为实现经济发展与生态环境保护的统一，我们应坚持绿色循环低碳的资源利用方式，降低资源能源消耗和污染排放。同时，我们需要综合平衡生态价值、经济价值和社会价值，确保在发展经济的同时，有效地保护和利用生态环境，从而实现生态产品价值的最大化。

三、协调、共建、共享原则

环境系统具有完整性及不可分割性，要求我们必须协同工作来应对。遵循共建的原则，河流两岸应通过对话构建协作框架，并定期实施水质监测，

① 习近平：坚持节约资源和保护环境基本国策，努力走向社会主义生态文明新时代［EB/OL］. 人民网，［2013-05-24］. http：//jhsjk. people. cn/article/21608764.

以全面了解整个河流的水污染控制和治理情况。这种方式将促进河流的共同管理。在共建的基础之上，共享原则促使河流两岸从环保行动中获得收益，从而实现环境保护和经济发展的双赢，激励所有参与者投入更多精力，推动河流的长远发展。然而，在实施河流环境整治过程中，源头地区的环保行为可能阻碍甚至牺牲当地的发展机遇，导致河流两岸间经济差异进一步扩大，影响源头地区的经济状况，并对提升河流水质及保持长久稳定的努力构成威胁。因此，应遵循协调、共建、共享原则，消除河流两岸间的利益纷争和矛盾，促使态度由被动应对转为主动配合，将维护河流环境作为首要任务。在共同建设和管理的基础上，应明确下游受惠区向上游提供资金支持的责任，合理分配资源，确保双方都能享用高品质的水源，同时缩小河流地带内的贫富差距。

根据“谁建设，谁分享”的原则来达成河流水系协同建设的共识和利益分配，是由水源地及下游地区相关政府部门共同商定并执行的环境生态保育计划及其经济发展策略。流域上下游政府通过横向生态补偿的资金转移支付方式开展生态环境保护工作。这种合作模式意味着下游地区政府在享受上游地区提供的生态环境利益的同时，需要向其提供相应的补偿，以支持上游地区的生态环境保护与发展。通过这种方式，可以实现收益共享和成本共担，进一步推动流域的可持续发展。经济发展水平较高的下游地区通过对口支援的方式（包括人才帮扶、资金援助和产业合作等方式）为上游地区提供支持，提升上游地区的经济水平和生态环境质量。这种合作模式有助于促进流域内各地区的互利共赢，推动生态环境的可持续发展，为生态产品价值的实现提供坚实的保障。

四、系统谋划与稳步推进相结合原则

根据中共中央办公厅和国务院办公厅联合印发的《关于建立健全生态产品价值实现机制的指导意见》，我国计划在 2025 年前初步建立和完善生态产品价值实现的制度框架，构建科学的生态产品价值核算体系，并优化生态保护补偿和生态环境损害赔偿政策制度。同时，将制定生态产品价值实现的考核评估机制，以解决生态产品的量化、抵押、交易和变现等难题。此外，我国将建立以利益为导向的生态环境保护机制。至 2035 年，我国将全面建立健全生态产品价值实现机制，为推进中国式现代化提供有力支持。在内蒙古黄河流域实施该指导意见的过程中，将坚持系统规划与稳步推进相结合原则，积极探索适合该区域的生态产品价值实现路径和机制，有效提高当地居民的生活质量和环境质量，确保生态产品的持续供应。

在提升生态产品价值的过程中，采取系统性规划和逐步实施的策略，以确保这一过程稳健推进。为了充分实现内蒙古黄河流域生态产品的价值，应坚持整体思维，由政府主导，运用政策法规和行政力量进行全面规划，构建一套高效的生态产品价值实现体系。在此基础上，以内蒙古黄河流域为试点，积极积累实践经验，并在全国范围内推广。考虑到生态产品的多样性，应根据不同地区的实际情况，对生态产品进行分类管理。针对不同类型的生态产品，制定相应的政策措施，确保因地制宜、循序渐进地推进价值实现工作，确保生态产品价值的实现具有可持续性。

五、保护者受益、使用者付费、损害者赔偿原则

生态环境产品的公共属性和共享性质，导致其供应存在显著的外部效应。这意味着，不承担生态环境保护责任的人可能免费享受生态产品的好处，而真正的生态产品供给者却得不到应有的回报。这种情况可能会引发过度开发自然环境、破坏生态系统和破坏生态平衡的问题。因此，必须采取一系列措施，例如制定法规和实施计划等，将外部性内化为经济利益。平衡环保费用和收益，确保生态产品供给者能够获得合理的收益，采取市场化的手段，建立生态产品的交易市场，使供给者能够通过市场交易获得经济回报，激励他们更加积极地参与生态环境保护工作。此外，政府还可以通过生态补偿和转移支付等措施，对生态产品供给者进行经济补偿，以确保其得到合理的收益。通过这些措施，提高人们对生态环境保护的认识能力，将生态环境保护从强

制行为和公益事业转变为经济行为和收益事业。这样，人们将更加积极地参与生态环境保护工作，从而提升生态保护过程中的经济效益，确保生态环境与经济发展的和谐共存。

使用者付费原则，是市场经济下的普适原则，即享受产品或服务时需支付相应的费用。这一原则对于生态产品价值的实现同样适用。首先，政府在生态产品价值实现过程中发挥着至关重要的作用。为了确保使用者付费原则的顺利实施，政府要建立健全生态产品价值实现的制度体系，明晰生态产品的产权界限。通过明确的法律法规和政策规定，可以确保生态产品使用者付费的合法性和权威性，同时也为生态产品价值的实现提供有力的指导和保障。其次，政府还需要确定生态产品价值实现的路径和方式。这包括制定合理的价格机制、建立有效的交易市场等措施，以确保生态产品的价值能够得到合理的体现和实现。最后，明确使用者主体也是非常重要的。在生态产品价值实现过程中，应当明确使用者或消费者应承担的费用和责任。政府可以制定相关政策和标准，明确使用者的付费标准和方式；而市场则可以通过竞争机制和供求关系来调节生态产品的价格和价值，进一步推动生态产品价值的实现。

人类在从事社会经济活动过程中，不可避免地会出现破坏生态环境的情况。为了确保生态环境的可持续发展，有必要遵循损害者赔偿原则，要求破坏生态环境的组织或个人对自己的行为负责，并对造成的损害进行补偿。获得的补偿可以用于生态环境恢复和治理工作，为受损地区提供必要的资金和资源支持，促进生态环境的恢复和改善。

第三章　内蒙古黄河流域生态产品价值实现现状

内蒙古黄河流域是内蒙古地区具有重要经济价值的地域，也是全国重要的农牧业和能源产业基地。为了响应国家黄河流域生态保护和高质量发展战略，内蒙古积极采取措施，对乌兰布和沙漠、毛乌素沙地、库布齐沙漠、黄土高原水土流失区、土默川平原和河套平原等重点生态区加大保护和修复力度，同时积极开展内蒙古黄河流域林草植被建设和沿黄生态廊道建设。内蒙古黄河流域在探索生态产品价值实现方面已取得初步成效，构建了主体框架。内蒙古采取综合治理与源头治理相结合的方式，有效解决了环境污染问题，不仅有利于改善内蒙古黄河流域的生态环境、维护内蒙古乃至全国的生态安全，还为生态产品价值的实现奠定了基础。但在推进生态产品价值实现的过程中，仍存在生态产品价值实现的生态基础脆弱、相关政策保障力度不够、金融体系的资金支持不到位、交易价格机制不成熟、补偿机制功能不完备、水资源短缺和利用粗放、产业结构倚能倚重且层次偏低等诸多“瓶颈”，制约着生态产品价值实现机制的建立。

第一节 内蒙古黄河流域地理区位条件

黄河发源于青藏高原巴颜喀拉山北麓约古宗列盆地，是我国的第二长河，自西向东流经青、川、甘、宁、蒙、晋、陕、豫、鲁九省（区），全长5464千米，流域面积79.5万平方千米。广袤的黄河流域孕育了源远流长、光辉灿烂的中华文明，是中华文明的发源地之一。内蒙古黄河流域位于东经105°00′~113°00′、北纬37°30′~42°00′，地处黄河流域最北端，流域面积广阔，地理位置特殊，处于黄河“几”字弯的上半部分，介于阴山南麓与鄂尔多斯高原之间，长度为843.5千米，约占黄河全长的1/7。内蒙古黄河流域位于内蒙古自治区东南部，总面积约为15.19万平方千米，占据了整个自治区近1/5的规模（见表3-1）。这一区域涵盖了七大行政单位，包括阿拉善州府及其下属各部落、乌兰布统与周边城市群构成的集聚带、白银山脉及其附属城镇体系等，共包含42个旗县（市、区）。在这些行政区域内，存在多种土地资源类型，包含各种生态环境元素，如沼泽湿地，共同构成了中国北方的重要天然防线。

表3-1 内蒙古黄河流域覆盖范围

地区	旗县（市、区）数/个	旗县（市、区）名称
内蒙古黄河流域	42	17个旗，9个县，16个区
呼和浩特市	9	新城区、回民区、玉泉区、赛罕区、土默特左旗、托克托县、和林格尔县、清水河县、武川县
包头市	9	东河区、昆都仑区、青山区、石拐区、白云鄂博矿区、九原区、土默特右旗、固阳县、达尔罕茂明安联合旗
乌兰察布市	4	卓资县、凉城县、察哈尔右翼中旗、四子王旗
鄂尔多斯市	9	东胜区、康巴什区、达拉特旗、准格尔旗、鄂托克前旗、鄂托克旗、杭锦旗、乌审旗、伊金霍洛旗

续表

地区	旗县（市、区）数/个	旗县（市、区）名称
巴彦淖尔市	7	临河区、五原县、磴口县、乌拉特前旗、乌拉特中旗、乌拉特后旗、杭锦后旗
乌海市	3	海勃湾区、海南区、乌达区
阿拉善盟	1	阿拉善左旗

第二节　内蒙古黄河流域自然环境概况

一、地形地貌

内蒙古黄河流域的地貌类型和土地类型均呈现出高度的多样性。该地区的气候主要为干旱和半干旱气候，地形地貌主要分为五大类型，包括黄土丘陵沟壑区、土石山区、风沙区、干旱草原区和平原区。这些地区根据其生态特点，又被划分为草原、森林、灌丛和旱作农业区。从整体的地形地貌结构来看，内蒙古黄河流域主要由河套平原、土默特平原和鄂尔多斯高原组成。河套平原，也被称为后套平原，位于巴彦淖尔市的南部，地势平坦，土壤肥沃，为农业发展提供了得天独厚的条件。土默特平原位于内蒙古中南部，气候适宜，土地肥沃，且拥有丰富的水资源。鄂尔多斯高原是内蒙古黄河流域的重要组成部分，被黄河自西、北、东三面环绕。该高原东南部与陕北高原相接，地势整体呈中西部高、周边低的特点。在地表形态上，鄂尔多斯高原呈波状起伏，沙丘众多。北部地区有库布齐沙漠，南部地区则是毛乌素沙地。此外，鄂尔多斯高原还广布盐碱湖泊，形成了黄河流域最大的内流区。总体来说，内蒙古黄河流域的地貌类型和自然条件均呈现出多样性和复杂性，使得这一区域具有丰富的生态系统和独特的景观。

二、水系概况

内蒙古黄河流域支流分布不均，干流蜿蜒曲折，两岸分布着大型引黄灌溉区。然而，其左右两岸的支流水源相对稀缺，河谷深邃且坡度陡峭。除了洪水期，平时水量较少甚至干涸，人均水资源量不到全区平均水平的40%。该流域的主要支流有都思图河、毛不浪孔兑、黑赖沟、卜尔嘎色太沟、昆都仑河、西柳沟、罕台川、哈什拉川、五当沟、东柳沟、呼斯太河、皇甫川、大黑河、小黑河和无定河（红柳河）。此外，内蒙古黄河流域还分布着乌梁素海、哈素海和岱海等湖泊。为了解决水资源问题，流域内进行了河套灌区干支渠、三盛公水库、乌海水利枢纽工程、昆都仑水库、哈拉沁水库、红领巾水库等水利工程的建设。然而，在新时代背景下，内蒙古黄河流域的水利改革仍然面临四个主要问题。第一，水土流失严重。该地区一直干旱多发，暴雨集中，风蚀和水蚀现象并存，再加上过度放牧、矿产开发和地下水开采等人为因素，导致土地荒漠化严重，生态系统出现了显著的人为化倾向，生物多样性程度相对较低。第二，水资源供需矛盾突出。内蒙古沿黄地区的水资源本身就有限，但却是黄河流域上游主要的用水地，使得当地水资源需求与供应之间的矛盾日益加剧。第三，水旱灾害频繁。受气候变化和人为活动的双重影响，该地区的草地、耕地、人工林等生态系统稳定性逐渐降低，导致水旱灾害频繁发生。第四，水污染问题日益严重。内蒙古的高耗能、高排放和高污染行业主要集中在黄河流域，导致大气、水和土壤污染问题十分严重。煤炭化学工业产生的废水排放、运输路线上的源头污染以及农业、畜牧业发展的面源污染问题，都在很大程度上增加了处理这些问题的挑战性。例如，乌梁素海这样的重要河流与湿地的生态环境平衡已经出现紊乱，而改善水质的主要方法是通过补充水量来实现稀释，然而当前尚未满足向黄河回排的要求。

内蒙古黄河流域的水权改革形成了以保障生态安全为基础、政府引导与市场运作为主要模式的机制。该机制的核心技术包括工程建设、农业节水及工业用水等方面，促进经济、社会和生态的协调发展。这一模式为半干旱地区提供了一条新的发展路径，以生态优先、绿色发展为目标，实现了可持续发展的良性循环。

第一，盟市内水权转换阶段（2003—2013 年）。内蒙古的水权转换工作主要在盟市内进行。这个阶段的核心思路是“投资节水、转让水权”。为确保水资源的合理分配与利用，我国采取了一系列水资源政策构建手段，如水的分派与制订流域转移计划等，为今后的水分交换奠定了坚实基础。在此过程中，行政部门扮演着至关重要的角色，负责组织协调和方向管理，同时确定并规定合适的买卖价格及其有效期范围。此外，一些具有代表性的节水设施陆续建立，如阿勒泰地区双泉湖提水区域内的权利转变方案、乌兰浩特地区的能源公司与煤炭炼制厂之间的权益互换案例、伊克昭区的两期产权交割流程以及巴彦淖尔河套平原地带的第一轮土地使用许可变更程序等。为保障这些工作的顺利开展，政府还发布了一系列相关法规文件，如《水利部关于内蒙古宁夏黄河干流水权转换试点工作的指导意见》（水资源〔2004〕159 号）等。

第二，2013—2016 年，内蒙古顺利地在各联盟城市之间开展了水资源的转移工作，并在此过程中得到了国家发展改革委的专业指导和大力支持。此后，进一步扩大了水资源管理的范围，将单一区域的水分交换活动拓展到了更广泛的流域领域。这一进步得益于改进了地区内部的水资源分配方式，实现了更高效的资源利用。成立了“水源管理中心”这一专业管理机构。其主要职责是促进各地区间的深度合作，以实现水资源利用效率的最大化。制定了一系列相关政策。其中包括政府发布的“批准文件”“同意书”“通知单”等文件，以及“使用说明手册”“流程图示例”等具体操作指南。此外，还明确了“如何有效地解决剩余或未被使用的淡水量问题的方法”，即所谓的“废弃物回收方法”。这些文件已经公开发布，供各界参考和学习。

第三，2016 年以来，中国水权交易所正式开展水权交易业务，标志着内蒙古水权交易进入了市场化阶段。在此期间，内蒙古积极推动水权协议转让和公开交易两种模式的探索和实践，为水权交易市场注入了更多的选择和灵活性，为水权交易提供了更多的选择和灵活性。相关盟市根据自身实际情况，因地制宜地开展水权交易工作，充分发挥了地方在水权改革中的主动性和创造性。此外，内蒙古水权中心积极探索水权市场化的运作模式，推动水权交易的规范化和市场化进程。为了更好地推进水权交易工作，内蒙古还制定了系列规定，包括《内蒙古自治区闲置取用水指标处置实施办法》（内政办发〔2014〕125号）、《内蒙古自治区水权交易管理办法》（内政办发〔2017〕16号）等。

三、气候特征

内蒙古黄河流域的气候类型为温带大陆性气候，冬季寒冷，夏季炎热，气温年较差大。以干旱半干旱区为主，降水自东向西逐渐减少，逐步由湿润、半湿润区过渡到半干旱、干旱区。年均温3～6℃，西高东低。流域内降水时空分布不均，年降水量介于150～400毫米，东多西少；与此同时，每年的6—8月集中了70%的全年降水量且降水年际变化率较大。年日照时间达到2600～3200小时，且太阳的年总辐射量为500～670千焦耳/平方厘米，日照时数长，强度高。年均风速4～6米/秒，8级以上大风日数50～90天，冬、春两季占全年大风日数的60%左右。风速6～7米/秒即可发生明显的起沙。高原西部，年沙暴日数达10～25天。

四、植被土壤

内蒙古黄河流域湿地拥有多种生态环境，形成了丰富多样的植被组成，为生物多样性提供了优越条件。该地区的植被主要包括沼泽和草甸，土壤主要由草甸土、盐土和风沙土组成。水土流失是该流域面临的一个严重生态问题，范围广泛、面积大，侵蚀类型多样且相互交织，造成严重危害。根据2021年的水土流失动态监测数据，内蒙古黄河流域的土壤侵蚀面积达到6.74万平方千米，占流域总面积的44.37%。然而，自2019年以来，内蒙古自治区积极落实黄河流域生态保护和高质量发展重大国家战略，流域的水土保持状况持续改善，水土流失面积减少了3342平方千米，中度以上水土流失面积明显减少，实现了水土流失面积和强度的双下降。

第三节　内蒙古黄河流域生态治理概况

内蒙古黄河流域有5个国家地质矿山公园、7个国家级自然保护区，在我国北方起到了重要的生态安全屏障作用，同时也拥有河流、湖泊、草原、湿地、沙漠、戈壁等自然景观。黄河流域也是保护生态环境的重要区域，近年来，沙漠治理和山水林田湖草综合治理均取得显著成效。

一、沙漠治理效果显著

黄河在流经宁蒙交界处的都思图河口后进入内蒙古，与乌兰布和沙漠、库布齐沙漠交会。库布齐沙漠是我国第七大沙漠，曾经遭受严重的风沙侵袭，几乎寸草不生。然而，经过一系列的治理，从建设多条穿越沙漠的公路，转变为政府主导、企业为主体、社会组织和公众共同参与的治沙模式，再进一步创新生态治沙和光伏治沙方式，情况发生了翻天覆地的变化，如今已经变成了一个充满活力的绿洲。联合国对这一成就给予了高度认可，将其视为一种成功的治沙典范。2021年，内蒙古黄河流域的42个旗县（市、区）共同努力，完成了975.4万亩的林草生态建设。这一成果不仅大大提高了流域内的生态环境质量，更有效地遏制了沙漠的扩张现象。乌兰布和沙漠东缘已经建设了一个宽度为500~1000米、长度达到191千米的绿化带，对阻止沙漠向东侵蚀、保护生态环境起到了至关重要的作用。

二、山水林田湖草综合治理成效显著

作为黄河“几”字弯的关键区域，巴彦淖尔市拥有一个举足轻重的湖泊——乌梁素海。其地理位置尤为突出，处于我国“两屏三带”生态环境保护策略框架内的“北边防护林带”，肩负着保卫环境安全的重大责任。乌梁素海紧邻黄河，被称为黄河生态健康的“天然肾脏”，对维持整条河流的水资源均衡具有不可替代的作用，并且是一个宝贵的生物基因储存地。但是，自 20 世纪 80 年代中后期开始，随着工厂、居民区和生活农田污水的大量排入，乌梁素海的水质遭到了严重污染。面对这一严峻挑战，近 10 年来，乌梁素海的综合治理工作取得了显著成效。通过有效的治理措施，水域面积得以稳定保持在 293 平方千米，水质也有了明显改善，从原来的劣Ⅴ类提升到了Ⅴ类，局部区域甚至达到了Ⅳ类。这一成果标志着乌梁素海的环境状况正在逐渐恢复，为维护黄河生态安全作出了积极贡献。

第四节　内蒙古黄河流域社会经济概况

一、内蒙古黄河流域是内蒙古重要的经济增长带和经济增长极

内蒙古黄河流域是内蒙古自治区经济主轴带和发展核心区。根据《内蒙古统计年鉴 2023》，内蒙古黄河流域集中了内蒙古 52%的人口，创造了内蒙古 69%的经济总量（见表 3-2）和 77%的财政收入。内蒙古黄河流域作为内蒙古重要经济核心区，集中了大量的能源、冶金、化工产业，生产的粮食、肉类和牛奶分别占全区的 24%、36%和 61%，集中了全区 73%的原煤产量和 62%的发电量。同时，该区域还拥有丰富的风能、太阳能资源，是我国能源、冶金、稀土、装备制造产业基地。

表 3-2 2022 年内蒙古自治区各盟市经济指标值

序号	城市	地区生产总值/亿元	财政收入/亿元	原煤产量/万吨	发电量/亿千瓦·时
1	鄂尔多斯市	5613.4	842.84	80360.64	1495.45
2	包头市	3749.9	173.61	1895.68	822.79
3	呼和浩特市	3329.1	230.87	1062.46	625.10
4	赤峰市	2148.4	113.87	1523.90	394.40
5	通辽市	1561.8	91.87	4853.24	686.94
6	呼伦贝尔市	1536.0	98.75	10394.02	413.14
7	锡林郭勒盟	1148.7	108.26	13556.73	907.65
8	巴彦淖尔市	1084.6	77.54	32.99	247.21
9	乌兰察布市	1017.9	62.59	—	569.61
10	乌海市	803.3	79.27	5225.28	214.70
11	兴安盟	681.5	40.43	1867.57	121.96
12	阿拉善盟	407.3	36.19	581.84	120.26
合计	内蒙古自治区	23081.9	1956.09	121354.35	6619.21
其中	内蒙古黄河流域	16005.5	1502.91	89158.89	4095.12
	内蒙古黄河流域占全区的比重/%	69	77	73	62

数据来源：《内蒙古统计年鉴 2023》。

二、内蒙古黄河流域是内蒙古高质量发展的“领头雁”

内蒙古黄河流域在人口规模、自然资源及城市化进程等重要因素方面展现了显著的优势，对自治区的发展起到了关键作用，也成为推动高质量发展的核心动力。作为关键节点，首府呼和浩特承担着共建“一带一路”的重要责任。与此同时，包头作为内陆最大的工商业中心，不仅是重工业基地，还是我国经济增长的重要支柱。鄂尔多斯以其丰富的能源储备而闻名，纺织业也相当发达。乌海作为内蒙古西部的工业新秀，已被国家列为资源转换型试验城市。巴彦淖尔作为农业和畜牧业强市，其河套灌区是中国设计灌溉面积最大的灌区，被列入世界灌溉工程遗产名录。最后，阿拉善凭借其丰富的矿产资源和独特的历史文化旅游资源，成为内蒙古西部经济区的核心部分。

值得注意的是，内蒙古的经济增长主要源于首府都市圈——呼和浩特、包头、鄂尔多斯和乌兰察布。根据 2021 年内蒙古各盟市的生产总值排名，鄂尔多斯、包头和呼和浩特分别位居全区前三位。内蒙古黄河流域经济的迅速增长和相对较高的经济发展水平为内蒙古黄河文化旅游带的建设奠定了坚实的经济基础。

第五节　内蒙古黄河流域文旅产业发展概况

内蒙古黄河流域是一个集生态治理区、革命老区、多元文化交汇区、少数民族集聚区、边境地区、传统特色农牧区和内蒙古经济核心区“七区合一”的特殊区域，不仅拥有壮丽的自然景观，还拥有深厚的文化底蕴，是多民族文化融合区域。近年来，内蒙古黄河流域高度重视对黄河文化旅游品牌的宣传与发展。在文化和旅游方面，内蒙古自治区首府——呼和浩特市、第二大经济体——包头市及第三大经济发展中心——鄂尔多斯市都已成为国家级的文化和休闲活动区域试点城市。此外，位于内蒙古东部的“草原钢城”——包头市也成为中国首个以发展绿色产业为主导的城市群建设试验点地区。这些荣誉和称号不仅彰显了内蒙古黄河流域在文化和旅游方面的卓越成就，也为其未来的发展提供了有力的支持和动力。这片土地将继续以其独特的魅力和丰富的资源，吸引着越来越多的游客前来探索和体验。

一、丰富的生态旅游资源

作为珍贵的自然资源，内蒙古自治区黄河沿岸独特的生态环境，吸引了大量游客前来观光游览或休憩放松。在此地带内，人类在自然使用及改良过程中构建了一批重要的水利设施，不仅展现了深刻的社会价值和社会教化作用，更彰显了当代社会的精神品质，如宽容接纳的态度、勇于探索未知的决心和大胆创新意识等。这些设施的建设也孕育了当地一系列风景胜地，共有39个景点分布于此区域之内，其中29处已被国家认定为“全国重点”级别景致，另外10处在地方层面也被授予“自治区重点”级别风景区。部分已经开放供游人参观的旅游目的地包括位于乌兰浩特的白色石头水库公园、包头市区的哈尔特山脉库布齐湿地保护区核心位置即被称为“敕勒川—哈素海”的国家一级风光园区等。2019年，河套灌区入选世界灌溉工程遗产名录，标志着该地区的灌溉工程已经达到了世界级水平。灌区内的取水工程——三盛公水利枢纽，以及各沿黄、沿支流引水工程，共同为这片土地上的2444万亩良田提供了滋润和生命。除了丰富的水利风景区，内蒙古黄河流域还拥有独特的峡谷风光和沙漠休闲文化。老牛湾黄河大峡谷和准格尔黄河大峡谷是峡谷风光的代表，展现着大自然的壮丽景色和河流的雄浑气势。阿拉善沙漠地质公园、月亮湖旅游景区和响沙湾旅游景区则以沙漠休闲文化为特色，提供了一系列休闲体验活动，使游客能够亲近自然、感受沙漠之美。这些景观和景区共同构成了内蒙古黄河流域丰富的旅游资源，为游客提供了多样化的旅游选择和独特的旅游体验。

二、独具特色的文化旅游资源

内蒙古黄河流域是农业与牧业最为融合的地区，形成了多种文化形态，遗留下丰富多样的历史文化遗产，包括农耕、游牧、长城建设、黄河风俗、红色事业等。昭君博物院诉说着民族融合与友好往来的历史篇章；大窑文化遗址和萨拉乌苏文化遗址作为历史见证，充分展现了古代人类文明的繁荣昌盛。同时，秦汉长城遗址、阴山岩画、北魏祭天遗址、土城遗址、万部华严经塔和成吉思汗陵园等历史遗迹，无不展现出游牧文化的独特魅力和深厚底蕴。绥远将军衙署和云中郡古城遗址勾画出边疆文化的历史轮廓，进一步丰富了内蒙古地区的文化内涵。乌兰夫故居、大青山抗日游击根据地旧址和集宁战役遗址等革命历史遗迹，记录了内蒙古黄河流域的革命历程，为后人提供了宝贵的历史见证。在艺术与文化方面，内蒙古黄河流域的民俗文化独具特色，二人台、漫瀚调、爬山调、鄂尔多斯婚礼、皮画制作技艺、蒙古象棋、和林格尔剪纸和脑阁等国家级非物质文化遗产，充分展现了该地区民俗文化的深厚底蕴和独特魅力。值得一提的是，工业旅游示范点如伊利乳都科技示范园、蒙牛乳业工业园区和包头军工旅游体验基地等，为游客提供了独特的工业旅游体验，有助于人们更直观地了解现代化工业生产和制造过程。内蒙古黄河流域文化资源的多元化和丰富性，为弘扬黄河文化和发展文化产业奠定了坚实基础。多元文化也成为内蒙古黄河流域文化有别于其他省份黄河文化的特定标识。

黄河入内蒙古境内最先流经乌海，乌海地区是新石器时代孕育的，一代又一代游牧民族的繁衍生息之地，因此留下了灿烂的古代文明。其中，召烧沟岩画是桌子山岩画群中的瑰宝，展现了山地缓坡岩画的独特魅力，是世界范围内山地缓坡岩画的典型代表，见证了新石器时期北方游牧民族历史文化的独特性。召烧沟岩画拥有 300 余幅单体图像，其中人面形巨大且各具特色，不仅为艺术界提供了丰富的素材，也为历史和人类学研究者提供了宝贵的资料。

在内蒙古阿拉善左旗东北部，黄河轻轻汇入这片被誉为“五彩斑斓之地”的广袤土地。自两汉时期开始，阿拉善左旗的农业生产规模逐渐发展壮大。在古老的驼铃声中，丝绸之路如同一条横跨北方草原的连绵不断的道路。居延遗址展示了丝绸之路文化的辉煌，而黑水城则展现了西夏和蒙元文化的深远影响。作为 20 世纪中国档案学界四大考古发现之一，居延汉简的历史价值无比重要。阿拉善岩画被誉为“美术界的活化石”，更是为这片土地增添了无尽的艺术魅力。此外，汉代和明代的长城遗迹横亘全盟，见证了古代防御工程的辉煌。

巴彦淖尔位于黄河“几”字弯最顶端，被誉为“鸿雁的故乡”。阴山山脉作为一道天然屏障，将巴彦淖尔分割为北部戈壁草原、中部丘陵山地和南部河套平原三大区域。北方草原游牧文化与中原农耕文化相互碰撞、交融，形成了独特的文化景观。黄河作为巴彦淖尔人民的母亲河，孕育了丰富多彩的文化。阴山岩画、秦汉长城、鸡鹿塞、高阙塞等历史遗迹，是巴彦淖尔千年的文化积淀和历史见证。这些古迹以其独特的方式，诉说着这片土地上的古老故事，让后人得以领略到巴彦淖尔深厚的文化底蕴和悠久的历史传统。

包头坐落于黄河“几”字弯拐角之巅，历史悠久，被公认为中华文明的主要发祥地之一。自6000年前起，随着黄河河畔的人类活动日益频繁，包头地区的历史脉络逐渐清晰。战国末年，赵国武灵王实施胡服骑射政策，在黄河之滨建立九原城，并沿阴山构筑长城，进一步巩固了包头地区的军事地位。进入秦帝国时代，长城与直道相连，九原成为军事与政治的重要枢纽。汉朝时期，王昭君从这里起程，赴北方边疆和亲，崔寔则在此传授纺织技艺，增强军队实力，确保五原地区的繁荣稳定。北魏时期，怀朔镇应运而生。唐朝中受降城控制阴山南北，战略意义重大。直至元朝，燕家梁遗址成为黄河水路驿站，出土了青花瓷大罐和“雪堂总管”铜铺等珍贵文物，在国际上享有盛誉。这些历史遗迹不仅见证了包头地区的辉煌历史，也为我们提供了了解中华文明的重要线索。

呼和浩特北依苍茫青山，南临滔滔黄河，孕育了悠久的“大窑文化”，将这座城市的人类历史向前推进了50万年。众多古代城市如盛乐旧城、丰州老城区及归绥核心区域分布于黄河南岸，静默无言却有力地证明了首府的历史独特性和其经历过的荣光岁月。地处沙海、华夏文明中心区和大西北三者接壤处的呼和浩特是一个重要的道路节点。从白云山到河北港口再到西部通道等地，均曾是关键性的交通运输点，反映出不同族群之间交流互动及融洽共存的关系。这里不仅是文化的交汇点，更是历史的见证者。以呼和浩特市清水河县的老牛湾村为例，这个村庄曾是全县最贫穷的地方，三面环水，与黄河和长城紧密相邻，现已开始利用其得天独厚的自然环境和丰厚的历史文化遗产来推动旅游业的发展。这种变革使当地居民的生活品质得到了显著提高，同时为乡村经济的繁荣注入了强大动力。2021年的统计数据显示，该地已成功吸引超过 3 万名的国内外游客，创造了近 300 万元的旅游收入，充分展示了乡村振兴蕴藏的巨大潜力。

乌兰察布位于黄河“几”字弯东北部，拥有悠久的历史和深厚的文化底蕴。战国时期的赵国、秦汉时期的王朝都曾与匈奴争夺过这片土地，到了北魏时期，拓跋鲜卑也曾在乌兰察布驻足。隋唐时期，突厥势力与中原王朝在此地交替管辖。由此可见，乌兰察布在历史上一直是中原王朝与北方少数民族交会融合的重要地带。这种交会融合不仅体现在政治和军事上，更在文化层面产生了深远的影响。乌兰察布地区的文化与黄河流域的文明相互影响，共同构建了一个多元、交融的文化景观。

鄂尔多斯位于内蒙古中南部，是多民族共生共荣、农业与畜牧业交会的重要区域，孕育了丰富多彩的特色文化。从石器时代的萨拉乌苏遗址、青铜时代的朱开沟遗址，这片土地上的历史遗迹证明了鄂尔多斯黄河文化的厚重。特别是那些精美的出土文物，如鹰形金冠饰、西夏瓷器等，无不展现了鄂尔多斯文化的独特魅力。这些珍贵的文物不仅代表了各个历史时期的文化精髓，还见证了鄂尔多斯在黄河流域文化中的重要地位。同时，这里的蒙元文化也独具特色，为鄂尔多斯文化增添了新的篇章。无论是从早期的文明起源，还是到后期的历史文化发展，鄂尔多斯都是黄河文化的重要承载者和传承者。

第六节　内蒙古黄河流域生态系统结构及时空格局

一、内蒙古黄河流域生态系统结构

从内蒙古黄河流域各盟市的角度来看，各盟市主要的生态系统类型有所不同。呼和浩特市、包头市、乌海市、鄂尔多斯市、锡林郭勒盟、乌兰察布市和巴彦淖尔市均以草地生态系统为主要的生态系统类型，其中，包头市、乌海市、鄂尔多斯市、乌兰察布市和巴彦淖尔市的草地生态系统面积占其总面积的比例超过50%；阿拉善盟的生态系统类型以荒漠生态系统为主，占其总面积的比例为87.77%。2000—2020年，除了乌兰察布市草地生态系统面积有所增加，其余各盟市的主要生态系统类型面积均有所下降，变化率为0~10%。

从各生态屏障带不同生态系统类型的角度来看，西北荒漠生态屏障带以荒漠生态系统为主，草原生态屏障带与稀树灌草生态屏障带以草地生态系统为主，森林生态屏障带以森林生态系统为主。2000—2020年，西北荒漠生态屏障带、草原生态屏障带、稀树灌草生态屏障带的主要生态系统类型面积均有所减少，其中，稀树灌草生态屏障带中草地生态系统面积下降最多，森林生态屏障带中森林生态系统面积有所增加。

二、内蒙古黄河流域生态系统时空格局

内蒙古黄河流域植被覆盖度自东北向西南递减，东北部地区植被覆盖度最高，以林地为主，植被覆盖度均值在80%以上，西南部地区植被覆盖度最低，主要由于其深处内陆，降水稀少，植被覆盖度均值在20%以下。从不同盟市来看，2020年各盟市植被覆盖度由高到低依次为呼和浩特市、乌兰察布市、鄂尔多斯市、包头市、巴彦淖尔市、乌海市、阿拉善盟。2000—2020年，不同盟市植被覆盖度的变化情况也不同，阿拉善盟、巴彦淖尔市、鄂尔多斯市、呼和浩特市、乌海市的植被覆盖度均有所增加，包头市和乌兰察布市的植被覆盖度有所降低。

第四章　内蒙古黄河流域生态产品价值核算体系构建与测度

通过深入研究并实施生态产品的价值评估方法，我们能够持续追踪特定区域内生态产品价值的变化情况，并在全国范围内逐步推广这一做法。这将为我们实现生态产品价值提供基本的数据支持。本章全面概述了生态产品价值评估技术的最新发展状况，并从理论、技术手段和实际运用效果三个方面预测了未来的研究趋势，旨在为生态产品价值评估技术的发展及其实现策略的制定提供指导。本章结合内蒙古黄河流域自然资源的特征，根据生态产品的内涵，从顶层入手为生态产品价值实现设计出合理机制，在核算各类生态产品的价值时选择科学的方法，包括当量因子法、直接市场法等，立足社会经济发展水平客观地把握住生态产品价值存在的区域差异，分析如何化解生态与经济之间的矛盾，为样本地区制定完善的生态产品价值实现制度提供理论指导，旨在提高生态产品供给能力，为生态产品价值实现设定有效路径。

第一节　生态产品价值核算理论基础

生态产品价值核算的理论基础主要有效用价值论、消费者剩余理论与福利经济学理论及其他理论。

一、效用价值论

作为一种基本理念，效益价值论在生态产品价值评估中发挥着重要作用。该学说主张从使用者角度出发，衡量物件如何被利用或从用户主观感受角度理解其价格及产生的过程①。这种观点同样适用于经济品和服务的价格判断，因为它们的成本取决于消费者愿意为获取这些东西付出的代价或是在舍弃它们后能得到的赔偿。根据这一观念体系，那些可以用来换取其他物质的东西被称为“实际交易价”。随着人们消费需求的增长和购物能力的提升，这个所谓的“实际交易价”也会相应上升，从而使整个市场上的供需平衡更加趋于稳定和合理②。因此，在计算环境资源等各类自然资源的市场定价问题时，我们应该首先考虑的是其真实成交金额，而不仅仅是单个单位产品的价格，这样才能更准确地评估生态产品的真实价值③。

二、消费者剩余理论与福利经济学理论

马歇尔的消费者剩余理论和庇古的福利经济学理论在生态产品价值核算方面具有指导意义，为该领域提供了坚实的理论基础。消费者剩余理论认为，消费者剩余可以用于评估产品的价值，即当市场价格低于消费者愿意支付的价格时，消费者可以获得额外的福利。而庇古的福利经济学理论着重指出，产业的社会福利是总消费效用与生产成本之间的差额，即消费者剩余与生产者剩余的和。因此，在生态产品价值核算过程中，需要充分考虑消费者剩余和生产者剩余。这是因为它们对人类福利的影响至关重要。为了最大化自然资源的效用，需要权衡生态环境变化和自然资源使用的效益与将这些资源用

---

① 李巧玲．价值的源泉是劳动还是效用：劳动价值论与效用价值论之比较［J］．新西部，2019（26）：76-77.

② 赵斌，郑国楠，王丽，等．公共产品类生态产品价值实现机制与路径［J］．地方财政研究，2022（4）：35-46.

③ 李维明，俞敏，谷树忠，等．关于构建我国生态产品价值实现路径和机制的总体构想［J］．发展研究，2020（3）：66-71.

于其他用途的成本。根据权衡结果，可以对生态环境和自然资源进行适当调整，以提升人类福利。由于这种效益和成本是通过对福利的影响来衡量的，因此可以用“福利变化”替代“交换价值”。

三、其他理论

当前对生态产品的估价方式都是基于可持续发展理念的。例如，石敏俊等认为，根据强持续性的原理，某些重要的自然资源是不能被人工资源替代的。换言之，用人工资源替代自然资源将导致巨大的损失，一旦遭到破坏，很难再次修复。这是生态产品总量评估的基础，其主要目标在于推动对自然资源的保护，并利用生态产品的经济价值进行货币化，以便更有效地将自然资本保护融入社会经济发展规划中。

第二节　生态产品价值核算研究思路

在评估生态产品价值时要体现出区域特色，发挥出功能量核算的作用，充分利用好监测数据，以提高保护成效、增强业务能力为根本，构建能获得客观结论、易于对比的核算体系。

第一，彰显区域特色。生态产品价值具有一般性特征，在价值实现过程中普遍面临技术问题，要根据内蒙古黄河流域的基本情况对不同类型的生态资源进行核算，包括湿地、旅游、林地、农产品资源等。

第二，突出功能量核算的价值。在功能量与价值量核算之间形成互补，以实物核算为基础对生态产品进行价值核算，也要发挥功能量核算的基础性作用。

第三，依据监测数据进行核算。要求所有业务部门及时公开监测数据，在数据的辅助下核算，增强核算的严谨性与准确性。

第四，持续提高保护成效。生态产品价值核算能为生态环境保护与恢复提供依据，最终构建完善的生态服务体系，指导生态保护与恢复工作的开展。

第五，持续增强业务能力。在为生态产品构建价值核算体系时要与国民经济统计信息系统保持一致，在对绿色发展进行绩效考核或完善生态保护补偿机制时都要将生态产品价值当成重要依据，在研究成果的支撑下加强制度建设。

第三节　生态产品价值核算研究方法

自 1997 年以来，Gretchen Daily 博士与 Robert Costanza 博士提出的以生态环境系统的效用为衡量标准的理论框架已广泛应用于对人造物品所提供的各种益处的研究中。这一理论框架不仅为后来许多关于自然资源管理和社会经济发展的讨论奠定了基础，也提供了一个新的视角来理解自然界的贡献及其对社会的重要性。随后，MA 项目提出了四种类型的服务——供应服务、调控服务、文化服务和支撑服务，使人们能够更全面地了解各类不同的生态系统如何影响着我们的生活质量。在随后的 10 年里，大量科学家都致力于这个领域的工作，并得到了来自世界各地的支持者们的关注。特别是在最近几年内，一些重要的文件如联合国可持续发展目标（SDGs）和《2012 年环境经济核算体系：中心框架》（SEEA 2012）的发布进一步促进了全球范围内对此问题的深入探讨。这些进展使我们更加明确应该怎样利用现有的数据更好地保护地球上的生命源泉——那些为我们带来健康生活的无形资产。

一、功能价格法

采用功能价格法评估生态产品的实际数量及其对应价格，因其科学性和易于理解的核算逻辑而备受关注，学者们已经对此进行了大量研究。该过程通常包括估算各种类型生态产品的实物量，然后使用这些实物的单位价格来计算其总体经济价值。实际上，这为各个生态功能量赋予了“价格”并将其相加以获得经济价值。功能价格法有两种核算模式：一种是以统计数据的方式追踪生态产品的实物量；另一种则通过给定实物量设定价格的方式来实现。利用替换算法将各类型生态产品的实物量转换为货币形式，最后汇总生成生态系统的服务价值总额。这种方法主要基于供应服务、调控服务及文化服务的角度来衡量生态产品的价值。

（一）实物量（功能量）核算实践进展

目前，对于生态产品的实物量统计，主要采用两种方法。第一种方法是通过传统的实地调查来收集数据并进行统计。这包括对生态系统及其要素、水文、气象台站、环境监测网络等进行监测。通过这些数据和参数，可以核算生态系统的实物量。第二种方法是运用数理模型进行实物量统计。常见的模型有 InVEST 模型、ARIES 模型、SolVES 模型等①。学者们可以利用这些数理模型，从不同尺度和不同的生态系统服务角度展开研究。例如，Sánchez-Canales 等（2012）使用 InVEST 模型的水源供给子模块，评估了地中海高度开发区在极端气候条件下（极度干旱和极度湿润）的水文生态系统服务价值②。而 Moushani 等（2021）则基于景观格局指数和数学模型的分析方法，计算并对比了伊朗 48 个大豆田在传统耕种模式与保护性耕种模式下的生态系统服务价值③。这两种方法各有特点，应根据实际情况和需求选择合适的方法进行实物量统计。

当前，我国的研究者主要采用数量表示的方法或数学建模的方式，以优化核算模型并加入空间因素，调整核算单位的分割方式，以提高调节服务产

① 刘智方，唐立娜，高莉洁，等．生态系统服务模型应用的研究［J］．环境科学与技术，2016，39（S1）：387-392.

② Sánchez-Canales M, Benito L A, Passuello A, et al. Sensitivity analysis of ecosystem service valuation in a Mediterranean watershed［J］. Science of the Total Environment, 2012, 440（1）：140-153.

③ Moushani S, Kazemi H, Klug H, et al. Ecosystem service mapping in soybean agroecosystems［J］. Ecol Indic , 2021, 121：107061.

品实物量的准确性。例如，苏伟忠等（2022）运用网格化分布式水文模型技术和流域污染物排放—陆地河流输入水库的水质解析模型，基于天目湖流域生态观察站 10 年的检测数据，对水质净化的服务产品实物量进行了评估，并在核算时减去维持流域生态环境稳定性和符合环保要求的目标存量，最终得出水质净化服务的真实供应量①。同样，郑婷等（2022）选择黄土高原泾河流域作为土壤保育服务的产品研究对象，把其调节功能细分为降低泥沙沉积、维护土壤肥力和减少土壤浪费三个方面，然后借助分布式水文分析工具——SWAT（soil and water assessment tool）中的土壤侵蚀模块（MUSLE 模型）来计算实物量，结果表明这三种土壤保育的服务产品在时间和质量上的变动都呈波浪状增长态势②。此外，我国的研究人员也依据各类自然资源生态系统的特性，挑选合适的核算标准，实施有针对性的核算工作。例如，王克达等（2022）计算了福州市森林生态系统的五个主要功能——土壤保护、水流控制、大气清洁、气候调整和动植物保护，并在土壤保护方面测量了土壤养分保存数量，在大气清洁部分则测量了负氧离子的排放数值等，进一步丰富了计量项目，提升了其实际应用效果③。在研究海域生态产品的估价过程时，王涛等（2020）加入了包括矿物质资源、能量供应以及人类居住地的供给等非生命体提供的服务作为评估的一部分，同时强调了单位规模的选择对于海域生态产品价格估计的重要性。因为生态产品的价值随受益者与海域生态系统之间的距离增加而降低，所以在定价的过程中需要考虑这个因素④。

（二）价值量核算实践进展

在进行生态产品价值量核算时，确定各类生态系统服务功能的单位价格

① 苏伟忠，周佳，彭棋，等．长江三角洲跨界流域生态产品交易机制——以天目湖流域为例［J］．自然资源学报，2022，37（6）：1598-1608.

② 郑婷，周自翔，白继洲．生态系统服务流模拟与特征分析：以泾河流域土壤保持服务为例［J］．陕西师范大学学报（自然科学版），2022，50（4）：21-33.

③ 王克达，魏斌，常璐．福州市森林生态系统生产总值（GEP）评估［J］．沈阳农业大学学报，2022，53（6）：759-767.

④ 王涛，杨璐，李琳琳，等．海洋生态价值核算与应用初探［J］．海洋经济，2020，10（6）：15-21.

是必要的。然而，由于生态产品的种类和参数各不相同，定价方法也有所不同。目前可采用的定价方法主要包括直接市场法、替代市场法和模拟市场法。这些方法在实践中得到了广泛应用，为生态产品价值量核算提供了重要的参考依据。

首先，我们讨论一种直观的市场定价方法，即直接市场法。这种方法主要依据现有的实体或市场上可见的价格来评估实际存在的商品和服务。通常，这种方法适用于既有物理数量又能找到相应市价的领域，如物资供应服务。在此类评价中，我们常采用多种技术工具，如市场价值法、成本基础法以及生产效率技术。对于生态环境材料，最常见的做法是采用市场价值法，以衡量其货币化程度。这是一种简单地将当前售价视为环境物品所代表的社会财富的方式①。像树木制品（如木材、橡胶、树脂、漆、油籽等）以及相关的初级商品，都可以被视为自然资源类别的产出。

其次，可以采用替代市场法来度量生态环境商品的经济价值。这种方法利用“阴影价格”和消费者剩余的概念，常见的方法包括旅游费率法、阴影项目法、替换成本法、复原成本法、快乐定价法等。在国际范围内，Ezebilo（2016）利用旅游费率法测算了瑞典自然景点的游览价值②；印度的一些研究者则根据旅游费率法对印度南部沿岸湿地的直接和间接生态系统服务价值进行了计算和探讨③；Ninan 等（2016）使用阴影项目法估计了印度某个保护区的森林生态系统的水资源保持功能价值④；Sander 等（2012）采用快乐定价

---

① 石薇，程开明，汪劲松．基于核算目的的生态系统服务估价方法研究进展［J］．应用生态学报，2021，32（4）：1518-1530.

② Ezebilo E E. Economic value of a non-market ecosystem service：An application of the travel cost method to nature recreation in Sweden［J］. International Journal of Biodiversity Science Ecosystem Services & Management，2016，12（4）：314-327.

③ Balasubramanian S. Segregating direct and indirect dimensions in ecosystem services valuation：The case of a coastal wetland ecosystem of South India［J］. Indian Journal of Ecology，2021，48（1）：177-183.

④ Ninan K N，Kontoleon A. Valuing forest ecosystem services and disservices：Case study of a protected area in India［J］. Ecosystem Services，2016，20：1-14.

法分析了土地覆盖形式对当地房地产价格的影响，并将此作为地方规划的依据①。同样，Johnston 等（2015）使用收益转换法测量了鱼类栖息地的生态系统服务价值②。Arowolo 等（2018）借助收益转化法评估了 2000—2010 年非洲尼日利亚生态系统服务的总价值，结论显示大约 70%的尼日利亚生态系统服务功能出现了一定程度的衰减③。

我国目前的研究主要集中在改进价值量核算方法，以增加其适用于特定区域或对象的程度。例如，李巍等（2003）对旅行费用法进行了改进，提出了旅行费用区间法④。该方法主要是将旅行费用划分为不同的区间，假设每个游客都追求最大化收益并愿意以较低的旅行费用出行，具有高的适用性和可操作性，因此被广泛应用⑤。苏伟忠等（2022）根据流域生态保护成本和环境治理成本确定了水质净化服务产品的基准价⑥，并根据水文过程的空间完整性对流域进行了子流域划分，并根据生态重要性和经济适宜性确定了各子流域的分区价格。水质净化服务能力越强，产品越稀缺，价格也越高。佟玲玲等（2022）以青海省西宁市的城市湿地为例，选取了可达性、环境、湿地等 10 个因素来构建享乐价格模型，计算出了城市湿地景观溢价的价值量，并在此基础上，参考断点理论和加权 Voronoi 图模型等方法分析了城市湿地文化服务产品和其他生态产品的空间影响范围，构建了湿地生态产品影响因素的结

---

① Sander H A, Haight R G. Estimating the economic value of cultural ecosystem services in an urbanizing area using hedonic pricing [J]. J Environ Manage, 2012, 113: 194-205.

② Johnston R J, Wainger L A. Benefit transfer for ecosystem service valuation: An introduction to theory and methods [M]. Benefit Transfer of Environmental and Resource Values. Springer Netherlands, 2015: 237-273.

③ Arowolo A O, Deng X Z, Olatunji O A, et al. Assessing changes in the value of ecosystem services in response to land-use/land-cover dynamics in Nigeria [J]. Science of The Total Environment, 2018, 636: 597-609.

④ 李巍，李文军．用改进的旅行费用法评估九寨沟的游憩价值［J］．北京大学学报（自然科学版），2003（4）：548-555.

⑤ 孙宝娣，崔丽娟，李伟，等．基于费用区间法的辽宁省滨海湿地休闲旅游价值评估［J］．资源科学，2017，39（6）：1160-1170.

⑥ 苏伟忠，周佳，彭棋，等．长江三角洲跨界流域生态产品交易机制：以天目湖流域为例［J］．自然资源学报，2022，37（6）：1598-1608.

构方程模型①。赵雨虹等（2015）在计算江西省大岗山毛竹林、常绿阔叶林和混合森林的水源保护产品的经济效益时，基于常规的影子价格方法，提出当地民众对于这些项目的付款意向是影响其价值的关键因素。因此，他们采用了支付意愿的方法，通过使用发展阶段系数来调整价值数量以避免影子价格方法可能导致的过高的水源保护价值评估问题②。

最后，我们采用了模拟市场法。这种方法依赖支付意愿（WTP）和净支付意愿（NWTP）作为衡量生态系统服务经济效益的手段。通过直接向公众征求他们对特定生态商品的需求程度或构建虚拟市场，我们可以了解人们的付款意向，从而推断出这些生态产品的价格。其核心评价方式是条件价值法（CVM）。例如，Pagdee 等（2021）根据民众的购买意愿研究了各种社会观点如何影响生态系统的服务费用，并将其与国家经济统计中的基于市场的定价进行了比较③。对于生态系统服务这样的流域内未得到重视的被动生态系统服务价值或间接使用的价值问题，Eregae 等（2021）根据消费者的付款意愿估测了肯尼亚埃尔格约流域被动生态系统服务的价值④。同样，英国人也采用了支付意愿法来确定北海海底在不同海洋资源管理策略下的生态价值，这一数据为制定海洋资源管理的决策提供了一个重要参照。Hansen 等（2018）则借助条件价值法对上格林河流域的草地生态价值进行了评估，有助于推动“生态系统服务支付”项目的执行⑤。此外，Campos 等（2019）提出了一种名为

---

① 佟玲玲，魏晓燕，宋秀华，等．基于享乐价格—结构方程双模型的西宁城市湿地生态系统服务价值及影响因素研究［J］．生态学报，2022，42（11）：4630-4639.

② 赵雨虹，范少辉，夏晨．南方三种典型林分水源涵养价值个案分析：以江西大岗山毛竹林、常绿阔叶林及其混交林为例［J］．林业经济，2015，37（11）：118-120.

③ Pagdee A，Kawasaki J. The importance of community perceptions and capacity building in payment for ecosystems services：a case study at Phu Kao，Thailand［J］. Ecosystem Services，2021，47：101224.

④ Eregae J E，Njogu P，Karanja R，et al. Economic valuation for cultural and passive ecosystem services using a stated preference［contingent valuation method（cvm）］case of the Elgeyo watershed ecosystem，Kenya［J］. International Journal of Forestry Research，2021.

⑤ Hansen K，Duke E，Bond C，et al. Rancher preferences for a payment for ecosystem services program in Southwestern Wyoming［J］. Ecological Economics，2018，146：240-249.

模拟交换价值法的新颖方法①，这种方法是在已经知道或设定的市场环境下，利用预先设定好的供应曲线和需求曲线来模拟市场，然后从这个过程中获取生态商品的交换价值。国内的研究中也存在相似的内容：时少华等（2022）利用了个体旅游开销方法与环境标准评价方式计算了运河公园休闲活动蕴含的价格值②；郝林华等（2018）则根据同样的模式衡量了海南岛沿岸区域内自然保育区生物多样维护服务的经济效益及其中重要的海洋动植物种类数量的重要性③；此外，还有一些学者采用以个体消费行为为基础的环境经济学理论——“消费者剩余”概念并结合 Tobit 统计学原理对此类问题展开深入探讨④，发现生活在中国北方地区的人们的环保理念相对较为先进且愿意为此付出一定的代价。因此，我们应该鼓励这些地区的民众积极参加到这种新型的社会责任活动中并且给予相应的奖励措施，以此激发更多人投入此项事业当中。

二、当量因子法

采用当量因子法时，我们需要创建一个可以衡量的各种生态环境中特定生态服务功能的价值指标，即当量因子。然后，将这些生态系统的覆盖范围加起来以计算其总值。这种方法最初由 Constanza 等提出。他们将地球上的生态系统划分为 16 个类别，将生态系统服务分成 17 个种类，并且给出了每种生态系统和生态系统服务的单位面积价格。此方法主要用于海外研究，基于研究地区与生态系统服务价值的关系，使用价值迁移的研究框架，建立了适合某个特定生态系统或者地区的生态系统服务的单位面积价格体系，以此来

① Campos P, Caparrós A, Oviedo L J, et al. Bridging the gap between national and ecosystem accounting application in Andalusian forests, Spain [J]. Ecological Economics, 2019, 157: 218-236.

② 时少华，吴泰岳，李享，等．基于 ITCM 和 CVM 的运河公园游憩价值评估研究：以北京通州大运河森林公园为例［J］．干旱区资源与环境，2022，36（1）：201-208.

③ 郝林华，陈尚，王二涛，等．基于条件价值法评估三亚海域生态系统多样性及物种多样性的维持服务价值［J］．生态学报，2018，38（18）：6432-6441.

④ 周晨，李国平．流域生态补偿的支付意愿及影响因素：以南水北调中线工程受水区郑州市为例［J］．经济地理，2015，35（6）：38-46.

确定这个地区的生态系统服务价值。比如，Groot 等（2012）利用大量的实例数据进行了生态系统服务价值的估算①，并建构了一个生态系统服务价值评价的数据库，将生态系统服务的价格转化为一组通用的单位，也就是将其换算到相同的标准上，以 2007 年的“美元/公顷/年”为标准，获得 10 种类型 22 项生态系统服务的单位面积价格。在这个计价方式里，价值迁移方式非常关键。很多海外专家都在试图运用各种各样的价值迁移方式去测定各类生态系统的生态系统服务价值，其中最常用的就是需求方程和 meta 回归分析等。对于寻找与研究区域的属性高度相似的一个或几个案例地区的需求函数来说，方法主要是通过考察经济特征、人口分布等因素来实现对研究区域的生态系统服务价值转移评估②。比如，García-Pozo 等（2011）运用需求公式③，加入了海滨地点、设备品质等多种要素来衡量露营地的住宿价格，有助于确定露营场的收费标准。Brander 等（2012）全面考察了欧洲湿地生态环境及其产生的生态效益的关系④，采用价值转化模式构建了一个包括湿地规模、人均生产总值、居民数量等多项指标的生态效益回溯公式，然后用 meta 回归分析估算了特定站点上的生态效益值。此外，我国学者也将当量因子技术用于评价各种类型的生态体系的生态效益经济价值，在生态效益领域取得了很多的研究成就。谢高地等（2008）修正了全球生态效益价值表格的不完善部分⑤，根据森林、草原、农业用地、湿地、河流及沙漠六大类型中 9 个生态效益相比农作物食品产量的相对重要性（当量因子），创建了一套适合中国环境特色

---

① Groot R, Brander L, Ploeg S, et al. Global estimates of the value of ecosystems and their services in monetary units [J]. Ecosystem Services, 2012, 1 (1): 50-61.

② 胡晓燕，于法稳，徐湘博．用效益转移法评估生态系统服务价值：研究进展、挑战及展望[J]. 长江流域资源与环境，2022，31 (9)：1963-1974.

③ García-Pozo A, Sánchez-Ollero J L, Marchante-Lara D M. Applying a hedonic model to the analysis of campsite pricing in Spain [J]. International Journal of Environment and Resource, 2011, 5 (1): 11-22.

④ Brander L, Bräuer I, Gerdes H, et al. Using meta-analysis and gis for value transfer and scaling up: Valuing climate change induced losses of european wetlands [J]. Environmental and Resource Economics, 2012, 52 (3): 395-413.

⑤ 谢高地，甄霖，鲁春霞，等．一个基于专家知识的生态系统服务价值化方法 [J]. 自然资源学报，2008 (5)：911-919.

的每平方米生态效益价值当量表。也就是说，假设农作物食品的生态效益价值当量是1，则可通过比照其他生态效益带来的年收益率，计算出各生态效益的实际价值。随后，谢高地小组不断更新和优化生态效益价值当量因子表，最终得到了中国的每一平方千米的生态效益价值当量①。一些专家在此基础上进一步深化了他们的工作：他们对谢高地团队创建出的生态环境服务货币化衡量因素表格进行了修改工作，以便更好地满足不同领域或者地区的需求②。在谢高地团队建立的生态系统服务价值核算当量因子表的基础上，部分学者将研究重点放在根据不同研究方向或研究区域对当量因子表进行修正上。例如，高振斌等（2018）利用以往文献中对应类型单位面积生态产品价值量和一个标准生态产品价值当量因子的经济价值量比值确定生态系统当量因子值③，通过比较过去相关领域资料中每个类型土地每平方米产生的环境产品价格与其相应的市场化商品的价格来调整这些要素数额；他们的目标是使这个新的评估体系更加符合当地的环境实际条件。此外，为了保证这种改动过程的一致性和准确率，需要遵守一定规则——如果两个参数之间的差异很小的话，就用它们的均值代替它们。

与此同时，中国地理信息技术的不断进步使得“三维”空间处理方法越来越流行，所以有人开始尝试把这三种工具结合起来使用从而提升计算结果的精确程度④。举例来说，乔斌等（2020）针对青藏高原上的马尔朵县城做了类似的研究实验，并且采用相近地带作为参照物建立了每一平方千米自然资源所能带来的收益大小的参考系数量关系模型，以此实现了对该地资源效益评价的过程。同样的情况也发生在新疆境内的阿拉什库里沙漠附近的水源

---

① 谢高地，鲁春霞，冷允法，等．青藏高原生态资产的价值评估［J］．自然资源学报，2003（2）：189-196.

② 谢高地，张彩霞，张雷明，等．基于单位面积价值当量因子的生态系统服务价值化方法改进［J］．自然资源学报，2015，30（8）：1243-1254.

③ 高振斌，王小莉，苏婧，等．基于生态系统服务价值评估的东江流域生态补偿研究［J］．生态与农村环境学报，2018，34（6）：563-570.

④ 乔斌，祝存兄，曹晓云，等．格网尺度下青海玛多县土地利用及生态系统服务价值空间自相关分析［J］．应用生态学报，2020，31（5）：1660-1672.

保护区的案例当中，包括草原、森林、湿地等在内的多种生物多样性的存在情况都得到了详细的数据记录和科学合理的估测。

三、能值评估法与生态元法

Odum 等基于能量系统理论，提出了一种新的能值评估法，用于评估生态系统的能源转移和物质循环。由于人类社会的物资和能量主要源于太阳能，他们采用此方法将生态系统内的物质流通、能量流动和金钱流动相互关联，并利用进入生态系统的有效能量总额及其转换效率，计算出生态系统的终极能值。此方法被视为生态科学与经济学之间的桥梁①。国际上，这种方法已被广泛应用于生态系统服务价值的评估。例如，Brown 等（1996）利用该方法为湄公河大坝的选择提供了决策依据，并评估了其对该地区自然环境的影响。同时，国内也在积极推广该技术的应用②。刘耕源等（2022）开发的生态元法以太阳能值为标准尺度，测量未受人类干扰的生态产品实际数量③，并考虑环保措施对生态产品价值的影响，对生态元的价值进行相应调整。该方法利用市场上的房屋价格体系、特定地区生态环境基金、股票交易、环境资产私人所有权等方面的方法来确定每个生态元的实际价值，进而推导出生态产品的总价值。金丹等（2013）运用能量评价方法成功计算了徐州地区的生态环境产品数量，包括外部可持续资源、当地可持续资源、系统内在或当地无法持续的资源、经济流动、垃圾流动等方面的数值，并据此得出生态材料商品、调整服务商品、文化和教育服务的市场价格④。杨青等（2018）也采用该方

① 刘耕源．生态系统服务功能非货币量核算研究［J］．生态学报，2018，38（4）：1487-1499.

② Brown M T, Mcclanahan R T. Emergy analysis perspectives of Thailand and mekong river dam proposals［J］. Ecol Modell, 1996, 91（1）：105-130.

③ 刘耕源，杨青，黄潇霄，等．2000—2020 年中国“两山”价值测算与动态分析［J］．北京师范大学学报（自然科学版），2022，58（2）：241-252.

④ 金丹，卞正富．基于能值和 GEP 的徐州市生态文明核算方法研究［J］．中国土地科学，2013，27（10）：88-94.

法衡量了广州地区湿地的环境效益①，为不同类型的湿地保护措施及生态补偿制度的优化提供了依据。

虽然全球众多研究者已对生态系统服务的价值展开了深刻的探索，但目前尚未在全球范围内建立起一个科学、一致且综合的评价或估算生态系统服务价值的方法。审视国内外关于此类服务价值评估的研究，可以发现目前主要有四种主流方法论：

第一，以 Costanza 和 TEEB 为核心，基于不同生物群落服务的单位面积价值进行核算的方法。在此方法里，Costanza 团队首先对 16 种生物群落提供的 17 项生态系统服务进行了单位面积价值的评估。随后，他们将这些单位面积价值与各自生物群落的总面积相乘，进而累积得到了全球各生物群落提供生态系统服务的整体价值总和。

第二，谢高地等（2008）采用的单位面积价值等价因素法。这一方法基于区分不同生态系统服务功能的原则，构建了各类服务功能的价值等价因素。此方法将生态系统的不同服务功能与其分布区域的面积相结合以进行估算。谢高地等（2008）在 Costanza 的分类体系上进一步发展，形成了一套基于专家见解的生态系统服务价值化策略。然而，他们最初采用的等价因素法是一个静态的估算手段，没有充分考虑到生态系统类型和质量状况的时空差异，因此其结果无法精确反映生态服务功能的时空动态。为了补足这一缺陷，谢高地等（2015）后来引入了净初级生产力、降水量和土壤保持等因素，并依据全国生态系统服务价值的年均等价表，建立了一个动态的评估等价因素表，使生态系统服务价值评估在空间（按省份划分）和时间（按月计）上更具动态性。

第三，针对特定生态系统类型的价值评估方法。为了精确评估单一生态系统类型，如森林、海洋及荒漠，中国已经制定了一套详尽的评估标准与指

① 杨青，刘耕源．湿地生态系统服务价值能值评估：以珠江三角洲城市群为例［J］．环境科学学报，2018，38（11）：4527-4538.

南，包括《森林生态系统服务功能评估规范》（GB/T 38582—2020）、《海洋生态资本评估技术导则》（GB/T 28058—2011）、《荒漠生态系统服务评估规范》（LY-T 2006—2012）及《自然资源（森林）资产评价技术规范》（LY/T 2735—2016）。这套规范和指导原则主要用于对森林、海洋、荒漠等特定生态系统的生态资源资产（即生态资本）和所提供的服务功能进行全面核算与评估。

第四，生态系统服务功能量及其价值化评估方法。该方法的核心在于以生态系统服务的实际功能量（物理量）为基础，通过计算各项服务功能的数量和单位价值来确定生态系统的整体价值。这种评估方式涉及建立特定服务功能与其对应的局部生态环境变量之间的关系方程，以模拟特定小区域内的生态系统服务。在功能量的核算上，主要分为统计模型和生物物理模型两种类型。例如，对于提供生态物质产品的服务如农林产品、空气和水环境质量，多采用统计模型进行核算；而生态系统的调节服务，如固碳、防止土壤侵蚀、水源保护等，则主要依赖于生物物理模型。生物物理模型在核算中需要大量输入参数，并基于实地监测数据校准这些参数，计算过程相对复杂，需要较高的专业技能，对于非专业人士而言，操作起来比较困难。此外，由于模型结构和参数的不确定性，这种核算方法的结果往往难以被复制或验证。在对厦门市生态系统价值进行核算时，中国环境科学研究院开发了一种结合生物物理模型和业务化统计模型的评估方法。这个方法的核心是利用生物物理模型计算得出的实物量作为因变量，同时将易于从相关部门获取的数据，如生态用地面积、降水量、林业小班的郁闭度等作为自变量。此外，使用林业清查数据，特别是将林业小班作为计算单元，建立了生态系统服务功能量与上述自变量之间的回归模型。通过固定参数并规定数据报表格式，业务化统计模型不仅保证了生态系统价值核算的可复制性，也提高了其操作性（张林波等，2019）。

第四节　生态产品价值核算模型构建

一、指标体系构建

按照生态产品价值属性，基于生态产品功能类型视角，构建生态产品价值评价指标体系，如表4-1所示。

表4-1　内蒙古黄河流域生态产品价值核算指标体系

类型	核算指标	实物量	价值量
生态物质产品	农业产品	农业产品产量	农业产值
	林业产品	林业产品产量	林业产值
	畜牧业产品	畜牧业产品产量	畜牧业产值
	渔业产品	渔业产品产量	渔业产值
	水资源	用水总量	用水量产值
	生态能源	水能发电量	水能发电产值
		生物质发电量	生物质发电产值
生态调节产品	水源涵养	水源涵养量	水源涵养价值
	土壤保持	土壤保持量	减少泥沙淤积价值
			减少面源污染价值
	洪水调蓄	洪水调蓄量	洪水调蓄价值
	空气净化	净化二氧化硫量	净化二氧化硫量价值
		净化氮氧化物量	净化氮氧化物价值
		净化粉尘量	净化粉尘价值

续表

类型	核算指标	实物量	价值量
生态调节产品	水质净化	净化化学需氧量	净化化学需氧量价值
		净化总氮量	净化总氮价值
		净化总磷量	净化总磷价值
	固碳释氧	固定二氧化碳量	碳固定价值
		氧气提供量	氧气提供价值
	气候调节	植被蒸腾消耗能量	植被蒸腾调节温湿度价值
		水面蒸发消耗能量	水面蒸发调节温湿度价值
生态文化产品	生态旅游	游客接待量	旅游总收入

二、生态产品价值核算方法

在核算生态产品价值过程中，可以采用的方法比较多，较为成熟的方法包括当量因子法、直接市场法等。国内外学者在对生态环境创造的效益进行评估时，应用率较高的是替代市场法。对过往研究成果进行梳理，本书决定在对内蒙古黄河流域的生态产品进行价值核算时采用“生态—健康—市场”的综合方法，将市场定价法、人体健康损益测评、生态系统服务价值等进行汇总，获得尽可能精准的核算结果。

在对干净空气价值进行核算时选择的是环境健康风险评估法，用货币化的方式描述空气污染对人类健康造成的不良影响。我国在《环境空气质量标准》中指出，$PM_{2.5}$年均浓度低于35微克/立方米为优良空气，在核算过程中需要求出健康效益增加或减少的量，如果地区空气污染物浓度低于标准值，表明该地区能为居民提供干净空气，能促进健康效益的提高，创造了良好的空气价值；如果空气污染物浓度超出标准值，则意味着该地区的空气质量不合格，空气价值为负，导致人类健康效益下降。可按式（4-1）核算：

$$\Delta I = P\times (E-E_0) = P\times e^{\beta\times(C-C_0)}\times E_0\times\left[1-\frac{1}{e^{\beta\times(C-C_0)}}\right] \tag{4-1}$$

式（4-1）中，ΔI为健康效应变化量，E为健康效应值，β为暴露—反应关系系数，C 为 $PM_{2.5}$ 实际浓度，C_0 为 $PM_{2.5}$ 标准浓度，E 和 E_0 为 C 与 C_0 浓度下人群基准死亡率或疾病发病率，$E-E_0$ 为上升或下降的死亡率，P 为暴露人口数量。

$$CAV = VOSL + C_i = VOSL_{BJ} \times \frac{I_n}{I_{BJ}} \times e + (C_{Pi} + GDP_d \times T_{Li}) \times \Delta I_i \qquad (4-2)$$

式（4-2）中，$VOSL$（value of a statistical life）为统计学意义上的生命价值，可根据呼和浩特市 $VOSL$ 利用价值转换方法核算其他城市的 $VOSL$①。$VOSL_{BJ}$ 为呼和浩特市的 $VOSL$ 价值，I_n 和 I_{BJ} 分别为城市 n 和呼和浩特市的人均可支配收入，e 为收入弹性（一般取 1），C_i 为健康终端 i 变化导致的疾病总成本，C_{Pi} 为单位病例疾病成本，GDP_d 为各城市每日人均生产总值，T_{Li} 为相关疾病导致的误工天数。疾病成本法中的慢性支气管炎患病时间难以确定时间界限，其经济损失按 $VOSL$ 的 32%计算。CAV 为健康效益价值②。

在对充足水源价值（CWV）进行核算时选择的是市场价值法，以城市统计年限为依据，从水资源公报中获取相关数据，对年度内供水资源价值进行核算，分别求出农业、工业、生活三种用水的价值。公式如下：

$$CWV = \sum (W_i \times P_i) \qquad (4-3)$$

式（4-3）中，W_i 代表 i 类用途（农业、工业和生活）用水量，P_i 代表 i 类用途用水单价。

土壤质量生态价值可以体现在多个方面，包括作物产量、泥沙淤积的轻缓程度、土壤肥力等，在研究中可以轻松获取数据资料，在核算中选择的是可执行性较强的当量因子法，默认土壤服务价值达到优良土壤的标准。对三类生态产品的价值进行累计，即可求出自然环境产品的总价值。

将直接市场法运用于文化类和物质类生态产品价值核算中，需要通过统

---

① 谢高地，张彩霞，张雷明，等．基于单位面积价值当量因子的生态系统服务价值化方法改进［J］．自然资源学报，2015，30（8）：1243-1254.

② 黄德生，张世秋．京津冀地区控制 $PM_{2.5}$ 污染的健康效益评估［J］．中国环境科学，2013，33（1）：166-174.

计年鉴与公报获得的数据计算生态能源与农副产品的产值，还需要确定民俗类、农业观光类、自然景区类旅游收入，自然景区类旅游收入通常在旅游总收入中占比70%①。不同类型的用地及构建的生态系统在生态调节方面产生的价值有所不同，在对生态调节产品的价值进行评估时选择了应用率较高的当量因子法，在计算产品价值过程中尽量避免重复，不考虑文化服务、供给服务两项功能，求出水文、气候、气体、生物多样性产生的调节价值。公式如下：

$$\begin{aligned} ESV &= \sum(V_k \times A_k) = \sum(V_a \times F_{kf} \times A_k) \\ &= \sum\left(\frac{1}{7} \times \frac{S}{A} \times F_{kf} \times A_k\right) \end{aligned} \tag{4-4}$$

式（4-4）中，ESV 代表整理后的生态空间产品价值，V_k 为不同类型土地单位面积生态系统服务价值系数，A_k 代表不同土地利用类型面积，V_a 代表一个当量因子价值，S 代表农作物经济总价值，A 代表农作物播种面积，F_{kf} 为 k 类土地利用 f 类生态服务功能的当量因子。

第五节　内蒙古黄河流域生态产品价值核算

一、数据来源

研究过程中使用的数据资料主要有三大来源，即政府官网下载、地方统计年鉴、公报，能保证数据的权威性与可靠性。在对自然环境产品进行价值核算时，从内蒙古黄河流域七盟市共同下发的环境统计公报中提取干净空气数据，从城市统计年鉴中提取人均水资源数据，从水资源公报中获取河流湖泊监测数据，确定所有水质达到三级以上标准。通过土地利用变更调查下发的报告获得

① 马国霞，於方，王金南，等．中国2015年陆地生态系统生产总值核算研究［J］．中国环境科学，2017，37（4）：1474-1482.

生态调节产品数据，从各盟市统计年鉴与统计公报中获取旅游收入方面的数据。

二、生态产品价值核算

经核算，2020 年内蒙古黄河流域 GEP 为 31884. 92 亿元。生态物质产品总价值为 2256. 46 亿元，占内蒙古黄河流域 GEP 的 7. 08%；生态调节产品总价值为 24272. 25 亿元，是生态产品总值构成的核心部分，占内蒙古黄河流域 GEP 的 76. 12%，其中气候调节、水源涵养和防风固沙价值最高，其次是洪水调蓄和固碳释氧价值；生态文化产品总价值为 5356. 21 亿元，占内蒙古黄河流域 GEP 的 16. 80%。经核算，2015—2020 年，内蒙古黄河流域 GEP 增加了 6492. 12 亿元，按可比价计算，增幅为 14. 75%。内蒙古黄河流域 GEP 稳步提升，实现了生产总值与生态产品总值双增长，体现了经济社会增长与生态环境保护协调发展。

生态产品价值和国内生产总值的比较在一定程度上反映了生态保护与经济增长的协调程度，对区域生态保护政策、区域经济发展方向有一定参考意义。同年内蒙古黄河流域 GEP 占生产总值比重不同，说明内蒙古黄河流域生态产品价值区域差异明显，经济发展水平区域差异较大，生态产品价值实现对区域发展的影响和贡献更具有显著的区域差异，生态产品价值实现的区域差异化战略具有重要性。

综上，中国的现代化进程注重人类与自然和谐共处，这是内在需求。利用市场力量将生态产品的环境与自然资源优势转化为经济和产业优势，是生态产品价值实现的关键。准确评估生态产品价值有助于平衡自然生态环境与社会经济发展。当前面临的挑战包括难以衡量和转换生态产品、缺乏一致性和标准化的价值计算方法，以及市场接受程度不高等。因此，需要采取多种措施，如关注国际前沿研究成果，结合国内实际情况和国外经验教训，寻找更具多样性的价值实现途径并制定不同核算标准，以推进绿色生活，优化政府领导、各行各业共同参与、可持续发展的生态产品价值实现路径，构建中国特色的生态文明发展模式。

第五章　内蒙古黄河流域生态产品价值实现机制

建立健全内蒙古黄河流域生态产品价值实现机制，是践行习近平生态文明思想的重要手段，是推动生态治理体系和治理能力现代化的必然要求，对提升生态保护修复成效、实现当地生态产品价值、推动内蒙古黄河流域绿色发展、实现区域可持续发展具有重要意义。

内蒙古黄河流域可以通过六大机制实现生态产品的价值，分别为生态产品价值调查监测机制、生态产品价值核算评价机制、生态产品价值保护补偿机制、生态产品价值经营开发机制、生态产品价值实现保障机制、生态产品价值实现推进机制。对六大机制进行细致分析，生态产品价值调查监测机制、生态产品价值核算评价机制至关重要，可以深入了解生态资产的质量、数量和类型，获取精确可靠的数据，为生态产品的价值实现和转化提供坚实的依据，同时制定出可度量的评价指标，以更好地指导生态保护补偿和经营开发工作。只有不断完善生态保护补偿与经营开发两项机制，才能为生态产品交易创设有利条件，在生态产品价值实现过程中充分发挥政府的主导作用、市场的推动作用。实现保障机制的形成，从末端为生态产品价值实现提供保障。实现推进机制为前面五大机制的完善提供助力，由此构建了完善的框架体系，让生态产品价值实现成为可能（见图 5-1）。

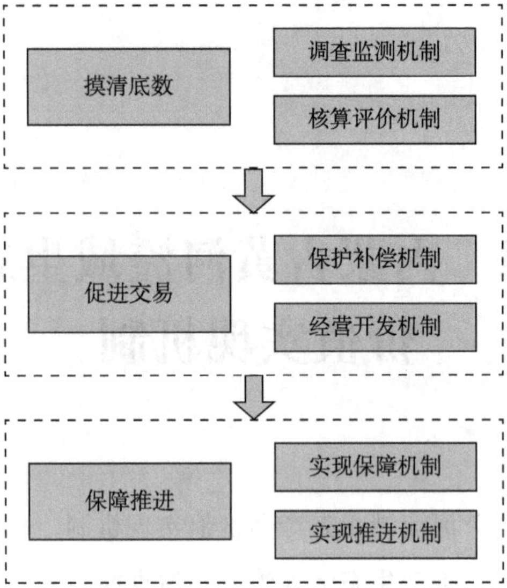

图 5-1　生态产品价值实现机制

第一节　摸清底数：健全生态产品价值调查监测和核算评价机制

要想解决生态产品“有哪些”“在哪里”等问题，需要在生态产品生产与销售过程中进行调查与监测。首先，围绕自然资源确权登记形成完善的制度。要建立完善的自然资源确权登记制度，确保生态产品权益归属明确、基础信息完整。否则，价值核算将无法顺利进行，生态产品的价值实现也就无从谈起。因此，必须通过自然资源确权登记制度的完善凸显生态产品确权登记工作的权威性，指明产权主体，增强使用权与所有权的独立性。其次，建立健全信息普查机制。为了准确地把握自然资源与生态环境的具体情况，我国已经着手开展调查与监测工作，依托现有调查监测体系，使用先进的技术手段对生态产品展开信息调查，精准地获取数量、质量、类型等数据，经过数据梳理与整合，为生态产品编制目录清单。此外，要动态进行监测，及时了解生态产品质量、功能、分布、特征、开发、保护、权益归属等方面的信息，搭建庞大的信息云平台，为数据共建共享提供有利条件。

在生态产品价值实现过程中，核算评价机制能发挥重要作用，能回答生态产品“价值如何”等问题。第一，必须尽快构建一个科学的价值评估体系。如果无法以科学的方式度量“绿水青山”提供的生态产品的价值，那么价值的实现和转化将成为空谈。构建生态产品价值评估体系需要对各种价值核算方法进行对比和选择，找出最合适、最有效的方法，并不断改进和完善，以便建立共同的语言体系，得到所有利益相关者的认同，为“绿水青山”提供客观的价值标签。考虑到不同类型的生态产品有其独特的价值实现路径，因此，在构建评估体系时需要重点关注区域内各个单元生态产品的价值及总价值两项关键指标。国家发展和改革委员会与国家统计局在 2022 年出版了《生态产品总值核算规范》，为生态产品价值核算构建了指标体系，从数据来源、核算评估方法、技术手段、统计口径等方面提出了具体要求，要求各级行政区域适时统计生态产品总值并出台相应的制度文件，为生态产品价值实现制度体系的完善奠定基础，充分体现出中国特色。第二，高效利用生态产品价值核算结果并形成相应的制度。在对地区发展质量进行评价时，将 GEP 看作一项与生产总值同等重要的指标，推行“双考核”。拓宽核算结果应用面，包括发放生态保护补偿、实施绩效考核、为生态环境损害提供赔偿、生态资源权益交易等，在实践中不断检验核算体系的合理性，并持续对其进行优化。各级政府在制定规划或推行工程项目时都要充分考虑区域生态产品的数量与价值，合理有效地提供补偿，不断提高生态产品价值。此外，完善核算结果发布制度，通过多元渠道发布生态产品价值核算结果，对各地生态保护工作的开展情况作出评价。

一、建立内蒙古黄河流域生态产品价值调查监测机制

内蒙古黄河流域在对生态产品进行监管时要做到“全程化”。产品甄选与

测评需要在供应端进行，汇总质量过硬的生态产品并编制目录清单。遵循动态化原则对生产产品进行监测，全面收集生态环境基础信息，从数量、质量、利用率、开发程度、权益归属等方面了解生态产品的真实情况，创建功能丰富、体量庞大的信息共享平台，将供需两端联结到一起。通过要素升级建设绿色供应链，从物流、工艺、设备等方面实现绿色化发展。持续加大对绿色生态产品的质量管理力度，确保所有生态产品都是安全可靠的，在生态产品交易过程中构建全链条监督体系，从制度层面为融资、信用评价、质量安全追溯等提供保障，确保相关人员随时随地可以获取与生态产品有关的数据信息。

第一，为修复或保护生态环境加强机制建设。生态产品价值实现，要求所有推向市场的生态产品都有过硬的品质。在生态产品开发经营过程中必须始终坚持合理适度和保护优先的原则，坚决维护自然生态的安全红线，确保生态系统的休养生息和自然资本的增值，从而提高生态产品的价值，使其创造更大的经济效益和社会效益。在生态环境保护与修复机制的建设过程中，应重点关注国家设定的重点生态功能区和自然保护地等关键区域。任何人都不得突破生态保护红线，确保重大保护与修复工程顺利实施。首先要形成完善的保护修复机制，尽量采用自然恢复的方式，在保护的同时进行开发，在节约自然资源的同时提高利用率，制定完善的解决方案，通过“一体化”的方式保护山水林田湖草沙，增强治理系统性；构建自然保护地体系，国家公园在该体系中占据核心位置，以保护生物多样性为目的推行重大工程，人工修复与自然恢复形成互补，全面开展国土绿化行动。其次要重视生态系统管理机制建设，对现有集体林权制度进行优化与创新，为生态系统休养生息提供良好条件，在农业生产中实施休耕轮作制度，持续增强生态系统稳定性、多元性、完整性，提高优质生态产品供应稳定性与持续性，为生态产品价值实现机制的完善打下基础。最后要对生态系统保护取得的成绩进行评估，对生态保护与修复项目取得的成效进行客观描述，在构建评价体系时重点关注生态效益，围绕生态产品供给设定评估指标且完善考核制度。

第二，推动内蒙古黄河流域生态产品信息普查。在内蒙古黄河流域，综合运用地理信息系统技术，并实施网格化的监测策略。针对该地区现存的生态元素和自然资源，系统性地构建一套调查与监测的数据体系。这一体系旨在实时监控和分析该流域内生态产品的分布情况、质量等级及其生态保护与开发的状态。此举不仅可为评估内蒙古黄河流域的生态环境保护效果及生态产品供应增量提供可靠的数据支撑，还可为实施横向与纵向的生态补偿机制奠定坚实的基础。通过这种方法，收集并汇编内蒙古黄河流域生态产品的种类、数量和质量信息，形成一份全面的生态产品目录清单。

第三，推进内蒙古黄河流域自然资源确权登记。在内蒙古黄河流域，生态产品进行市场化交易及获取横向与纵向补偿的基本要求，是对产权的明确界定。这要求以清晰划分的权属和准确界定的“四至”为依据，明确所有自然资源的权属、面积、用途及空间位置等基本数据。然而，目前内蒙古黄河流域生态调节产品和生态文化产品领域的产权界定尚不够清晰。这种模糊性不仅削弱了生态产品产权主体在生态保护和生态产品供应方面的作用，还限制了相关激励政策的功效，进而影响了该地区生态产品的有效供应。鉴于此，依托国家的政策和法律框架，内蒙古黄河流域正在全面推进自然资源确权登记工作以明确产权主体、界定使用权与所有权的边界，并进一步扩展使用权的类型。这些措施的实施，旨在建立一套完整的自然资源产权交易转让制度，进而促进生态产品权属的透明化。

第四，构建内蒙古黄河流域生态资源权益交易机制。在生态环境保护的前提下，内蒙古黄河流域的策略包括明确划分各类自然资源的产权，并在内蒙古政府的监管或限额设定下，积极探求绿化面积、清洁水资源、森林覆盖率等生态指标的市场交易。此举旨在构建一个全面的生态资源权益交易框架。为了有效实现国家提出的“双碳”目标，内蒙古黄河流域正在努力建立和完善碳排放权市场交易机制及碳汇权益交易的试点项目。此外，该地区正探讨实施有偿使用排污权的监管制度，同时在扩大排污权污染物交易的种类及试点地区方面作出努力。

二、构建内蒙古黄河流域生态产品价值核算评价机制

内蒙古黄河流域在生态产品价值实现过程中，构建核算评价体系具有较强的紧迫性。以生态产品确权为基础，为自然资源资产管理形成完善的产权制度，指明权责归属，增强监管有效性，为确权工作的开展提供制度依据。为确权登记管理构建数字化平台，运用信息数据化的方式描述和监测生态资源。运用现代化的信息技术管理生态产品，为提高生态产品的供给数量和质量培养多元化的生产经营主体。同时，在充分了解每一种生态产品产出能力的基础上制定合理的评估办法，客观评价其服务价值，弥补监测体系的不足，提高技术规范性。可以与第三方评估机构合作，获得“一站式”服务，分析产权价值、顺利开展转让交易、提高信息利用率、优化处置流程。在构建管理体系时设立“三大账户”，从资产、实物、功能三个方面入手收集数据信息，为绿色发展绩效考核、生态补偿发放提供依据。

在对生态产品进行价值核算过程中需要精准地将生态产品划分为不同类型，也要计算为保护生态环境及开发产品投入的成本，了解市场供给能否满足消费者需求，遵循因地制宜的原则选择核算方法，将核算结果运用于多个方面。加强制度建设，对各级行政区统计与核算生态产品价值作出统一规定，实现一体化发展。在对政府发展质量实施绩效评价时，围绕生态产品价值设定指标，为政府制定合理的生态环保与修复政策提供可靠依据，提高绩效评价结果应用率。在考核评价时采用差异化方法，生态功能区在建设过程中承担着供应生态产品的责任，应提高生态保护效益、环境改良情况、生态产品供应能力等指标的权重；在对其他类型的功能区进行考核时，要兼顾经济绩效、生态产品价值两方面的内容。为多种生态产品价值转换设定指标，达到等量换算的目的。

第一，构建内蒙古黄河流域生态产品价值核算评价体系。在实现生态产品价值的过程中，市场机制以及横向和纵向的生态补偿方式起着关键作用。而这一过程的核心在于准确界定生态系统服务的种类和特性，以及生态产品

的类别、数量和质量。基于此，有必要构建一套针对内蒙古黄河流域生态产品总值的统计制度。这涉及将生态产品价值的核算基础数据纳入国民经济核算体系，并以 GEP 为评估标准。同时，应深入探讨和研究那些内蒙古黄河流域生态环境保护和修复带来的生态产品增值的价值核算方法。在明确了生态产品的市场供求关系后，可以全面实现生态产品价值的有效提升。为生态产品价值核算构建科学模型并设定核算指标，既要做到科学合理，也要提高实用性、规范性。在评估生态系统服务价值方面，我国许多地区已经积累了宝贵经验，摸索出有效性较强的评估方法，要深入学习与借鉴，构建符合市场需求、契合生态产品属性、能获得多维支撑的指标体系。结合区域生态系统的具体情况，根据产品类型为价值核算选择合理的方法，提高可执行性、适配性，在对生态功能保护区、国家公园等地区进行价值核算时，对方法与指标进行调整与优化。

第二，制定内蒙古黄河流域生态产品价值核算规范。生态产品价值核算与评估是实施生态产品交易、设定生态补偿标准和确保生态产品供给的重要基础。当前，对内蒙古黄河流域生态产品价值的准确测量显得尤为迫切，这需要发布权威且科学的评估标准，同时确保其易于操作，以保障该地区生态产品价值的实现。要有效地核算和评估内蒙古黄河流域的生态产品价值，必须依赖于准确且全面的基础数据支持。因此，构建一个统一、规范、准确度高且能动态调整的核算评估体系和标准对于该地区生态产品价值的实现至关重要。在市场交易和生态补偿的框架下，内蒙古黄河流域需要深入探索不同类型生态产品的生态价值、经济价值、社会文化价值及机会成本让渡价值的核算工作，并不断完善相关核算方法和手段。把握住核算对象的特征并确定核算内容。为分级分类管理生态产品编制目录，对统计生态产品实物量、价值量、开发经营成本量作出明确规定，指明统计内容与方法，开展配套工作，如为生态资源资产编制负债表，在完善国民经济核算体系过程中将所有与生态产品价值核算有关的内容囊括其中。

第三，推动内蒙古黄河流域生态产品价值核算应用。首先，内蒙古黄河流域生态产品的价值核算结果应当在各级政府的政策制定过程中得到广泛应用，并在生态环境保护的绩效考核中被赋予更大的权重。在此基础上，探讨建立针对该地区生态产品供给增量的绩效评估体系，并通过对生态产品供给增量实施等价补偿，确保其价值的保持和增长。其次，在开展内蒙古黄河流域的生态保护工程项目时，应根据生态产品价值的核算结果来制定相应的生态补偿政策和制度。这不仅涉及生态保护者的利益、生态产品供给的增量补偿，还涉及生态环境破坏者的赔偿责任以及生态产品的市场化交易等领域。这些领域都应以生态产品价值的核算结果为重要参考标准。最后，建立一个信息公开机制，定期向社会公布内蒙古黄河流域生态产品价值的核算结果，以便让公众充分了解该地区生态产品供给增量的情况，从而促进公众对生态保护工作的理解和支持。统一绩效评价与核算应用两项工作，对生态产品考核与评级工作的开展提出明确要求，发挥出核算的基础作用，对流域内生态产品供给能力与价值实现情况进行综合评价，对价值评估流程进行优化，在对政府进行绩效考核时提高生态产品价值核算结果利用率，促进产业发展，提高生态治理的有效性。

第二节　促进交易：健全生态产品价值保护补偿和经营开发机制

内蒙古黄河流域生态产品价值实现，需要充分发挥政府的作用。应以有效保护生态环境为前提，合理开发经营生态产品。在资源配置方面，市场应发挥决定性作用，而市场交易则是实现生态产品价值的重要途径。为了调动市场的积极性，需要建立完善的生态产品经营开发机制，发挥企业与其他社会力量的作用，在市场化运作过程中充分体现出生态产品的价值。

一、完善内蒙古黄河流域生态产品价值保护补偿机制

庇古理论强调生态保护补偿的重要性，要求为生态环境遭到的损害提供赔偿，这是生态产品价值实现的重要前提。我国已经连续20多年实施生态保护补偿，持续增加补偿客体数量，将重点生态功能区、自然保护地等区域纳入补偿范围，包括荒漠、河流、湿地、森林、海洋等；将单一化的命令控制型补偿方式调整为多元化、市场化补偿；投入的补偿资金持续增加。自治区政府要重视建立健全生态产品价值保护补偿机制，一要严格落实“受益方补偿、保护方受偿”原则，要求受益方购买保护方推向市场的生态产品，通过产业扶持、园区共建等方式促进生态产品的市场化和商业化，实现生态产品价值；二要在核算生态产品产出能力时，确定合理的方法，包括对生态产品的种类、数量、质量以及生态服务功能等进行科学评估，构建完善的生态保护补偿标准体系，从市场交易、政策性融资担保、损害环境赔偿、生态保护补偿等方面构建完善的制度框架，为生态产品价值实现提供全方位的制度保障。

第一，建立内蒙古黄河流域横向生态保护补偿机制。为了有效推进内蒙古黄河流域的生态保护，内蒙古自治区已经制定了一种横向生态保护补偿机制。该机制明确了补偿的主体和客体，精确界定了生态产品供给地和受益地的权益。基于自愿和协商的原则，内蒙古黄河流域采取多种策略实施横向生态保护补偿，包括横向转移支付、对口支援以及生态环境的共建共享等。此外，中央政府正在积极引导建立黄河流域的横向生态保护补偿机制和跨区域防治机制，以加强生态保护措施。依据进出境水量和水质检测结果，内蒙古黄河流域将开展横向生态保护补偿活动。通过建立和完善黄河全流域的横向生态保护补偿机制，为内蒙古黄河流域的横向生态保护补偿机制打下坚实基础。利用内蒙古黄河流域生态环境共建共享机制，可以在补偿主体与客体间建立生态产品供应、销售和售后服务的联动合作园区，不仅能完善利益分配和风险共担机制，还能进一步推动该地区生态产品价值的实现。摸清生态产

品数量与质量情况，结合 GEP 核算结果，根据出入境水量监测数据和水质检测数值，为重点流域设计横向生态保护补偿制度。加强异地开发并提供补偿，为生态产品供需双方搭建联系平台，鼓励供给地与受益地合作创办园区，在分配利益、分担风险两方面形成完善的机制。

第二，完善内蒙古黄河流域纵向生态保护补偿制度。为了有效实施生态保护措施，中央及内蒙古自治区财政部门应关注内蒙古黄河流域生态产品的价值核算、国家公园的建设情况以及生态保护区域和生态红线的划定范围等重要因素。在此基础上，中央政府应调整和提升内蒙古黄河流域关键生态功能区的财政转移支付比例，从而加大该区域的生态环境保护资金支持力度，并确立以国家公园为主导的自然保护地生态补偿机制。此外，针对内蒙古黄河流域生态产品的外溢性、生态环境的脆弱性以及生态功能的重要性，中央政府需要加大对该区域的财政支持力度。与此同时，内蒙古自治区政府也应扩大对黄河流域生态补偿转移支付的规模，优先考虑该地区的基础设施建设和公共服务支持。进一步地，通过实施引导性的生态保护补偿政策和激励措施，有效激发内蒙古黄河流域各旗县（市、区）政府在生态保护与区域高质量发展方面的积极性。为了促进内蒙古黄河流域的生态保护和恢复，建议基于市场化产业发展基金、生态保护修复项目以及生态产品价值实现工程，制定一种纵向补偿基金的利用评估机制。这一措施旨在从单一补偿模式转向更全面的综合补偿体系。进一步地，通过发行专门的生态彩票、生态债券以及鼓励社会捐助等方式，有效拓展纵向生态保护补偿的资金来源。以 GEP 核算结果为依据，不得碰触生态保护红线，在通盘考虑的基础上对转移支付资金分配机制进行优化调整，地方政府要在法律框架之内对转移支付资金进行统筹安排，可以设立产业基金，为生态环境保护与修复工程的开展提供充足支持。不断拓宽生态保护补偿资金渠道，可以采取社会捐助、发行债券等方式，结合实际情况设立生态公益岗位，在生态产品供给地区为居民提供补偿。

二、推进内蒙古黄河流域生态产品价值经营开发机制

内蒙古黄河流域充分意识到生态产品市场化发展的重要性，设立交易中心，将上下游资源整合到一起，对产业链建设进行总体规划，将产前、产中、产后三大环节贯通到一起，达到节省交易成本的目的，促进生态产品交易市场的有序运转，促进资源到资产、资产到资本的转变，为大面积推广生态产品提供支撑。持续优化市场交易规则，为参与者提供便捷服务，指明交易主体、简体交易流程、丰富交易方式、提高准入门槛，在实现生态产品价值过程中防控市场风险。以融洽供需关系为根本形成合理的价格机制，为生态产品定价设定基准。政府与社会资本要紧密合作，在社会资本的辅助下促进生态产品市场的繁荣壮大。

第一，推行内蒙古黄河流域生态产品绿色认证标准。一是通过政府机构的确认和强化，确保有机、绿色和健康产品属性的认证，促使公众以更高的价格购买和使用环境友好型产品。这是实现生态产品价值的关键策略之一。基于国家绿色产品认证体系，内蒙古黄河流域的生态物质产品在市场交易中获得额外的价值，不仅体现了公众对生产这些生态产品的地区生态服务价值的认可，也是对当地生态环境保护成本的一种补偿。例如，内蒙古黄河流域的“苏尼特羊”和“内蒙古绒山羊”已被列入国家禽畜遗传资源名录，对塑造“世界羊肉之都”具有重要的意义和推动力。因此，充分利用国家政策，强化绿色产品认证的作用，特别是在建立绿色产品标准、认证、标识体系以及政府绿色采购体系方面，对促进内蒙古黄河流域生态产品价值的实现具有重要作用。二是统一认证体系。由当地政府牵头，与社会组织、科研机构、高校等合作，结合流域内生态系统的运行情况、市场经济发展水平、民众对生态产品的需求等设立与国际接轨的行业准入标准，对认证流程进行调整，为打造公共品牌付出努力；培育第三方认证机构，加强信用评估制度建设，循序渐进地为生态产品供应者创建信用档案，将破坏生态环境、不按规定开发生态资源的利用主体列入失信名单，全面推广评价信任制度。三是加强质

量管理，完善溯源与品牌认证机制，实现生态产品增值。在品牌建设过程中充分展现内蒙古黄河流域的特色，设定合理的产品认证评价标准，构建符合国情的特色认证体系，尽量与国际接轨，达到国际互认的目的。在质量管理方面加强溯源机制建设，构建完善的监督体系，对整个产品交易过程实施管理，运用区块链等新兴技术，为查询信息、追究责任做好准备。

第二，加强生态产品开发制度建设，体现科学合理原则。一方面，拓宽生态产品开发路径，落实因类施策的原则。生态物质产品在生产过程中以原生态种养模式为重点，包括自然自繁自养、人放天养等，侧重从原始生长环境中获取生态产品，并充分利用自然条件，确保遵循生态系统的自然规律。通过从原始生长环境中获取生态产品，并采用先进技术进行精深加工，不断延长价值链、完善产业链。对于生态调节产品而言，要加大对生态环境的保护力度，体现出自然山水优势，充分利用好自然本底条件，尤其是清洁的空气、洁净的水源等，促进环境敏感与生态适宜两类产业的发展，通过丰富的生态资源获取产业优势。在生产生态文化产品过程中，既要保护好古朴的生态环境，又要发扬历史文化遗产的优势，打造生态旅游品牌，促进生态旅游业的发展，使生态文化产品在价值实现的基础上能够增值。另一方面，实现内蒙古黄河流域生态产品供求平衡。首先，关键在于确保内蒙古黄河流域生态产品供需信息的透明化与对等性。建议在内蒙古设立一个全国性的生态产品交易中心，并借助互联网平台、现场媒体推介等多元化手段，定期组织“内蒙古黄河流域生态产品展览会”，以促进生态产品的供需精确匹配，实现市场平衡。其次，利用电商平台的丰富资源和广泛网络渠道、具有影响力的网红主播，通过直播销售、旅游推广和环保宣传等多种策略，全面推广内蒙古黄河流域的优质生态产品。在确保产品通过多种渠道进行销售的同时，提升该地区生态产品的知名度和吸引力。最后，建议政府牵头，通过新闻媒体、互联网广告和社交媒体推广等方式，扩大内蒙古黄河流域生态产品的信息传播范围，提升该地区的知名度和吸引力，从而实现生态产品供求的有效平衡。

第三，完善生态资源权益交易制度。不只直接对生态产品进行经营开发，也要以市场化的方式交易生态资源权益。在试点地区，不断完善交易制度，扩大交易规模。在实践中摸索经验，突破生态资源交易“瓶颈”，尤其是水权、碳汇权益等，搭建庞大的交易平台，确保每一种类型的生态资源权益都能有序交易。对于排污权的有偿使用，要拓宽其覆盖地区并丰富交易种类，以此推动用能权市场交易的发展。构建能将多元产权囊括其中的交易市场，发挥市场在交易过程中的决定性作用，使自然资源既能体现出生态价值，也能具备较高的交换价值、使用价值。在实现价值过程中，生态市场的发展与成熟是先决条件。为生态产品确权，依托生态市场开发产品、实施交易，提高管理有效性；在规避风险、参与竞争、对接供需两端的同时调整价格，解决低效供给问题。生态资源产业化是重要的市场化措施，促进生态资源市场化发展，通过产业化路径获得良好的生态产品与服务。近年来，水权与碳交易市场逐渐形成，却没有实现规模化发展。下一阶段要以市场化的方式搭建公共资源交易平台，将多种类型的公共资源纳入其中，包括环境权、资产股权等，促进公共资源交易平台的统一，为实现生态产品价值提供支撑。

第四，运用多样化模式实现生态产品价值，逐渐达到增值的目的。一方面，拓展内蒙古黄河流域生态产品价值实现模式。在内蒙古黄河流域，生态产品的价值实现依赖于对生态环境的严格保护，并须探索其价值实现的多样化路径。初步措施包括，在不超越该地区生态环境承载力的条件下，降低对生态畜牧业的人为干预。在确保生态畜牧业资产安全的基础上，采取“自然放养、自我繁殖”的生态友好种养方式，以最大限度地提升生态产品的价值。其次，通过产业融合策略和增加科学研究投资，对该地区的生态产品进行深度加工处理，并结合不同类型的生态产品，从科技创新、理念更新和概念扩展的角度，多元化生态产品类别，从而拓宽生态产品的产业和价值链条。另一方面，促进内蒙古黄河流域生态产品价值增值。在遵守生态保护的基本原则并尽量减少对自然环境的人为影响的基础上，应充分利用内蒙古黄河流域独特的自然景观、丰富的历史文化遗产和多样的民族民俗，以此为依托，吸引社会各界积极参与，共同推进当地生态旅游业繁荣发展。同时，倡导公众主动投身生态环境保护和优质的生态旅游服务，使内蒙古黄河流域的生态旅游与乡村振兴战略紧密结合。以此为契机，打造一系列高品质的生态旅游产品，为游客呈现独特的自然与文化体验，促进当地经济社会的可持续发展。此外，依托内蒙古黄河流域河流、土壤、清洁能源、生物多样性以及当地民俗和文化等资源，在保护生态的同时，开发其在教育、文化和科研等领域的应用价值，进而推动该地区生态产品的价值实现和综合发展。进一步地，优化和提升内蒙古黄河流域生态产品的综合质量监控和管理标准。借助 5G 技术的高效性，加强对生态产品的全链条追溯系统建设，包括线上交易平台的发展、流通过程的实时监控以及区块链技术在确保交易透明度和安全性方面的应用。这将有助于实现生态产品交易的全过程管理，确保产品信息的可查询性、品质的可追溯性以及问题的可追查性。

第三节　保障推进：健全生态产品价值实现保障和推进机制

在实现生态产品价值的过程中，必须建立健全保障机制。在对领导干部进行考核时，应将生态产品价值的实现作为重点内容，在考核的“指挥”下构建绿色发展评价体系，结合主体功能定位完善考核制度；对于生态功能区的绩效考核，应逐步取消经济类指标，提高生态类指标的权重。重点围绕生态供给、保护成效、环境质量等方面设置指标，将经济建设、生态产品价值实现当成两大考核重点，发挥出“双考核”的作用。在对领导干部进行离任审计时，将生态产品价值核算结果作为重要依据，如果在任期内生态产品价值出现明显下降，必须追究责任。确立“绿色政绩”考核导向，将正向激励与反向约束相整合。鼓励全民保护生态环境，形成良好的导向机制，为个人、企业、社会组织创立生态信用积分机制，用积分的形式体现出上述主体在生态环境保护方面作出的贡献，达到一定积分的主体能以较低的价格享受生态产品，也能在税收、金融等方面得到优惠。鼓励各个地区创建多元化的资金投入机制，设立生态公益基金，以共同推动生态产品价值的实现。严格遵守现行《中华人民共和国环境保护税法》的规定，大力推行资源税改革。在满足法律法规要求的前提下，提高用地供给的规范性，为生态产品的可持续经营开发提供良好的服务。

一、完善内蒙古黄河流域生态产品价值实现保障机制

借鉴生产总值评估方法对生态产品进行价值评估，构建完善的制度体系，实现规范化、标准化评估。国家发展和改革委员会与国家统计局在 2022 年出版了《生态产品总值核算规范》。在其引领下，在为多样化生态产品价值进行核算时要统一指标与方法，对数据来源作出明确规定。把握住每一类生态系统的属性与功能，在核算中侧重价值量和实物量，在实践中优化生态产品总值统计制度。以实现生态产品价值为根本创建有效路径，为不同类型的生态产品创建合理的价值评估体系。在数字技术的辅助下打造开放共享的数据库，实现整体联动，精准地测定生态产品价值，发放环保补偿、实施绩效考核、生态产品开发经营融资等都要以核算结果为参照。

第一，建立内蒙古黄河流域生态产品法律制度保障机制。鉴于内蒙古黄河流域生态产品的价值实现涉及众多利益相关方及其责权分配，建立一个长期有效的机制至关重要。这有赖于持续稳定的政策框架和行政措施的支持。对于内蒙古黄河流域生态产品的价值实现，政府必须通过立法程序，制定和实施相关的法律法规或行政规章，以确保生态保护和绿色发展需求得到满足。这包括执行《中华人民共和国环境保护法》以及其他涉及森林、草原和河流等领域的法律法规。此外，还需要进行内蒙古黄河流域生态保护补偿的法规研究和立法工作，为该地区的生态保护和可持续发展提供有力保障。为整合国家生态保护补偿及生态产品市场化的法律和制度，各相关部门如生态环境部、国家发展改革委、农业农村部、财政部等须联合发力，共同参与制定和

完善系列关键法律及规章，包括生态补偿法、排污权交易管理暂行条例、水权交易管理暂行条例等。此举目的在于加强法律执行和监督力度，进而构建一个支持遵守法律、促进内蒙古黄河流域生态环境保护的法治环境。

第二，建立内蒙古黄河流域生态产品价值考核机制。为了切实促进内蒙古黄河流域的生态保护和可持续发展，建议将该区域的 GEP 作为评估内蒙古党委和政府高质量发展的重要指标之一。这一指标具体展现了生态产品的供给能力、生态恢复的水平、生态环境的改善程度以及生态保护的实际效果等多个重要方面。通过这一考核标准，可以实现从传统的单一生态补偿模式向更为全面和综合的补偿模式的有益转变。此外，建议实施 GDP 与 GEP 并行的双重考核机制。这种机制不仅关注经济的增长，更强调经济增长与生态环境质量之间的平衡。通过这种方式，可以更为全面地衡量地方的发展状况。同时，将生态产品价值核算结果作为评价地方领导干部自然资源资产管理能力的重要参考依据。一旦发现任期内生态系统生产总值出现显著下降的情况，应依据现有的法律和政策对相关责任人进行追究，以此确保生态环境的有效保护和治理。

第三，建立内蒙古黄河流域生态环境保护利益导向机制。为了动员社会力量参与内蒙古黄河流域的生态环境共建共享工作，建议推行一套综合性的生态积分体系。该体系的构建目标在于全面覆盖参与内蒙古黄河流域生态保护和生态产品供应的企业、组织和个体。在确保生态产品价值核算规范明确的基础上，该体系应针对各方在黄河流域生态保护中的贡献，实施生态积分的授予机制。这些积分在内蒙古黄河流域内具有广泛的应用价值，可以为政策支持、生产优惠、生活服务以及金融服务等领域提供有效的支撑。同时，推动建立内蒙古黄河流域专项生态公益基金和生态保护福利彩票等多元化资金渠道，以此吸引更多社会资本参与生态保护工作。这种策略旨在通过多方共同努力，促进内蒙古黄河流域生态产品价值的全面实现。

第四，加大内蒙古黄河流域绿色金融支持力度。首先，开发绿色金融产品并提供充足的资金。绿色金融产品的开发与创新要符合法律规定，推行多样化的绿色信贷业务，可以将产品订单与使用权当成抵押物，将项目贷与资产权益抵押两种模式组合使用，条件成熟后可以开发“古屋贷”之类的金融产品。在绿色金融领域进行创新，以证券化路径实现生态产品价值。其次，加大绿色金融服务的支持力度。内蒙古黄河流域生态产品价值的实现，关键在于生态产业化与产业生态化的双向推进，而这一过程依赖于绿色金融服务的有力支撑。为此，建议对内蒙古黄河流域的水权、排污权和碳排放权进行深入研究，并在此基础上开发融资工具。同时，为该地区建立绿色股票指数，并推进碳汇期货交易的发展。探索“生态资产权益抵押+金融贷款”的模式，激励当地企业和居民开展以生态系统要素或生态产品订单为抵押的绿色信贷活动，以促进生态环境质量的提升和生态产业的发展。最后，实现生态产品价值的金融支持体系的构建。一要鼓励金融机构积极放贷。适时出台生态金融政策，通过风险补偿、财政贴息、减免税收等方式控制投融资成本，达到规避信贷风险的目的，使金融机构在生态产品价值实现过程中能积极主动地提供信贷支持，既要“贷得出”，也要保证“收得回”，在管理中形成闭环。政府要对商业银行进行引导，鼓励其结合生态产品供需情况制定合理的信贷准则，对确定利率、信贷授权等作出明确规定。二要拓宽投融资渠道，持续增强金融服务能力。在投融资方面，政府与市场实现深度合作，采取政府购买服务、导向开发、特许经营等方式融资，对社会资本进入市场进行引导，为生态产品开发与推广设立投资基金，弥补现有生态保险制度的不足，发行生态证券，在政银之间产生协同效应。三要在金融市场中调整结构。拓宽抵（质）押覆盖面，将多种类型的生态权益纳入其中，实现制度化、规范化发展，开发多样化的金融衍生品，形成庞大的生态金融产品体系，在资本市场与货币市场的辅助下盘活资金，为生态风投项目落地提供有力支持。

二、建立内蒙古黄河流域生态产品价值实现推进机制

以生态产品实现价值为根本，培育生态产业并促进其持续发展。从顶层入手为生态产品价值实现创建制度，尤其是价值核算与评估、生态产品补偿、

产品交易与认证等，为生态产品价值实现提供有力的金融支持，引入先进的数字技术，为“绿水青山”转化为“金山银山”、实现中国式现代化提供有益参考。

第一，强化行政职能助力内蒙古黄河流域生态产品价值实现。为了有效实现内蒙古黄河流域生态产品的价值，必须建立一个由中央政府统筹、内蒙古自治区全面负责、各旗县（市、区）具体实施的协调机制。这一机制涉及跨部门协作，其中生态环境部、国家发展和改革委员会、农业农村部、财政部等相关部门须发挥各自职能优势，共同制定和完善支持生态产品价值实现的法律和政策体系。这包括生态补偿法、黄河保护法、水权交易管理暂行条例和排污权交易管理暂行条例等法律与规章。各旗县（市、区）政府在该框架下应采取有效措施，确保这些政策制度的精确实施。同时，内蒙古黄河流域各旗县（市、区）领导干部的绩效考核中应将生态产品价值实现的工作推进情况作为重要的评估标准，以确保行政职能有效地支持生态产品价值的实现。这种综合机制有助于在内蒙古黄河流域形成一个支持生态保护和生态产品价值实现的良好政策环境。在生态产品交易过程中持续加大监管力度，合理地分配利益，形成完善的利益联结机制，维护市场秩序与公平；将开放、竞争、透明、公平当成生态产品市场交易的主基调，为虚拟交易市场的发展提供支持，促进排污权、碳排放权等的市场化发展，为生态产品流通打通堵点，拓宽流通渠道，紧密衔接供需两端，最大限度地节省交易成本。

第二，设立内蒙古黄河流域生态产品价值实现试点。鉴于其丰富的生态产品资源以及产品的数量和质量均符合试点项目的要求，在中央政府的指导下，内蒙古黄河流域被选定为生态产品价值实现的先导试点区域。为了有效地在内蒙古黄河流域推进生态产品价值实现的试点工作，需要在多个领域进行系统化和规范化改革。这包括为生态产品价值实现制定并统一核算标准，保障生态产品的供需平衡和精确匹配，进而提高供给效率和开发水平。在推进过程中，整合生态产业和拓展产业链，完善生态保护补偿和绩效评估体系。在推进内蒙古黄河流域生态产品价值实现的过程中，鼓励当地政府和相关部门采取先行先试的策略，并从中总结出成功的经验和模式。这些经验随后可在全国范围内进行宣传和推广，为全国生态产品价值实现提供可复制、可推广的成功模式，以期将内蒙古黄河流域打造成国家生态产品价值实现机制的示范基地。

第三，强化内蒙古黄河流域生态产品价值实现科技人才支撑动力。科技创新和人才支持在内蒙古黄河流域生态产品价值实现的过程中起着至关重要的作用。随着社会发展和科技进步，尤其是网络信息技术、数字媒体技术、生物技术、人工智能等领域的突破，为生态产品价值实现提供了坚实的技术基础和创新支撑。例如，聚焦生态产品技术创新和产业链的纵深发展，内蒙古黄河流域借助科技力量不断提升生态物质产品在产业链中的附加值。同时，利用互联网信息通信技术，可以实时监控偏远地区的生态环境状况，并通过互联网平台推动生态物质产品和生态文化产品的销售，优化环境质量，促进绿色经济发展。另外，准确的气候变化数据是实现生态产品价值的关键。这涉及建立一个包括水质、草原状况、水土保持和畜牧管理等在内的综合性生态监控网络，覆盖从市级到乡镇级的多个行政层级。此外，结合地方高等院校和科研机构的资源，利用区际合作和资源共享的政策，强化内蒙古黄河流域生态产品价值实现策略的研究和创新。这包括加强与生态学、经济学、管理学等领域相关的学科建设，并着重培养这些领域的专业人才，目标是形成一个涵盖生态产品价值实现多学科领域的专业智库，为区域生态产品价值的提升提供理论和人力资源支持。

第四，健全内蒙古黄河流域生态环境损害赔偿和受益付费制度。这需要完善损害成本制度，对造成的损害进行客观的认定与评估，并形成完善的评估机制。此外，对于开发建设中产生的负外部性成本，应进行内化处理，纳入经营开发成本中。以价值核算评估结果为参照，可以对生态环境损害程度进行合理评估，并提供相应的经济补偿。为了有效地保护和修复内蒙古黄河流域的生态环境，首先，需建立一套完备的生态环境损害评估方法和实施机制，旨在准确评估人为活动导致的生态破坏和损害，并明确生态环境破坏的具体成本，约束生态环境破坏者的行为，保障生态环境维护者的权益。其次，推进生态环境损害成本的内部化工作。一方面，需要完善生态环境损害的行政执法与司法衔接机制，确保评估结果的公正性和准确性；另一方面，要加强对生态环境修复和损害赔偿的执行与监督，确保相关措施的有效实施，以增加破坏内蒙古黄河流域生态环境的违法成本，提高该地区的生态环境质量。此外，需要完善内蒙古黄河流域生态环境受益付费制度。可以通过市场化和多元化的途径来保障生态环境保护者的利益，并激发当地居民参与生态环境保护的积极性，确保为保护和修复生态环境付出努力的个人和组织得到适当的补偿和激励。在管理水资源方面，中央政府应积极推动不同地区根据区域水资源总量和权益分配，利用水权交易来满足新增的用水需求。此举旨在鼓励内蒙古黄河流域在节约使用水资源的基础上，实现取水权的有偿转让，进而促进水资源的高效利用和合理分配。同时，应实施内蒙古黄河流域的排污权有偿使用和交易机制，以有效地控制污染排放，推动绿色低碳发展，为全国碳排放交易市场的建设提供有益借鉴。

第六章　内蒙古黄河流域生态产品价值实现的整体推进路径[①]

第一节　内蒙古黄河流域生态产品价值实现困境

内蒙古黄河流域生态物质产品种类丰富、生态调节产品总量巨大、生态文化产品发展潜力较大，能够有效保障当地居民的生产生活，促进流域“绿水青山”转化为“金山银山”。然而，当前内蒙古黄河流域生态产品价值实现存在诸多现实困境，如市场基础不够健全、社会参与度有待提升、科技和人才支撑薄弱、顶层设计缺乏、政府购买力度不足、补偿范围有限、跨区域支付实现困难等。

一、生态产品价值实现监测监控体系不完善，生态保护意识有待提升

内蒙古黄河流域生态环境权益交易处于试点阶段，民众的生态产品价值实现意识不强，监测监控体系尚不完善。一是生态产品价值观念有待转变。

① 本章内容发表于《前沿》2023 年第 3 期，董杰协助研究。

全社会对内蒙古黄河流域生态地位重要性的认识和生态文明建设思想水平有待提升，当地民众长期无偿使用生态产品，且认为无偿使用生态产品是理所应当的。需要转变当地民众思想观念，进一步增进社会公众对内蒙古黄河流域重要生态产品供给作用的关注和了解。二是生态产品动态监测信息不完善。内蒙古黄河流域对生态产品种类、质量等级、数量分布、权益归属及功能特点等方面信息的掌握程度不够，尚未形成完整的生态产品目录清单。比如，内蒙古黄河流域草地、林地、湿地及水资源等本底调查信息缺失、监测体系不健全。三是生态产品产权不够明晰。内蒙古黄河流域生态产品尚未建立产权归属清晰、监督管理有效、开发保护权责明确的产权制度，即存在产权界定不清、产权安全保障不足以及产权权能缺位等问题，导致产权主体不能充分发挥生态产品供给作用，影响内蒙古黄河流域生态产品的监测监控及市场化交易。

二、生态产品价值实现核算评价方法不统一，价值评估存在技术困境

目前，关于生态产品价值核算评价的研究相对较多，但核算评价标准不统一、核算技术有待进一步提升。一是内蒙古黄河流域生态产品价值核算标准规范尚不统一。内蒙古黄河流域生态产品价值核算评估标准不统一，核算方法权威性不够及规范性不足，进而制约了生态产品价值核算的精准性，需要进一步完善生态产品价值核算的标准规范，如内蒙古黄河流域规范化的碳汇市场交易等。二是内蒙古黄河流域生态补偿预算口径不统一。内蒙古黄河流域生态产品价值核算范围不统一，导致生态产品价值核算数据来源不统一、核算参数难获取、度量单位不一致，核算结果存在较大差异，核算结果实践应用性相对较低。三是内蒙古黄河流域生态产品价值核算技术短板突出。内蒙古黄河流域生态产品价值认证技术、价值核算技术、价值溢出效应等存在技术短板，尤其在生态治理及修复技术等方面存在较大难度，需要加大关键工程技术创新力度，推动技术创新为生态产品价值实现提供技术支撑，提升

内蒙古黄河流域生态产品价值核算的规范性与精准性。

三、生态产品价值实现市场交易机制不成熟，市场交易主体参与度不够

一是市场化交易机制成熟度不够。当前，内蒙古黄河流域在解决碳汇变现难、交易难方面取得了一定进展，但碳汇交易推进速度缓慢及市场交易覆盖范围较小。内蒙古黄河流域的排污权、碳排放权等环境资源权益已进入交易市场，但生物多样性、气候变化等生态权市场交易机制尚不完善，需要进一步提升市场认可度、完善市场价格机制及建立虚拟市场等。二是生态产品市场化交易相关主体参与度不够。生态产品市场交易相关主体扮演的角色定位不清。总体上，内蒙古黄河流域企业参与生态产品市场化（如碳汇市场化等）交易较少；金融机构在生态产品市场化交易中参与度不够，生态产品交易市场金融属性不强；政府作为生态产品市场交易“主要责任人”，削弱了作为市场交易主体的企业和民众应尽的责任与义务。三是优质生态产品供给能力较低及市场交易风险防范机制不健全。内蒙古黄河流域存在生态承载力较低、生态系统韧性不够以及优质生态产品供给不足等问题。内蒙古黄河流域生态保护补偿资金主要来源于财政支出，生态产品价值实现存在“等、靠、要”现象，风险分担缓释机制有待进一步完善。

四、生态产品价值实现生态保护补偿机制不完备，补偿标准科学性有待提升

内蒙古黄河流域初步形成了生态功能区转移支付、生态损害赔偿等补偿方式，但依然存在补偿体系不完善、补偿力度不够、执行不到位等问题。一是生态补偿模式难以充分调动农牧民的参与积极性。原有生态补偿方式不能充分调动农牧民开展生态环境保护的积极性，对农牧民的身份定位是经济生产，造成部分农牧民在接受生态补偿的同时，仍以不合理方式开展经营，投入的巨额生态保护补偿资金用于改善农牧民生活与生态补偿的绩效大打折扣。

二是生态保护补偿标准的科学性不足。内蒙古黄河流域已建立了生态保护补偿标准体系，但生态保护补偿标准科学性不足，比如，生态保护补偿额与生态保护的损失不对等、补偿标准尚未考虑资源价值量、经济发展和生态保护相配套的生态保护补偿标准体系尚未形成、被补偿者的基本发展权难以得到保障等。三是生态保护补偿转移支付力度不够。内蒙古黄河流域生态保护补偿主要来源于中央与地方财政转移支付，市场化资金支持力度不足，社会资本参与生态保护补偿有限，缺乏常态化补偿资金来源渠道，不利于生态保护补偿资金的有效使用与功能发挥。

五、生态产品价值实现政策保障力度不够，制度保障体系有待完善

内蒙古黄河流域存在政策保护长效机制缺乏、生态保护补偿制度相对滞后、生态产品产权制度不明晰等问题。一是生态产品价值实现政策保护机制缺乏长效性。内蒙古黄河流域生态保护补偿更多地依赖行政部门推动，缺乏长效的法律保护机制。内蒙古黄河流域地方政府出台的有关生态产品价值实现的法律法规与技术标准中，自然资源法律以及生态修复主体责任划分不明确，生态产品价值实现的保障制度不健全，生态产品价值实现项目中政府与市场的责权划分不清晰。二是生态保护补偿制度有待完善。《生态保护补偿条例》仍在研究制定阶段，内蒙古黄河流域地方政府生态保护补偿立法相对滞后，生态保护补偿范围偏小及补偿标准偏低，保护者与受益者良性互动的政策保障机制尚不完善，不能对各利益主体构成有效约束，影响生态保护补偿成效。相关部门生态保护补偿职责划分不清、生态保护补偿政策评估和调节机制不完善。当前，内蒙古黄河流域生态环境自然资源保护法律体系缺乏系统配套的生态环境保护实施细则，相关法律法规的实践操作性不强，分散的生态保护管理体制不利于生态环境资源保护。三是自然资源产权制度不完善。内蒙古黄河流域自然资源产权制度处于试点探索阶段，现行自然资源有偿使用已出台系列法律法规，对土地、水源等自然资源类生态产品实行有偿使用

制度，进一步扩大了自然资源类生态产品有偿使用立法范围。现行自然资源承包权及经营权等规定实施细则不明确，尤其是产权登记制度、确权制度及使用制度有待完善，尚需进一步改革自然资源流转及经营等制度。

六、生态产品价值实现协同合作机制不健全，跨区域协同治理有待加强

内蒙古黄河流域在探索生态产品价值实现协同治理机制方面取得了一定进展，但仍存在生态产品价值开发利用率不够、跨区域跨流域生态保护补偿机制不完善等问题。一方面，生态产品价值开发利用率不够。内蒙古黄河流域生态资源丰富，但市场开发利用度不够，生态资源尚未真正转化为生态产品，也未能较好地实现经济效益，生态产品以初级产品为主，产品品种较为单一、同质化程度较高，品牌产品较少，制约了内蒙古黄河流域生态产品价值的实现。另一方面，跨区域跨流域协同生态治理机制有待完善。黄河流域生态保护补偿局限于转移支付、资金补偿等方式，生态保护地与受益地间缺乏长效合作机制；黄河流域生态保护补偿法律法规及实施方案不完善，流域上下游地区生态保护与经济发展平衡点尚未达成，建立协同合作机制存在信息不对称、协调成本高等问题，导致黄河流域各盟市生态治理合作度不高。

第二节　内蒙古黄河流域生态产品价值实现的整体推进路径

习近平总书记强调：“要积极探索推广绿水青山转化为金山银山的路径，选择具备条件的地区开展生态产品价值实现机制试点，探索政府主导、企业

和社会各界参与、市场化运作、可持续的生态产品价值实现路径。”① 深入贯彻落实习近平总书记重要讲话精神，推动内蒙古黄河流域生态产品价值实现，是破解当地社会经济发展与生态环境保护矛盾的关键突破口，是改善当地人民生活水平和维持人地关系和谐的有益探索，是实现区域可持续发展和打造黄河流域生态文明高地的关键举措。从生态产品价值核算、生态资源转化、生态品牌培育、打造生态产业链等方面布局，积极探索内蒙古黄河流域生态产品价值实现路径，把生态优势转化为发展优势。

一、建立生态产品价值调查监测机制，实现生态资源数字化

第一，建立生态产品价值调查监测机制。一是推动内蒙古黄河流域生态产品信息普查。利用地理信息系统技术对内蒙古黄河流域生态产品实行动态监测，普查生态产品类别、产品数量及质量等基础信息，建立生态产品基础信息目录清单，夯实生态产品的“数据底座”，为内蒙古黄河流域生态产品供给与核算提供依据，为有效开展横向和纵向生态保护补偿奠定基础。二是推进内蒙古黄河流域自然资源确权登记。进一步推进内蒙古黄河流域自然资源确权登记工作，加快建立生态资源产权确权登记信息系统，做到“权属明晰、四至明确”，即明确自然资源的权属、面积、用途、空间位置等基础数据信息，厘清使用权和所有权边界，制定产权主体权力清单并清晰界定产权主体权利，推动内蒙古黄河流域生态产品权属的明晰化。三是构建内蒙古黄河流域生态资源权益交易机制。建立内蒙古黄河流域碳排放权交易和碳汇权益交易试点，探索监管排污权有偿使用制度。探索绿化增量、清水增量、森林覆盖率增量等绿色指标交易，建立健全内蒙古黄河流域生态资源权益监测机制。

第二，发挥国家重大生态工程和体制改革优势。一是借助重大生态保护修复工程，保障生态产品持续供给。在内蒙古黄河流域开展生态保护建设工程，保护和修复生态环境，遏制生态系统退化，提高植被覆盖率，降低草地

① 习近平：在深入推动长江经济带发展座谈会上的讲话［EB/OL］.（2019-08-31）. http：// jhsjk. people. cn/article/31329527.

载畜压力，进一步完善生态保护体制机制，提升内蒙古黄河流域生态产品供给能力，筑牢祖国北方重要生态安全屏障。二是优化和重组自然保护地，促进生态产品高效供给。在遵循生态保护优先和山水林田湖草沙一体化管理保护原则的前提下，对内蒙古黄河流域的自然保护区、湿地、风景区和自然遗产进行优化和重组，实行统一和集中管理，达到生态环境有效保护和系统修复的目的。三是借助大数据平台开展生态产品本底调查。在内蒙古黄河流域开展草地、湿地、林地、水资源和生物多样性的本底调查，构建内蒙古黄河流域自然资源本底大数据平台，为构建权属清晰、权责明确、监管到位的国家自然资源资产管理体系贡献经验和智慧。

第三，提高公众生态文明思想水平，树立生态共同体理念。一是提升内蒙古黄河流域公众的生态文明思想认知水平。打造“绿水青山就是金山银山”生态文明实践基地，提高内蒙古黄河流域农牧民和居民对“绿水青山”价值的重视程度，转变内蒙古黄河流域农牧民和居民的生产生活方式，提高对“绿水青山”价值的认识，打破传统的区域发展与生态保护对立的思维，建立有偿使用制度，推进政府主导的生态补偿和政府购买行为，鼓励当地民众积极参与生态环境保护与建设工作，进而推动内蒙古黄河流域生态产品价值实现。二是提高外部地区对内蒙古黄河流域生态地位重要性的认识。当前，全社会对内蒙古黄河流域生态地位重要性的认知程度还有待提升，需要加强社会公众对内蒙古黄河流域重要生态产品供给功能的关注和了解，支持内蒙古黄河流域生态产品发展。三是树立内蒙古黄河流域山水林田湖草冰沙生命共同体的生态系统观念。全面推进内蒙古黄河流域生态保护工作，尊重生态保护的内在规律，持续优化内蒙古黄河流域生态环境，比如进一步加快乌梁素海、岱海等水生态治理，保障生态产品持续供给。将内蒙古黄河流域打造成国际生态文明高地，实现“绿水青山”向“金山银山”的有机转化。

二、构建生态产品价值核算评价机制，推动生态评估规范化

第一，推动内蒙古黄河流域生态产品价值核算标准制定。一是制定科学、

权威的生态产品价值核算评估标准。内蒙古黄河流域生态产品价值的实现，应以权威的生态产品监测数据为基础，不仅需要全面、准确的基础数据支撑及构建标准统一、规范的核算评估体系，还需要出台科学、权威的生态产品价值核算评估标准。健全生态环境破坏评估机制，通过制定技术准则与标准规范，保障生态产品遭受破坏的主体的合法权益，调动生态产品供给者的积极性，完善内蒙古黄河流域生态产品价值核算规范。二是借鉴其他地区生态产品价值核算典型模式，逐步与全国生态产品价值核算标准接轨，推进内蒙古黄河流域生态产品价值核算规范化与标准化。

第二，构建内蒙古黄河流域生态产品价值核算评价体系。一是加快构建内蒙古黄河流域自然资源核算评价体系。内蒙古黄河流域生态产品价值实现的前提在于摸清生态产品“家底”，即生态产品类别、数量和质量等，进而建立健全内蒙古黄河流域生态产品价值核算制度体系，探究科学的生态产品价值核算评估方法。二是建立内蒙古黄河流域碳汇储备核算评价体系。结合内蒙古黄河流域生态系统实际情况，采用当量因子法对内蒙古黄河流域各盟市的碳汇储备进行核算评价，形成生态系统、生态服务功能差异化评估，建立有效的生态价值核算评价体系，展开碳核算技术开发研究，破解碳核算相关技术难题。三是建立生态产品价值核算专业机构。聚焦“生态产业化”和“产业生态化”，充分利用和林格尔数据中心集群优势，积极打造内蒙古黄河流域生态产品数据核算中心，推动实施大数据赋能生态产品价值核算，从而为内蒙古黄河流域生态产品生态价值、经济价值及文化价值等提供专业化的核算技术和方法。

第三，推动内蒙古黄河流域生态产品价值核算结果应用。一是将内蒙古黄河流域生态产品价值核算结果应用于决策咨询。推进实行地区生产总值和生态系统生产总值“双考核”机制，更加科学地评估区域经济发展与生态环境质量。加大生态环境保护的绩效考核权重，探索内蒙古黄河流域生态产品供给增量的绩效考核评价体系，通过对内蒙古黄河流域生态产品增量进行等价补偿，进一步推动生态产品的保值和增值。二是建立内蒙古黄河流域生态产品价值核算信息公开制度。将内蒙古黄河流域生态产品价值核算结果定期向社会公布，让全社会充分了解内蒙古黄河流域生态产品供给增量情况。三是建立内蒙古黄河流域生态产品价值核算考核机制。探索将内蒙古黄河流域生态系统生产总值纳入内蒙古党委和政府高质量发展绩效评价指标，着重考核生态环境保护成效、生态产品供给能力以及生态环境修复水平等指标，将内蒙古黄河流域以往单一的生态保护补偿模式变为综合性补偿模式。

三、推进生态产品价值经营开发机制，促进生态产业品牌化

第一，推行内蒙古黄河流域生态产品绿色认证标准。利用政府权威和公信力明确界定生态产品的有机、绿色及健康属性，积极推动绿色产品标识、认证及采购体系等建设，发展地理标志生态产品，推动“蒙”字标认证，积极推动内蒙古“老字号”传承发展，获得民众对生态产品服务价值的认可，使得民众愿意以超出一般同类产品的价格购买和消费生态产品。在国家绿色产品认证的基础上，内蒙古黄河流域生态产品通过市场化交易获得一定的产品附加值，并对保护当地生态环境的成本进行补偿，促进内蒙古黄河流域生态产品的经营开发。目前，内蒙古黄河流域已通过绿色认证手段实现生态产品价值，如“内蒙古绒山羊”已成为国家禽畜遗传资源并被列入保护名录，内蒙古黄河流域成为重要的农畜产品生产基地。另外，采取绿色种养模式提升生态产品的附加价值。在确定不会超过当地生态环境承载力的前提下，减少对内蒙古黄河流域生态畜牧业的人工干预，在保障生态畜牧业财产安全的基础上，采取“人放天养，自繁自养”的绿色、生态种养模式，最大限度提升生态产品的附加值。

第二，拓展内蒙古黄河流域生态产品价值经营开发模式。借助科技手段及品牌效应，进一步拓展内蒙古黄河流域生态产品价值实现的多元化经营开发模式。一是借助科技手段拓展生态产品的产业链和价值链。通过加大科技投入丰富内蒙古黄河流域生态产品类别、拓展生态产品产业链、推动生态产品精深加工及融合发展。进一步建立内蒙古黄河流域生态产品特许经营审批、

考核及退出机制，完善生态产品认证机制，实现生态产品全要素配套服务。二是打造内蒙古黄河流域生态旅游与乡村振兴融合发展的高端生态产品。在坚持生态保护和最大限度减少人为干扰当地环境的前提下，依托内蒙古黄河流域的自然风光、历史文化遗存、民族民俗等生态文化产品，积极打造以老牛湾黄河大峡谷为代表的峡谷风光、以阿拉善沙漠地质公园为代表的沙漠休闲文化、以大窑遗址为代表的历史文化等。引导社会参与当地生态旅游业发展，鼓励民众参与生态环境保护和生态旅游相关服务，打造内蒙古黄河流域生态旅游与乡村振兴融合发展的高端生态产品。三是借助公共品牌效应扩大生态产品经营开发影响力。政府和市场共同发挥作用，发挥内蒙古黄河流域地域特色文化、传统民族手工艺和民族歌舞等文化优势，如爬山调、二人台、皮画制作技艺、鄂尔多斯婚礼、和林格尔剪纸等非物质文化遗产。打造特色生态文化旅游增长极，将获得认证和符合标准的生态产品纳入内蒙古黄河流域公共品牌，借助公共品牌效应打造突出内蒙古黄河流域特色的“小而美”区域公共品牌，拓宽生态产品“线上+线下”的营销渠道，实现内蒙古黄河流域生态产品价值增值。

第三，发展绿色金融，助推内蒙古黄河流域生态产品经营开发。生态产业化和产业生态化是内蒙古黄河流域生态产品价值实现的关键路径，需要绿色金融服务的大力支持，建立内蒙古黄河流域绿色金融支持机制。一是通过研究发展基于内蒙古黄河流域水权、排污权和碳排放权的融资工具，建立内蒙古黄河流域绿色股票指数，发展碳汇期货交易，探索“生态资产权益抵押+金融贷款”模式，推动“助保贷”融资服务，提升“助保金”贷款额度，鼓励内蒙古黄河流域企业和居民依法依规开展生态产品订单抵押等绿色信贷业务，促进生态环境质量提升和生态产业发展。二是鼓励内蒙古金融机构设立内蒙古黄河流域生态产品产业链金融模式，为生态产品产业融合和产业链延伸提供金融保障；鼓励保险机构探索和开发针对生态产品的保险产品，在参与生态保护补偿的同时保障内蒙古黄河流域生态产品不受损害。三是参照国内相关地区绿色金融项目，在内蒙古黄河流域具备条件的村落，如呼和浩特市恼包村等积极开发乡村旅游产品，以收储、托管等形式开展融资工作，资金用于生态环境系统整治、村落翻新改造、乡村旅游开发等。

四、健全生态产品价值保护补偿机制，推进生态补偿精准化

第一，完善内蒙古黄河流域纵向生态保护补偿机制。健全内蒙古黄河流域生态保护补偿机制，变“输血式”生态保护补偿为“造血式”生态保护补偿。一是中央加大对内蒙古黄河流域生态保护补偿转移支付力度。在重点生态功能区转移支付等生态保护补偿标准确定过程中，对内蒙古黄河流域生态功能区的分配系数给予适当增加和倾斜，对生态环境修复改善给予倾斜和奖补，为后续内蒙古黄河流域生态产品价值的实现奠定基础。二是提高对内蒙古黄河流域重点生态功能区的转移支付分配系数。中央和内蒙古财政应当充分参照内蒙古黄河流域生态产品价值核算结果、国家公园建设、生态保护区与生态保护红线面积等因素，加大对内蒙古黄河流域生态环境保护支出，加快建立大青山等国家公园，健全以内蒙古黄河流域国家公园为主体的自然保护地生态保护补偿机制。根据内蒙古黄河流域生态产品外溢性、生态环境敏感脆弱性和生态功能重要性等特点，加大重点生态功能区转移支付力度并扩大规模。三是内蒙古出台生态保护补偿引导性政策和激励措施，调动内蒙古黄河流域各盟市、旗县政府生态保护与高质量发展的积极性。通过市场化产业发展基金、生态保护修复工程项目、生态产品价值实现工程等手段，建立内蒙古黄河流域纵向生态保护补偿基金利用评估机制。通过发行内蒙古黄河流域生态债券或生态彩票，拓宽纵向生态保护补偿渠道。增加内蒙古黄河流域生态公益岗位，加强内蒙古黄河流域民众的就业保障，增强内蒙古黄河流域纵向生态保护补偿效果。

第二，建立内蒙古黄河流域横向生态保护补偿机制。一是运用横向转移支付、对口支援和生态环境共建共享等手段，开展内蒙古黄河流域横向生态保护补偿。中央引导加快建立内蒙古黄河流域横向生态保护补偿和跨区域联防联治机制建设，支持在内蒙古黄河流域以出入境水量和水质检测结果为依

据开展横向生态保护补偿，进而完善横向生态保护补偿机制。建立跨流域、跨地区横向财政转移支付体系。借鉴国内外横向生态补偿成功经验，整合内蒙古黄河流域各市力量，构建跨区域横向共建共享机制，实现跨区域的横向合作。二是构建多元化生态保护补偿机制，增加内蒙古黄河流域农牧民转产就业岗位。创新驱动内蒙古黄河流域横向生态保护补偿试点工作。开展内蒙古黄河流域跨区域资金补偿、产业转移、对口支援、人才援助等多方面、多维度的横向生态保护补偿方式，充分调动下游地区对内蒙古黄河流域生态保护补偿的积极性。设立草原巡护、森林巡护、生态监测、基础设施维护、社区服务等生态管护公益岗位，为农牧民提供从畜牧业转产的生产保障。另外，搭建公正权威、规范透明的政府服务平台，引导社会资本参与生态产品供给和生态保护补偿，构建多元化生态保护补偿机制，提升内蒙古黄河流域政府公共服务水平和农牧民转产就业能力。

第三，明确生态资源所有权，加大生态保护补偿转移支付力度。建立生态保护补偿评估鉴定体系，推动生态保护补偿标准的统一。一是明确生态资源所有权。当前，由于自然资源等级程度标准不同，内蒙古黄河流域各盟市存在是否进行生态保护补偿、怎样进行生态保护补偿的争议。因此，需要明确内蒙古黄河流域生态资源所有权和使用权的权利与义务，构建权责明晰的生态保护补偿机制。二是构建科学合理的生态保护补偿考核评价体系。明确内蒙古黄河流域生态保护补偿依据与补偿基准，在核算生态资产价值的基础上，内蒙古黄河流域各盟市协商确定生态保护补偿基准，构建合理的生态保护补偿考核指标体系。三是加大生态保护补偿转移支付力度，提升内蒙古黄河流域政府公共服务水平。加大对内蒙古黄河流域生态保护补偿转移支付力度，对内蒙古黄河流域基本公共服务和基础设施建设给予倾斜。由于内蒙古黄河流域生态环境保护和修复离不开当地居民的积极参与，提升内蒙古黄河流域公共服务水平，保障居民参与生态保护和生态产品供给过程中全心投入，并以此推进城镇化发展，让更多的农牧民在乡镇和县城生产生活，减小对内蒙古黄河流域生态环境的影响。

五、完善生态产品价值制度保障机制，实现生态保护法治化

第一，完善内蒙古黄河流域生态产品法律制度保障机制。一是完善生态保护补偿法律制度。内蒙古黄河流域生态保护补偿等法律制度相对分散，充分发挥多部门职能优势，完善生态环境保护的法律制度，落实《中华人民共和国环境保护法》等涉及草原、森林、河流等方面的法律法规，开展内蒙古黄河流域生态保护补偿相关法律法规的立法研究。修订完善现有《关于深化生态保护补偿制度改革的意见》等各类生态保护和管理维护的法律法规，统筹制定生态保护补偿法、水权交易管理暂行条例、排污权交易管理暂行条例等法律法规。二是完善自然资源产权制度。按照《自然资源统一确权登记暂行办法》《关于统筹推进自然资源资产产权制度改革的指导意见》等制度要求，借助调查监测、确权登记、颁证下发等手段，进一步健全内蒙古黄河流域系统科学、运行高效、权威规范的自然资源生态资产产权制度，完善内蒙古黄河流域统一的确权登记和权责清晰的产权制度，用以划定和调节各类自然资源和生态资产权属纠纷及产权归属。三是构建统一、高效的生态环境保护管理执法体系。依靠国家公园体制改革推动生态产品价值实现。推进内蒙古黄河流域国家公园体制改革，将涉及生态保护管理的相关职责集中纳入内蒙古黄河流域国家公园的管理范畴，如林业、水利、农牧、环保等。整合当地国土和环境执法、森林公安、草原监理等执法机构，协同草原保护、水土保持等生态保护工作站，优化内蒙古黄河流域生态管理与执法体系，统一管制内蒙古黄河流域国家公园范围内自然资源类生态产品。

第二，健全内蒙古黄河流域生态环境损害赔偿和受益付费制度。一是健全内蒙古黄河流域生态环境损害鉴定评估方法及实施机制。系统评估内蒙古黄河流域生态环境破坏和损害情况，从而明确生态环境破坏成本，达到约束破坏者行为和保障保护者利益的目的。二是完善生态环境损害行政执法与司法衔接制度。推进内蒙古黄河流域生态环境损害成本内部性工作，加大生态环境损害赔偿的行政监督与惩治力度，进而保障生态修复者利益及提升生态

产品质量。另外，针对健全内蒙古黄河流域生态环境受益付费制度，通过市场化和多元化方式，保障内蒙古黄河流域生态环境保护者利益得到补偿，激发居民参与生态环境保护的积极性。落实内蒙古黄河流域排污权有偿使用和交易机制，加快建设全国碳排放交易市场，进一步完善内蒙古黄河流域生态环境受益付费制度。三是完善内蒙古黄河流域生态产品有偿使用制度。实行资源税从价计征改革，逐步扩大资源税征收范围，探索征收涉及碳排放、垃圾处理、清洁能源使用等生态保护补偿税。完善实行生态物质产品（如矿产、土地、水源等）市场化定价制度，建立健全准确反映市场供需、资源稀缺度、生态环境破坏赔偿和修复补偿的定价机制。

第三，完善内蒙古黄河流域生态产品质量监督管理标准。一是在5G技术支持下，借助物联网手段，推进内蒙古黄河流域生态产品追溯、生态产品线上交易、流通过程监督、区块链技术应用等功能，实现内蒙古黄河流域生态产品交易全过程“信息可查询、品质可追溯、问题可追查”的系统化质量监督管理标准。二是鼓励内蒙古黄河流域生态环境保护修复与生态产品经营开发权益挂钩。在生态环境保护的前提下，不仅要从生态保护补偿层面保障其利益，还要允许其利用在治理修复后的土地上开展生态农牧业和旅游产业等获取收益，进一步实现当地生态产品价值增值。三是强化内蒙古黄河流域绿色信用和绿色认证管理。内蒙古黄河流域积极推进生态产品绿色信用制度，落实产品供给者对生态产品质量的主体责任及相关认证机构出具权威认证结果的连带责任，制定绿色生态产品供给失信体的惩戒规定，完善投诉受理制度，对于违法行为的责任主体实施相应法律制裁，避免因失信主体的单个行为影响内蒙古黄河流域其他生态产品的社会认可和官方绿色认证的公信权威。

六、建立生态产品价值协同合作机制，推动生态治理一体化

第一，加强生态产品价值实现各级主体功能发挥与协同合作。一是强化各级行政主体助力生态产品价值实现的职责。按照中央统筹、内蒙古自治区

总体负责、内蒙古黄河流域各市县落实的行政职责划分，建立健全内蒙古黄河流域生态产品价值实现统筹协调机制。充分发挥各部门职能优势，统筹协调制定生态产品价值实现的配套法律政策。内蒙古黄河流域各市县政府应全力保障政策制度精准落实，可以将生态产品价值实现工作推进情况作为内蒙古黄河流域各市县领导干部的绩效考核参考标准。二是引导社会主体参与生态治理共建共享。探索设计覆盖参与内蒙古黄河流域生态产品供给的企业、组织和个人的生态积分体系，建立内蒙古黄河流域生态环境保护各主体利益导向机制。依据各主体对内蒙古黄河流域生态保护的贡献，赋予其相应积分，积分应用于内蒙古黄河流域各项政策、生产、生活的优惠和金融等服务。引导建立内蒙古黄河流域生态公益基金、内蒙古黄河流域生态保护福利彩票等生态保护多元化资金投入机制，引导社会力量积极参与并推动生态产品价值实现。三是建立生态产品价值实现试点。由于内蒙古黄河流域生态产品种类丰富、数量庞大，具备设立生态产品价值实现试点要求，可由中央统筹引领，选择内蒙古黄河流域典型盟市作为价值实现试点进行尝试，培育国家级生态产品价值实现示范基地，进而在全流域及全国范围内推广。

第二，强化“科技+人才”双轮驱动生态产品价值实现。探索内蒙古黄河流域生态产品受益区与供给区之间在科技和人才等方面的协同合作，实现生态产品价值。一方面，加强科技创新与生态保护的融合。借助网络信息技术、数字媒体技术、人工智能技术等科技手段，为内蒙古黄河流域生态产品价值实现提供科学支持和技术保障。推动人工智能技术应用于生态治理，促进科技与生态的有效融合。例如，以技术创新和产业链延伸为突破口，持续拓展内蒙古黄河流域生态产品产业链与价值链；以互联网信息技术为载体，促进内蒙古黄河流域生态产品有效供给与销售；利用大数据、5G、区块链等信息技术，整合生态产品种类及质量等基础数据，构建覆盖内蒙古黄河流域市、县（旗）、乡（镇）三级的草场监测、水土保持、牲畜看护等生态监管系统，从科技层面保障内蒙古黄河流域生态产品价值实现。另一方面，强化黄河流域产学研协同合作机制。依托黄河流域各省区企业、高校和科研院所，借助对口支援政策和共建共享机制，推动黄河流域生态产品价值实现科学研究，加强生态类、经管类等相关领域的专业人才培养，加强优质生态产品的开发，推动生态治理相关领域的智库培育与建设。

第三，构建黄河流域各省区生态产品价值实现协同治理机制。一是完善黄河流域协同保护共建共享机制。黄河流域各省区以共建为前提，多方参与生态产品价值实现共同体的建设，形成超值或增值的高级协同效应，从而实现价值共享目标。成立由中央部门牵头、中央和地方派出代表组成的生态产品价值实现管理部门，黄河流域各省区出现生态协同治理矛盾时，该管理部门强化调节与监督职能，组织磋商谈判，形成合理、高效的黄河流域各省区协作机制，形成由国家主导、各省区落实的发展格局。二是完善黄河流域联防共治机制。通过设立黄河流域生态环境协同保护机构、搭建生态环境监管一体化平台、健全生态环境协同保护标准、制定生态环境协同保护考核办法等手段，明晰黄河流域上下游地区对生态产品占有、使用及收益的权益，充分考虑上游地区生态环境保护的成本因素，促进上下游地区生态保护权利与义务实现区际均衡，全方位建立黄河流域联防共治机制，形成生态补偿、市场补给的协同治理体系。三是构建黄河流域生态产品价值实现协同合作平台。黄河流域各省区在充分利用自身资源禀赋及区位优势的前提下，成立“省际联席会议”或“流域理事会”，制定生态保护总体规划，建立生态产品供应、销售、售后联动合作园区，健全利益分配和风险共担机制，形成“成本共担、效益共享、合作共治”的协同合作机制，有效推动内蒙古黄河流域生态产品价值实现。

第七章　内蒙古黄河流域生态产品价值实现分类推进路径——基于生态产品功能类型视角

结合内蒙古黄河流域生态产品的价值，把握供求双方的意愿，根据生态产品类型划分、供应现状、推广中遇到的问题等，立足发展现状，为三种类型的生态产品如何实现价值指明合理路径。

第一节　内蒙古黄河流域生态产品价值实现困境

一、内蒙古黄河流域生态物质产品价值实现困境

长期以来，内蒙古黄河流域源源不断地将生态物质产品提供给流域内外的居民，为生产生活提供有力支撑。但目前内蒙古黄河流域的居民生活质量并没有达到理想状态，相当一部分居民尚未形成生态环境保护意识，人地矛盾较为突出，生态物质产品价值实现面临诸多问题。

（一）市场体系不够健全

内蒙古黄河流域生态物质产品在价值实现过程中，面临着市场体系不健

全的情况，体现为以下几点：

一是未形成生态产品付费意识。向外部地区输送生态产品时，使用者并没有形成强烈的付费意识，而生态物质产品本身具有显著的外部性、公共性等特征，居民容易在消费生态物质产品过程中产生“搭便车”的想法并付诸行动。生态产品价值由于没有引起足够重视，就无法在市场交易过程中创造理想价值。在区域建设与发展过程中存在复杂的利益关联，内蒙古黄河流域的大部分地区在经济建设中起步较晚，居民生活质量总体偏低，在经济建设过程中并没有妥善保护生态环境，严重缺乏技术、资金、法律等方面的支持，区域内基础保障能力有限，经济社会在发展中需要支付较高的成本，也会造成一定的损失。在这种情况下，内蒙古黄河流域尤其要重视生态保护，增强生态产品供给稳定性，增强黄河流域的生态安全，在祖国北部构筑安全的生态屏障。如果长期维持现状，居民生态保护意愿就得不到提升，遭到破坏的生态环境就无法恢复。我国已经颁布《黄河保护法（草案）》，明确提出在生态补偿方面应该采取的措施，为生态产品价值实现带来辅助。内蒙古黄河流域应以此为契机，政府部门要增强整个社会的生态产品付费意识，从技术、法律、资金等方面提供必要的支持，确保市场运行机制的顺畅运作。通过这些措施，生态物质产品价值的实现将成为可能，为该地区生态环境的保护和可持续发展奠定坚实基础。

二是未搭建产品交易平台且形成垄断。内蒙古黄河流域虽然能向市场提供大量生态物质产品，但至今没有构建交易平台，势必对市场化直接交易的开展造成影响。一方面，电网本身具有较强的专用性、独特性，政府牢牢掌握着电力交易主动权，形成垄断。尽管我国已经为绿电交易搭建了信息平台与交易平台，并开辟了专门的输送通道，但需要在国家电网统一输送清洁能源电力并进行交易，国家电网与政府统一制定电力产品的价格。国家要对地区差异建立正确认知，制定个性化、差异化电价，为部分地区提供电价补贴，将内蒙古黄河流域的清洁能源电力输送到更远的地方，增强影响力。当前民营新能源企业的发展备受党和国家重视，允许此类企业直接进行电力交易，下一阶段要为内蒙古黄河流域搭建电力交易平台，促进电力产品价值的实现。生态物质产品交易具有市场化的特征，可以采用线上与线下两种交易方式，线下交易方式以商品交易买卖为主，在为商品制定价格时重点关注商品使用价值、市场需求与反馈两大要素，但仅凭这两点很难让生态物质产品在生态价值方面产生溢价，其价值实现会受多个因素的影响，包括市场监管、产品认证、同比优势等，交易平台搭建后能按合理的标准认定生态物质产品的价值，为生态价值实现做好准备。

三是尚未形成完善的定价机制。在生态物质产品市场交易中，产品价格并没有充分反映其与普通产品的差异性，两种类型的产品价格相差幅度不大。不管哪一种产品，价格都是其价值的体现形式，生态物质产品也不例外，要通过合理的定价体现出独特的生态价值。然而，内蒙古黄河流域在生态物质产品交易过程中却存在定价不合理的情况，此类产品只能靠市场交易体现价值，在定价过程中过于强调经济适用性，却没有充分体现出社会公平性。内蒙古黄河流域在销售生态物质产品过程中暴露出的这一问题，可以归总为生态价值市场化问题，要想增强定价合理性，需要对产品的生态价值进行客观评估，安排权威机构对生态物质产品的品质进行认证，也要对产品成分、营养功能等进行分析，给出与产品生态价值相对等的价格。稀缺性是生态物质产品的基本特征，需要在生态环境中生产产品，结合生态环境承载力调整生产规模，避免破坏生态环境。可见，在生态物质产品价值实现过程中，合理定价是关键举措。

（二）生态畜牧业发展受限

生态畜牧业的发展已经引起内蒙古黄河流域地方政府的高度重视，在实践中为促进生态畜牧业的良性发展、达成草畜平衡反复尝试，但由于当地人口持续增长、生态环境极其脆弱、生产管理方式过于粗放，生态畜牧业的可持续发展遭遇“瓶颈”。

一是畜草需求量大而草场退化严重，彼此之间形成矛盾。内蒙古黄河流域在恢复生态环境过程中要加强生态工程建设，但由于此地生态环境较为脆弱，草场自我修复速度比较慢，畜草遭到破坏后不能及时恢复。畜草是改善生态环境的必要条件，现实矛盾短期之内无法破解。

二是草场草料供应有冷季与暖季之分，未能实现平衡。生态畜牧业在发展过程中不仅要努力恢复草场原有的生态环境，还要满足放牧需求，在冷季与暖季实施轮牧。然而，内蒙古黄河流域冬季严寒，每年冬季牧草供应量比较少，牲畜在越冬期间出现体重快速下降的情况，导致了较高的死亡率，形成恶性循环，不利于生态畜牧业的发展。

三是组织化转型速度比较慢，产业化发展受阻。内蒙古黄河流域创办生态畜牧业合作社，以此为载体调整就业、经济、产业结构，为牧民增收拓宽渠道。然而，草场承包制在推行过程中，在自然状态下划分草场，牧户拥有草场经营权之后选择自主放牧，不利于轮牧模式的推行，也制约着草场生态功能的恢复，对畜牧业的产业化与组织化发展造成不良影响，无法向市场提供数量充足的生态农畜产品。

四是生态保护补偿与监管机制尚未完善，需要加强建设。在发展生态畜牧业的过程中，内蒙古黄河流域需要建立健全的配套机制，包括监管、补偿等机制，以引导牧户采取科学合理的放牧方式，加大环保力度，促进生态农畜产品的产量增加。随着这些机制的不断完善，牧民的成就感将逐渐增强，从而从源头上遏制超载放牧的现象，实现人与自然和谐共生。

（三）社会参与的积极性有待提升

一是宣传力度不足。内蒙古黄河流域要深刻把握信息时代的特征，运用多样化手段进行信息宣传，不断拓宽宣传面，涉及区域生态地位、生态价值、生态潜能等，引领相关利益主体承担生态责任。然而，当前该区域却并不重视宣传工作，没有及时向民众推送与生态产品价值实现有关的信息，社会知晓度比较低。当地拥有较高的生态地位，生态产品生产能力较强，却由于宣传不到位未能引起全社会的重视。在调研中了解到，有 55.2%的受访者认为自己对内蒙古黄河流域“丝毫不了解”或“没有什么了解”。当前，环保、全球气候变化等问题逐渐引起民众的关注，公众对海平面上升、冰川融化等问题的了解比较多，却没有深刻意识到内蒙古黄河流域在生态文明建设中占据着关键位置，对生态产品的特征与内涵、产品分类与价值实现、落实生态责任等了解得比较少。因此，后续要持续加大宣传力度，使内蒙古黄河流域的生态价值引起更多人的重视，在社会中营造良好的保护氛围。

二是社会组织与居民参与度较低。内蒙古黄河流域在开发生态物质产品过程中既要得到政府的指导，也离不开龙头企业的引领，还要得到全社会的帮助与支持。一方面，当地经济建设起步较晚，居民生活质量亟待提升，但由于居民受教育程度普遍较低，绝大多数居民并未掌握一技之长，在生态环境建设过程中不具备良好条件，无法通过多样化的方式提高经济收入。另一方面，在激励机制缺失的情况下，内蒙古黄河流域虽然生产出了一定数量的生态产品，但居民却不愿意为此支付较高的成本，在生态产品供给方面，个人与组织的热情都比较低。鉴于此，政府要出台完善的监管与激励机制，鼓励当地持续加大生态环境保护力度，也要不断增加生态产品供应，个人与组织在获得理想收入的同时也能因为自己参与生态产品供给而产生成就感，生态产品外部性将逐渐内部化，有利于生态物质产品价值实现，整个地区的可持续发展将成为可能。

（四）科技与人才支撑相对薄弱

一是在发展规模化养殖过程中科技人才支撑力偏弱。内蒙古黄河流域肉羊养殖规模亟待扩张，但当前管理人才严重不足，缺乏创新型、专业化的优秀管理人员。不管是推进乡村振兴战略还是打造现代化农牧区，都需要有足够的人才储备，培训机构与农业高校在培养人才方面承担的责任较重。然而，目前当地在培养人才过程中采取的模式较为落后，以面授为主，实地认知实习教育有较大欠缺；农牧区地处偏远，从业人员零星散布，不利于培训活动的顺利推进，需要支付高额培训成本；规模化养殖基地相对偏少，实习覆盖面有限；动物防疫任务艰巨，有可能引发人畜共患病的情况。

二是发展环境无法吸引数量充足的科技人才。内蒙古黄河流域在发展过程中需要得到人才与科技的有力支撑，从我国当前情况看，东部地区与中部地区经济实力比较强，是众多优秀人才的向往就业地区，到东部地区或中部地区工作可以获得广阔的职业发展空间，也能享受到优厚的待遇。内蒙古黄河流域具备生态物质产品的生产条件，在实现产品价值过程中，由项目设计到建设，由产品生产到销售，由市场交易到支付，任何一个环节都需要使用科学的方法与技术，这就需要引入大量高层次的专业技术人才，在技术更新、运营管理等方面不断迈上新台阶。内蒙古黄河流域在生态环境建设中需要完成的任务比较重，基础设施不完善，短期内无法成为人才与科技汇聚地。现阶段内蒙古黄河流域在发展过程中使用的人才与科技主要来自呼和浩特地区，在发展生态畜牧业过程中要持续引进先进的科技成果，也要使用互联网科技，但由于科技、基础设施、资金、人才等方面均有不足，天然的自然风光、良好的生态牧场得不到开发与利用，5G 技术与牲畜产品融合受阻。

二、内蒙古黄河流域生态调节产品价值实现困境

在生态调节产品供给方面，内蒙古黄河流域独占优势，产品总量与类型都领先于其他地区。生态调节产品属于典型的公共产品，其属性是不可改变的，体现出较强的非竞争性与非排他性，不可避免地引发“搭便车”现象，同时也存在政府购买力弱、顶层设计不合理、补偿能力弱、跨区域支付受阻等问题，导致产品无法实现价值。

（一）政府主导下生态产品购买力明显偏弱

生态调节产品的生产与销售都是在政府主导下实现的，主要通过两种方式。一种方式是财政转移支付，对类似自然保护地、生态功能区等地带的居民进行宣传引导，使之通过自己的劳动生产生态调节产品，由政府支付报酬；或是由于以保护或修复生态为目的放弃发展权利且从事生态调节产品生产活

动的，由政府为其提供补偿。另一种方式是政府购买，在重点生态区域内，政府采取置换、赎买等方式，将自然资源转化为生态调节产品，目的是遏制对自然资源的破坏行为，使世世代代“靠山吃山、靠水吃水”的居民获得补偿，使之能按规定生产生态调节产品，实现个人与社会的双赢。政府可以将与生态调节产品生产有关的多种类型项目外包给私企，双方订立合同，企业生产的生态调节产品由政府购买，既能让企业的利益得到维护，也能达到保护生态环境的目的，确保生态产品的价值得以实现。政府大力推行生态保护与建设工程，有利于生态环境的恢复，促进生态产品质与量的积极改变。

第一，在转移支付中采取的计算方法与内蒙古黄河流域的生态作用及地位并不相符。2011 年，我国正式在生态功能区开展转移支付项目。此类项目以县为单位，但由于内蒙古黄河流域面积较大，而县（区）数量不多，生态环境承载力较弱，导致转移支付水平总体偏低。在推行转移支付项目过程中，县级单位能否获得国家转移支付，主要取决于生态环境的改善程度，而内蒙古黄河流域生态系统较为独特，稳定性较差，生态系统在提升与改善过程中面临诸多困难，在转移支付分配方面，大江大河、小江小河重要性系数相同，均为 1.5，忽略了内蒙古黄河流域在生态调节产品供应方面的重要性。

第二，生态保护补偿机制亟待完善。据调查统计，内蒙古黄河流域生态保护补偿在推行过程中存在诸多现实问题，如补偿覆盖面窄、资金来源单一、方式不够灵活等。财政转移支付与政府购买难以最大化财政资金使用效率，在生态产品价值实现方面的贡献并不大，陷入尴尬境地。一是未指明补偿对象。从生态保护补偿在内蒙古黄河流域的开展情况看，没有指明主体与客体，中央政府占据主导位置，中央政府将资金转移给地方政府，补偿主体实际上是中央政府，为重点生态功能区内利益受损的居民提供生态补偿。二是补偿范围较窄且标准偏低。在内蒙古黄河流域，要想实现水源地生态系统平衡，必须保证草地与林地有良好的生态功能，这是供应生态产品的必然要求。由于现阶段当地并没有结合自身特殊的生态环境制定个性化牧草奖罚机制，为国有公益林设定的补偿标准低于集体公益林，尽管将在建项目清退、人口迁移等纳入补偿范围，却将多样化的生态调节产品排除在补偿范围之外，补偿资金出现错位现象，势必对当地居民保护生态环境的热情造成打击，生态保护补偿效果并不理想。内蒙古黄河流域现阶段在提供生态保护补偿时，将草原与森林当成重点补偿内容，却没有过多地关注湿地补偿、横向生态补偿。在生态系统保护方面，内蒙古黄河流域需要充分利用好自然界的自我修复功能，制定的保护措施只是为了对人类行为进行约束，避免对生态系统造成干扰，在这种情况下实施生态保护补偿，不只是对生态保护主体的直接投入提供补偿，也要对因保护生态环境而失去发展机会的主体提供补偿。三是补偿方式单一且资金来源较窄。近年来，在生态保护项目推进中内蒙古黄河流域取得了优异成绩，但生态保护补偿资金来源单一的情况却始终没有改变。目前，内蒙古黄河流域主要通过国家转移支付、专项资金、社会捐赠三种方式获得补偿资金，尤其以中央财政转移支付为主，但仅凭借上述几种方式无法获得充足的补偿资金，难以为持续充足地供应生态产品、保护生态环境提供保障。

（二）基础制度和政策工具仍待完善

一要建立健全生态调节产品产权制度。要将生态资源转化为能提供良好生态服务的生态资产或用于生产经营的要素，不仅要明确产权，还要体现出稀缺性，这样才能让产权所有者获得较高的经济收益①。内蒙古黄河流域拥有庞大的生态系统，草原、河流、森林等自然资源丰富，但由于生态系统覆盖面积比较广，具有弥散性、流动性等特征，在确定产权与划分责任时面临诸多困难，无法明确指出受益主体，在产权归属方面存在不明确、不清晰等情况，不利于监管工作的开展；加上当地推行属地管理模式，打破区域界限进行交易且提供补偿，不利于上下游的有效沟通，难以保证效率，势必对生态修复与治理造成不良影响，生态调节产品难以实现价值。仅从水资源横向补偿情况看，水资源市场化交易的推行，前提要求明确产权归属。从总体上看，生态调节产品产权制度在内蒙古黄河流域的建设较为滞后，严重制约了生态

① 马建堂．生态产品价值实现路径、机制与模式［M］．北京：中国发展出版社，2019.

调节产品价值实现与提升。国家层面在 2014 年设定了 7 个水权试点省份，内蒙古就是其中之一，两年后自治区顺利进入水权交易所，以市场化的方式交易水权，与用水单位签订合同，但合同履行情况却不够理想，存在节水工程款发放不及时不足额、用水指标设置不合理等情况，需要制定合理的应对方案。

二要建立健全生态调节产品交易与有偿使用制度。党的十八大召开时，党中央对资源环境价格机制改革的必要性、紧迫性进行了深入分析，对此项改革在落实过程中应该注意的问题作出了明确规定，对资源环境产品使用与定价工作的开展起到了有效的引领作用，在制定收费机制时体现出了差异化的特征。在能源环境权益交易方面，我国开始的时间并不长，用能权、排污权在相当一部分人眼里尚为陌生概念，内蒙古黄河流域这方面工作也处于起步阶段，没有为生态调节产品市场交易打通渠道。存在的问题如下：一是氮、磷等污染物游离于排污权交易之外，交易体系存在疏漏；二是直接交易生态调节产品时，尤其是碳排放权、用能权、水权等初始分配制度与环境承载力不相匹配，分配制度与现实情况错位，有待持续完善与细化；三是交易制度在执行过程中缺乏激励政策，引发交易主体单一、交易活跃程度不高等问题；四是能源环境权益初始分配机制僵化，无法灵活交易，确权与核算成本高、难度大，束缚了生态调节产品市场交易的规模扩张。政府监管不力、市场引领作用较弱、所有权人权益受损等一系列问题对有偿使用生态调节产品造成不良影响。生态调节产品属于典型的公共产品，民众使用需求不可忽略，但由于无偿使用时间比较长，民众形成错误观点，认为公共生态产品理应被无偿提供，不愿意为此支付成本。鉴于此，在推行生态保护补偿机制过程中政府要进行宣传，扮演主导者的角色，在全社会营造保护黄河流域生态环境的良好氛围，确保生态调节产品能实现价值。

三要加强核算评估制度的权威性与科学性。生态调节产品的价值实现需要开展一系列基础工作，其中建立健全核算评估制度是至关重要的环节。由于生态调节产品属于公共产品，具有显著的外部性特征，其价值评估与核算往往被视为不必要的步骤。政府层面在作出决策时缺乏数据信息凭据，对其他工作的开展造成不良影响，尤其是构造生态资源市场、确定政府购买价格、制定补偿标准等。结合当前本地的具体情况，在评估与核算生态调节产品价值时问题集中表现为：一是内蒙古黄河流域能提供多种类型的生态调节产品，但存在分布面广、产权不清等问题，在对各种类型的生态系统服务价值进行核算时国内外尚有争议，尤其是草原、湿地、湖泊等，未能统一核算标准与评估方法；二是在对生态调节产品进行核算评估时需要获得可靠的数据依据，对生态环境与自然资源的发展情况进行客观描述，此类数据需要长期积累，但由于数据积累未引起重视，没有从制度层面入手对采集数据的范围、标准、口径等作出规定，不利于核算工作的开展；三是技术水平较低，人员素质普遍不高，经费支持严重不足，在现有条件下无法精准地统计生态资源数据。

（三）市场化交易机制亟待建立和完善

在生态调节产品供给方面，市场化运作能起到有效调节作用，但要开展多项基础工作，包括有偿使用资源、创建市场等，引领生态调节产品进行内部化转变，使碳汇、排污权、用能权、水权等通过市场化的方式进行交易，为生态调节产品价值实现设定合理的市场化路径。从目前情况看，由于我国在推行自然资源权属市场交易过程中缺乏健全的交易机制，只在少数省份开展了试点工作。内蒙古黄河流域虽然已经将生态调节产品推向市场，但市场化交易机制、内生机制尚未形成，难以激励地方政府与多元化市场主体自觉主动地保护生态环境。由于产权不明、有偿使用制度不完善、核算体系不健全，无法在市场主导下实现生态调节产品的价值，市场机制难以充分发挥作用。

三、内蒙古黄河流域生态文化产品价值实现困境

在生态文化产品方面，内蒙古黄河流域有无限潜能，保持良好的发展势头，要在“两山”理论的指导下发展生态旅游，协调好环保与生态旅游之间

的关系，这是生态文化产品价值实现的主要路径。采用 SWOT 工具对内蒙古黄河流域生态旅游发展条件进行分析，生态文化产品价值实现存在以下制约。

（一）生态文化产品开发和传播力度偏弱

内蒙古黄河流域拥有壮丽而旖旎的自然风光、精彩纷呈的民族文化，但在开发、利用、推广生态文化产品过程中存在诸多不足：一是生态文化产品开发程度相对偏低。一方面，内蒙古黄河流域在开发生态文化产品过程中忽略了品牌建设的重要性，在景区建设、品牌培育等方面都有欠缺，生态旅游与生态产品品牌之间未形成协同效应。另一方面，内蒙古黄河流域虽然重视旅游业的发展，但核心旅游区、龙头旅游目的地数量不足，缺乏精品旅游线路与标志性品牌景区。同时，此地生态系统承载力有限，生态资源无法再生，核心景区与著名景区在经营中只能限制开放。二是国家层面要求内蒙古黄河流域构筑牢固的生态安全屏障，将高品质生态产品提供给国内外，尤为重视此地的可持续发展，理应提高社会知晓度。在调查中了解到，有 54.4%的受访者认为自己对内蒙古黄河流域“根本不了解”或“没什么了解”，足以表明内蒙古黄河流域当前的认知度与影响力都比较低。尽管已经注重宣传与推广生态文化产品，但基本是“单兵作战”，没有以自治区的名义制作广告并进行宣传，而旅游资源分布广泛，体现出碎片化、零星化的特征，企业与政府在整合资源方面意识淡薄，生态文化产品影响力相对偏弱。

（二）生态文化产业配套基础设施不够完善

结合内蒙古黄河流域近年来的发展情况，基础设施老旧问题依然存在，具体如下：在旅游交通方面，因为地域面积广阔、地形地貌复杂等，公路交通网络建设受阻，公路状况不佳，路网密度与公路等级都比较低，而生态文化资源分布零散，相对距离比较远，旅行线路空间跨度比较大，较长的旅行线路无法吸引大量游客，外地游客可进入性比较差。在公共服务方面，地广人稀是内蒙古黄河流域的基本特征，通信网络在构建与运行过程中需要支付较高的成本，通信信号无法实现无死角覆盖，服务水平总体偏低；交通服务质量与数量均达不到要求，自驾车营地、停车场、公共卫生间等建设滞后，无法给游客带来良好体验；旅游配套服务质量与第三产业发展水平息息相关，由于内蒙古黄河流域第三产业发展速度较慢，吃、住、行、游、购、娱等环节都不能满足游客需求，服务业不够发达，势必对生态旅游业的发展造成严重束缚。从总体上看，内蒙古黄河流域在文化产业发展过程中虽然拥有一流资源，但知名度、开发有效性、交通网络建设、经营管理等方面都比较弱，在不改变现状的前提下，生态文化产品价值实现无从谈起。

（三）生态文化产业专业人才数量不足且服务能力偏低

在社会经济发展方面，内蒙古处于劣势地位，无法为优秀人才提供良好的生活条件与优厚的薪酬待遇，在生态文化产业发展过程中存在严重的人才缺口，生态旅游服务质量迟迟未能提升。主要问题如下：一是缺乏优秀的经营管理人才。在生态旅游产业发展过程中，经营管理者既要精通旅游管理知识，也要有强烈的环保意识，要深层次挖掘本地生态文化产业的价值，充分考虑生态环境承载力，对生态环境提供良好保护。二是缺乏优秀的服务人才。生态旅游产业的日益强大，离不开数量众多、专业化程度比较高的服务人员，尤其是景区接待人员、导游、餐饮服务人员等。由于当地居民并没有参加专业培训，学历总体较低，没有意识到贴心周到服务的重要性，在服务过程中出现态度恶劣、质量低下的情况，引起游客不满。部分人员即使接受过专业培训，但因为对当地文化、风土人情、宗教信仰的了解不深，把握不住景区内涵与特色，无法对游客进行引导。三是商家服务意识缺失。商家如果能向游客提供高品质的产品与服务，将成为展示内蒙古黄河流域良好形象的窗口，但有些商家贪图蝇头小利，不当言行导致“亮丽内蒙古”品牌价值受损，不利于当地生态旅游产业的发展，对生态文化产品价值实现造成不良影响。

（四）内蒙古黄河流域自然条件形成制约

第一，内蒙古黄河流域存在明显的季节差异。此地自然环境与气候都比较特殊，四个季节特征分明，昼夜温差比较大，空气湿度较低，导致旅游业在发展中难以体现出稳定性与持久性，有淡旺季之分。通常情况下，每年6—9月为旅游旺季，而其他月份属于旅游淡季，季节成为影响生态文化产业发展的关键因素，是生态文化产品价值无法实现的主要原因之一。第二，内蒙古黄河流域昼夜气温悬殊，以干燥气候为主，对游客身体素质有一定要求，旅游接待人次较少，经济收入偏低。进入此地旅游的游客需要克服气候条件障碍，不利于旅游体验的提升。第三，自然与地理条件较为独特，要求内蒙古黄河流域在生态旅游产业发展过程中拥有完善的配套服务，但目前当地的物流交通、餐饮服务、医疗保障等都跟不上，在提升服务质量时面临重重障碍，需要投入大量成本。

（五）地区发展与保护矛盾依旧突出

在经济发展方面，内蒙古黄河流域显著落后于其他地区，居民迫切需要增加经济收入并过上高质量的生活，然而，生态环境过于脆弱也会对社会经济发展造成制约。地方财政尽管提供一定的补贴，却没有产生理想成效，各级政府将希望寄托在生态旅游方面，将其当成提升经济社会水平的重要载体，希望能用“绿水青山”换取“金山银山”。尽管付出过努力，但区域建设与生态环保之间的矛盾却始终未能破解，生态旅游产业的全面开放必须规避生态风险，增强环境治理有效性，要在该产业的驱动下提高当地居民生活品质，助推经济社会发展。在自然保护区成立之初，进入国家级自然保护区、核心区、缓冲区的乡镇与村社将保护与修复生态环境当成生产生活重点，民生工程、基础设施项目推进受阻，水电等基础设施并不完善。上述情况的存在，对生态文化产业的全面推进与可持续发展，以及生态文化产品价值实现造成不良影响。

第二节　内蒙古黄河流域生态产品价值实现的分类推进路径

一、内蒙古黄河流域生态物质产品价值实现路径

生物能源与原料都属于生态物质产品，如木材、水源等。要想充分体现出生态物质产品的价值，需要在政府的引领下完善运营机制，凸显市场主导作用，合理安排并高效利用市场资源。对于来自不同生态系统的原料，尤其是木材、食物等，特色产品与餐饮是实现价值的重要载体。内蒙古黄河流域拥有丰富的生态物质产品，要创建多元化、差异化的价值实现路径。为了达到人地协调的目的，也为了保护好生态环境，内蒙古黄河流域要对自身发展进行定位，在清洁能源产业发展中占领高地，向国内外输送大量有机绿色农畜产品。在实践中要狠抓质量管理，在产品的每一个生产制造环节都要推行国际权威管理标准，从源头上控制产品质量。在对生态物质产品进行质量监测与检验时可以与第三方机构合作，不定期开展监测与检验，适时向社会发布检验报告，推行绿色生态认证与标签制，根据生态产品的质量下发不同颜色的标签，纵深推进绿色生产，确保产品能赢得消费者的信赖。结合内蒙古黄河流域的自然禀赋与气候条件打造生态物质产品品牌，构建完善的认证体系，不断提高产品附加值。利用互联网平台宣传产品、推广品牌，充分体现出品牌优势，争取拥有更高的知名度，以市场交易为载体实现生态产品的价值。内蒙古黄河流域在生态环境与资源上独具优势，要想充分展示产品优势，需要在市场引领下体现出市场化发展的优越性，政府出台鼓励政策、监管制度，在市场运行中促进交易规模的扩张，促进产业发展，使生态物质产品能通过多元路径实现价值（见图 7-1）。

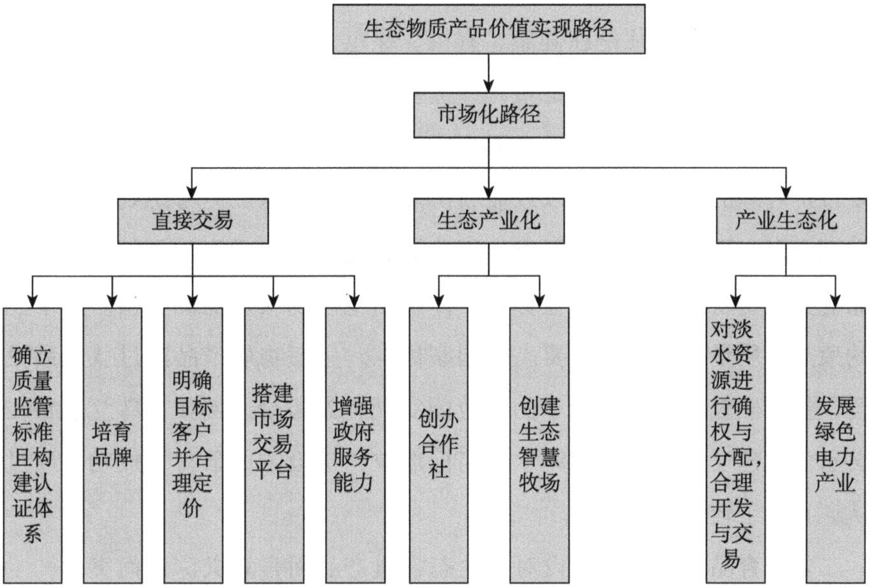

图 7-1　生态物质产品价值实现路径描述

（一）生态物质产品直接交易路径

优越的生态环境是内蒙古黄河流域推出高品质生态物质产品的先决条件，是生态溢价不断提高的根本保障。如果生态物质产品在生态溢价方面有突出表现，由公共产品转变为私人产品，其属性与其他商品相同，产权所有者或生产者可以直接与消费者进行交易，交易价格取决于商品效用与稀缺性。在生态物质产品生产过程中，内蒙古黄河流域要解决同质化问题，需要不断提高产品影响力、拓宽影响面、提升生态价值，要对产品认证、制定检验标准、培育品牌、制定价格、选择目标客户、构建交易平台等工作给予重视，政府部门要充分发挥职能，让生态物质产品能通过直接交易路径实现价值。

一要确立质量监管标准且构建认证体系。内蒙古黄河流域各级政府要重视生态物质产品质量管理工作，既要设立统一的管理标准，也要构建完善的认证体系与标识体系，以清单制、认证目录等方式对产品进行评价，采取有效的方式对生态物质产品进行认证，持续优化监督机制，增强技术指导能力，搭建信息平台。内蒙古黄河流域在对生态物质产品进行质量监管时，生态标签不失为有效手段，凡是在健康、有机、绿色、生态等方面达到要求的产品都可以获得绿色认证，在认证过程中需要检验营养成分，也要追溯产区，将真实的产品信息向社会公布。内蒙古黄河流域在对生态物质产品进行认证时需要设定合理的标准，通常以行业或国家标准为参照。但考虑到生态物质产品类型众多、更新速度快，国家与行业标准建设可能具有局限性，不能凸显产品优势，这就需要设定企业标准，体现出生态物质产品的价值。为了能有效约束产品质量，企业标准要高于国家标准。生态物质产品经过认证后投入市场，将产生较强的核心竞争力，也能实现生态溢价。例如，乌兰察布在马铃薯示范区建设方面、巴彦淖尔在高标准农田建设方面取得了成功，通过产品认证具备了较强的影响力。

二要培育品牌。品牌建设对于生态物质产品而言意义深远而突出，主要包含两类品牌。一是特定产品品牌。特定产品品牌是一种宝贵的无形资产，能够产生显著的经济价值。这种品牌通过展示产品的独特优势，利用抽象而独特的心理概念，凸显了产品在商业创意、历史文化以及情感表达等方面的差异性，使该产品在消费者心中占据了重要的位置，并与其他同类产品形成了明显的区分。内蒙古黄河流域在生态物质产品品牌建设过程中要不断增强“蒙”字标影响力，将更多质量过硬的生态物质产品培养成驰名中外的品牌，提高美誉度，占领更大的市场。二是区域公共品牌。此类品牌建设实际上是一项系统工程，以实现可持续发展为根本，遵循经济、科学、公共、生态等原则，充分利用内蒙古黄河流域丰富的自然资源与生态系统要素，发挥现有条件的优势，着力培育具有鲜明区域特色的品牌。区域公共品牌相较于特定产品品牌能产生更为持久、强大的影响力。例如，将内蒙古黄河流域当成区域公共品牌，对当地生态物质产品的销售与推广、绿色有机农畜产品走向广阔市场起到助推作用。为此，政府要为区域公共品牌建设提供多样化的支持：第一，要得到市场监管部门的支持，在培育区域公共品牌的基础上鼓励当地所有绿色有机农畜产品注册品牌，从总体上增强当地生态物质产品的影响力；

第二，要得到宣传部门的支持，搭建庞大的宣传平台，运用多种方式、采用多种媒介宣传内蒙古黄河流域生态物质产品，拓宽品牌覆盖面。在品牌培育过程中要以标准化建设为切入点，将一些影响力较弱的小品牌汇聚到一起形成大品牌，打造优秀的区域公共品牌，促进生态产业规模扩张，加大品牌推广力度，持续提高品牌美誉度，让生态物质产品创造更高的价值。

三要明确目标客户并合理定价。内蒙古黄河流域要全面推行绿色产品认证工作，而且要体现出此项工作的权威性，这是生态物质产品市场溢价的前提。重点关注消费者对此类产品的消费意愿，分析产品价格是否合理。在调查中发现，在购买生态农畜产品时，愿意支付高于普通产品 2~3 倍价格的消费者占比接近一半。根据问卷调查了解到，消费者在购买此类产品过程中受到诸多因素的影响，包括：产品生产地区的自然环境，尤为关注是否有良好的水源、植被、空气等；产品是否获得国家或国际权威部门发放的绿色生态标识；产品的营养成分是否超出普通产品，是否有利于身体健康。结合问卷调查了解到的情况，内蒙古黄河流域在创建品牌、设定质量监管标准、实施产品认证过程中必须保证价格合理性，这是价值实现的前提。梳理问卷调查结果，发现购买当地生态农畜产品意愿最为强烈的消费者并没有集中在我国东部与南部地区，因为这些地区的消费者与产地距离遥远，无法获取产品标准、产地生态条件、品质等方面的信息。因此，内蒙古黄河流域在打造品牌过程中一定要采用多种方式进行宣传推广，将中产阶级当成目标客户群体。这部分人接受过良好的教育，追求生活品质，青睐绿色有机产品，愿意为身体健康投入更多资金。内蒙古黄河流域在不断提高生态物质产品质量的同时，要与目标客户群体进行沟通，促进生态物质产品价值的提高。

四要搭建市场交易平台。在农畜产品交易过程中，内蒙古黄河流域搭建平台的目的就是拓宽宣传面，让更多人知晓产业、企业、产品信息，增强产品价格的统一性与透明度，在合理区间调整产品价格。市场交易平台要采用多种手段组织市场调研，在生态农畜产品认证的前提下确定价格，体现出初级产品市场的价值，在互联网的支撑下实现跨境贸易，提高本地市场活跃度，并为生态物质产品带来更高的溢价。通过扩大市场化交易规模，生产者可以获得更多利润，同时为消费者提供权威、真实的信息，进一步将高品质的生态物质产品推广至更广阔的市场，创造更高的价值。

五要增强政府服务能力。在生态物质产品价值实现过程中，政府承担着制定制度、监督管理的责任，是不可缺少的参与者，要为生态物质产品价值实现提供支持，不断增强服务能力。首先，在生态物质产品生产、销售等环节，政府要实施有效监管，要运用法律与行政两种手段保护好生态物质产品的产权，避免产品生产者与所有者利益受损，保证生态物质产品市场交易的公平性。其次，在资源分配与调整过程中政府要建立正确认知，不得横加干涉，不断完善经济体系，加强制度建设，为生态物质产品在市场中流通创造良好条件。再次，政府要把握生态物质产品的特征与内涵，从供需两端为市场化交易的有序开展制定质量监管标准，构建产品认证体系，培育优秀品牌，从多方面提供有效支持。最后，政府要准确把握内蒙古黄河流域的发展情况，结合生态物质产品的特征出台或修订行政管理文件，制定合理的交易规则，出台政策方针，使生态物质产品的产量与质量都能提升到新层次，确保产、供、销等环节有序开展。

（二）生态物质产品生态产业化路径

生态产业化是指在向市场提供生态产品时体现出社会化大生产的优势，在市场需求的引领下开展经营管理，将生态要素看作重要的生产要素，用生态财富创造物质财富，在建设生态文明的同时发展经济①。生态物质产品价值的实现，要求内蒙古黄河流域将生态与畜牧两大产业的经营主体整合到一起，通过生态与畜牧业的交织发展创建新业态，以此为突破口让生态物质产品价值实现成为可能。生态与畜牧业的有机融合，既能促进畜牧业价值链的延长，促进生态畜牧产品体现出更高的生态价值，也能促进经营主体能力的增强，增强对企业与牧户的吸引力，将内蒙古黄河流域打造成绿色有机农畜产品生

① 李忠．践行“两山”理论 建设美丽健康中国［M］．北京：中国市场出版社，2021.

产基地。在推动生态产业化发展的过程中，创新生态产业发展模式至关重要。这不仅要求我们全面推行品牌化战略，还必须加快生态物质产品生态价值的转化。通过这样的方式，更好地实现对生态资源的高效利用，同时为经济发展注入新的活力。

一是在生态畜牧业发展过程中创办合作社。在草原承包经营方面，内蒙古黄河流域要不断发扬制度优势，维护牧民的承包经营权，在生态畜牧业发展过程中尊重牧民意愿，推行合作社经营模式。当地在生态环保方面制定严格的管理规定，设定禁止开发区、限制开发区，不允许盲目扩大生产规模。在草原生态系统的保护和修复过程中，生态畜牧合作社通过集约化、高端化的方式进行生产经营，有助于提升生态农畜产品的价值。合作社的创办与发展，有利于优化生产要素，告别传统粗放发展阶段，实现更加集约和高效的发展。在利益分配过程中，这种模式可以将按劳分配转变为按生产要素分配，意味着管理、资金、技术和劳动等都将成为利益分配的参考因素。在合作社经济的带动下，内蒙古黄河流域牧民的生产方式发生变化，收入不断增加，也能将大量闲置劳动力引向第二、第三产业，包括手工艺品加工、餐饮、建筑等。在调查中共获得 205 份有效问卷，均由长期生活在内蒙古黄河流域的农牧民填写，在这部分人中，对转变生产方式表示排斥的只有 12 人。在互联网技术的支持下，内蒙古黄河流域的农牧民开始探索电商领域，与区外的消费者进行更直接的沟通。这不仅有助于拓宽农畜产品的销售辐射面，还使绿色有机的农畜产品得以销往全国各地。合作社的创办与发展，成为生态农畜产品实现其价值的有效途径。不只是简单地增加养殖与生殖量，而要采取现代化、集约化、科学化的方式进行养殖，缩短牛羊生产周期，使每个季度的出栏率保持均衡，改变牛羊出栏的季节差异。

二是创建生态智慧牧场。内蒙古黄河流域拥有独特的生态环境，敏感性与脆弱性都比较强，在畜牧业发展过程中存在底子薄的问题，加之未引进先进的放牧方式，畜牧业在经营过程中无法获得理想收益，牧区经济实力较弱，既没有为畜牧业的发展引入先进的经营管理模式，也没有创新生产技术。鉴于此，自治区应该利用5G技术创建生态智慧牧场，促进产业信息化发展，实现产品物联网，促进绿色产业的发展壮大。5G技术优先发展且嵌入传统行业，能为经济发展质量提升带来助力。5G技术能为实体经济赋能，形成新的经济增长点，也能促进国民经济发展质量的提升，引领经济实现平稳发展。智慧牧场模式能充分发挥出5G技术的优势，可以自动采集信息，能将智能化、精细化理念运用于成本管理和养殖管理等方面，还可以为产品溯源提供有利条件，从多个环节入手促进畜牧业的发展，增强信息服务能力，优化服务体系，使交易主体、经营主体能获取更多可靠信息，而且能甄别有价值的信息并传播给其他利益相关者，有的放矢地改造传统畜牧业，增强生产能力、提高产品质量，确保作出合理决策，让产、供、销环环相扣，从生产效率、产品质量、经济效益等方面进行积极改变，引领畜牧业的现代化发展。在实证分析中发现，消费者购买内蒙古黄河流域生态物质产品的消费意愿会受到多个因素的影响，生态智慧牧场就是其中之一。在推行该模式过程中，要整合多种自然要素，利用现代化的科技手段增强区域公共品牌影响力，使生态物质产品能吸引距离较远的消费者，在直接市场交易的辅助下促进生态物质产品价值的提升。

（三）生态物质产品产业生态化路径

在产业生态化发展过程中要落实循环、绿色等原则，持续引入绿色生产技术，培育发展新兴产业，在提高资源利用率的同时降低排放与能耗，创造更高的生态效益，或是运用先进技术对传统产业实施低碳化、节能化改造，引领产业向着绿色的目标前进①。产业生态化实际上是在生产一般产品的过程中，严格控制环境负外部性的产生，同时增加环境正外部性，将外部性转化为内部性。在生产过程中推行绿色模式，旨在避免对自然环境造成破坏和污染，从而促进生态物质产品价值的实现，为社会经济高质量发展提供助力。在清洁能源电力与淡水资源产业发展过程中，内蒙古黄河流域要选择产业生

① 李忠．践行“两山”理论 建设美丽健康中国［M］．北京：中国市场出版社，2021.

态化路径，采用直接交易的方式让生态物质产品的价值实现成为可能。

一要对淡水资源进行确权与分配，合理开发与交易。通过调查了解到，部分城市用水需求量比较大，愿意支付一定的资金获得内蒙古黄河流域的淡水资源。在所有对生态物质产品需求意愿造成影响的因素中，支付意愿是关键因素，因此，内蒙古黄河流域淡水资源在实现价值过程中要将产业生态化当成一种有效路径，需要做好如下几项工作：首先，政府要为淡水资源指明产权，这是市场化交易的先决条件，通过承包配额、许可证等多样化的产权形式为淡水资源构建完善的市场化交易体系。在管理淡水资源过程中可以引入社会资本，采取项目承包、转让水权、加工矿泉水等方式让生态物质产品创造出理想的市场价值，有利于生态淡水资源增值，使参与其中的社会资本获得理想收益。其次，在分配水权方面，要制定出有利于产水区的政策。以水权确权为前提大量分配水权，有利于生态产品价值提升。最后，设立水权交易所，为水权市场化交易提供平台。除设立交易所外，还需要建立一套完整的水权确权与分配配套制度，以确保淡水资源产业化和生态发展的稳定基础。部分地区淡水资源需求量比较大，可以进入水权交易所从内蒙古黄河流域购买水权，内蒙古黄河流域获得资金后可以引进先进的生态环保技术与人才，促进淡水产业的发展与壮大。

二要发展绿色电力产业。产业生态化的形式比较多，绿色电力为其中之一，内蒙古黄河流域要不断提高清洁能源利用率，获得大量绿色电力，为“双碳”目标的实现提供助力，实现绿色、循环发展，使内蒙古成为名副其实的清洁能源产业高地。首先，政府要起到政策引领与服务的作用，鼓励电力用户优先购买清洁能源电力，并提供一定的补助。在内蒙古黄河流域，绿色电力受到国家的重视。国家电网优先购买的方式体现了绿色电力产品的价值。在电力交易中心的有力支撑下，可以将绿色电力销往多个地区，而且能获得电价补贴，为绿色电力市场交易的持续开展带来保障。其次，在发展绿色电力产业过程中要优化基础设施。在“双碳”目标的引领下，内蒙古黄河流域对新能源产业进行布局调整，盘活荒漠化土地，从多个方面入手合理分配与利用清洁能源，实现水、光、风互补，增加储能，实现智能化与规模化发展。经过对沙漠化光伏电站实测数据的深入分析，进一步认识到光伏园区的建设与发展对局部地区生态环境和气候的改善具有积极作用，成为治理沙漠化的有效方式。这意味着内蒙古黄河流域在扩大光伏电站规模的同时为生态环境筑牢了安全屏障。再次，创建绿色电子通道。内蒙古黄河流域在不断向着“双碳”目标迈进过程中，需要结合绿色电力产业发展情况加强配套建设，完善特高压输送线路，对电力输送通道进行合理规划与安排，确保绿色电力输送能够畅通无阻，为市场化交易做好准备。最后，绿色能源产业要通过共建寻求发展，发展成果也要共享。内蒙古黄河流域在发展绿色能源产业过程中可以采取的方式比较多，包括投资、入股等，以实现生态物质产品的价值。可以从新能源领域选择一些已经形成规模效应、具备良好的抗风险能力、经营管理水平高的龙头企业，政府对其加大支持力度，如提供土地入股、群众集资等多元化的支持方式。通过这些措施，使群众成为绿色产业发展的主体，不仅能稳固群众的地位，还能促进优势产业快速发展，进而引领生态物质产品价值的提升，打造国家清洁能源示范区，使清洁能源产业做大做强。

二、内蒙古黄河流域生态调节产品价值实现路径

生态调节产品类型丰富，如防风固沙、水源涵养、氧气生产等，通常情况下很难从生态系统中剥离并独立交易，无法借助市场交易的方式实现价值。内蒙古黄河流域主要向下游地区提供保持水土、调节水温、淡水资源等生态系统服务，生态调节产品通过维护生物多样性、净化水源、保持水土等方式实现价值，有利于夯实经济基础，增加经济总量，使尖锐的人地矛盾得到有效缓解，有利于修复生态环境且实施有效保护，促进生态脆弱区的良性发展（见图 7-2）。生态调节产品在实现价值过程中，政府必须发挥主导作用，金融企业也要积极引领，通过“生态贷”、发放补贴、产权交易等方式实现其价值。首先，政府要结合生态产品的特征制定产权交易制度，在产品使用权与

所有权之间划定界线，合理分配权责，所有权人在转移使用权过程中可以采取产权入股、出租出让等方式，使用权人采用特许经营、经营开发等方式体现出生态调节产品的价值。其次，政府要完善生态保护补偿机制，设定合理的补偿标准，从纵、横两个方向提供补偿，使生态环境脆弱区能够得到保护且逐渐恢复。倡导受益者支付生态保护补偿，设立专项环保基金，拓宽补偿资金来源，为生态环境的改善提供保障，达到实现产品价值的目的。金融机构推出“生态贷”等产品，为生态产品价值实现提供辅助。“生态贷”结合现有生态产品的价值为后续使用提供补偿，属于特殊的质押贷款产品。推出此类产品，能帮助生态产品经营者节省融资成本，将充足的资金投入生态建设中，体现出生态调节产品的价值。

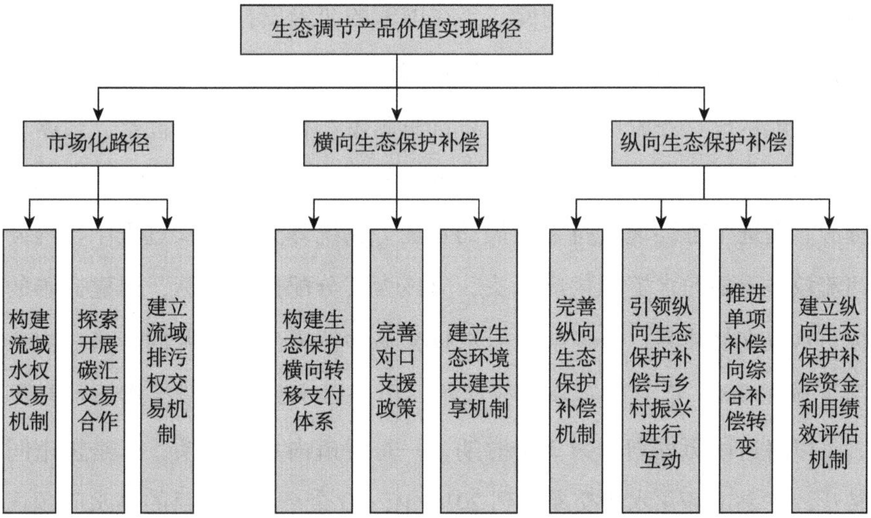

图 7-2　内蒙古黄河流域生态调节产品价值实现路径

（一）生态调节产品市场化路径

市场协调机制日益完善，生态调节产品的价值将逐渐实现，内蒙古黄河流域要充分意识到这是一种高效而直接的手段。结合当前该地的实际情况，排污权、碳汇、水权等在市场化交易方面已经步入正轨，意味着生态调节产品市场协调机制已经初步形成，为生态调节产品价值的实现提供了有效途径。这一机制的建立有助于促进市场各方的合作与交流，优化资源配置，提高生态调节产品的供给效率。

1. 构建流域水权交易机制

地缘属性是自然资源的基本特征，自然资源能为所在地创造理想的经济效益。内蒙古黄河流域长期没有对水资源的地缘属性作出明确规定，要对现有水权交易机制进行理性分析，发扬优势并适时填补短板，拓宽水权交易的参与面，使水资源能直接参与市场交易。水权交易牵涉到多盟市，既要严格控制总量，又要在日常管理中协调好区域关系，助推水资源市场化发展，增强市场对水资源的调配能力。

一要完善初始水权分配制度。要在国家的统筹安排下有效控制总量，结合现行水权分配方案，依据水资源的真实情况，根据各盟市对水资源的需求量重新分配水权，各盟市获得水权后自主制定水权内部分配方案。国家层面要对水资源地缘属性加深理解，提高分水机制的科学性、合理性，达到保护水资源、促进生态环境可持续发展的目的。在统筹分配水权过程中，内蒙古黄河流域是重要的水资源供应源头，应该为其分配更多指标，构建完善的水指标与水权交易体系，合理地开展水权交易并体现出水资源的价值。内蒙古黄河流域在 2003 年着手实施水权改革，历经二十载的实践探索已经初见成效，可以将这段历程划分为 3 个时期，一是盟市内水权转换，二是盟市间水权转让，三是市场化水权交易。到 2016 年，60 余个工业项目的供水问题通过盟市内水权转让的方式得以解决，工业产值由此实现 2600 亿元的增长，沿黄灌区在这一过程中筹措的节水改造资金突破 60 亿元，引黄耗水量由 60 亿立方米降至 40 多亿立方米。水权交易创造了较高的服务效益，供给、支持、调节三类服务效率年增长率分别为 25.29%、18.44%、9.69%，促进了生态系统服务价值的提升。水权交易的全面推行，配套工程的有序推进，对区域内工业经济发展起到了有效促进作用，农业生产效率、生态环境等都发生了积极转变，水权交易市场迸发出强大生命力。

二要积极开展水权确权登记工作。对所有参与水权交易的主体实施登记管理，既要判断其主体权力是否合理，也要了解其水资源需求量，确认无误后发放水权交易证书，促进水权登记监管制度的完善。国家层面统筹规划与监管，为各个地区合理分配权限，为水权直接进行市场化交易打牢基础。

三要搭建国家级水权交易平台。在国家的引领下搭建覆盖全国的水权交易平台，遵循统筹兼顾的原则在全国范围内设立水权交易中心，出台相应的配套管理制度，为水权交易的平稳运行带来保障。内蒙古黄河流域不仅要在水权交易中有积极表现，还要设立水资源专项保护基金，采取有效措施保护当地生态环境，从源头增强产水能力。自治区要充分意识到水权交易机制的价值与意义，并在建立健全这一机制方面付出更多努力。政策制定部门需要制定合理的政策方案，同时征求各方面的有效意见和建议。一方面，需要制订出合理的初始水权分配方案，并大力推广先进的节水技术，以确保在水权交易中能够有出色的表现。另一方面，有必要设立水资源保护基金，通过持久而有效的措施来保护生态环境，增强产水能力，并筹集资金用于保护生态环境并改善人地关系。这样的综合措施将有助于实现水资源的可持续利用，促进生态环境的改善和经济的可持续发展。

四要对水权交易制度进行创新。内蒙古黄河流域要重视水权交易，采取有效措施提高水权交易效率，始终做到生态优先，严格控制总量，在实践中对水权交易制度进行创新。一是创新理念。自治区要对黄河流域的气候特征进行分析，根据干旱半干旱地区的具体情况为水权交易制定合理的管理模式，结合当前发展形势设定水利工作方针，在节约用水的同时实施治理，以解决问题为根本，维护生态安全，将农业和畜牧业安全当成底线，加深对问题的理解并制定合理的解决方案，在新理念的支撑下应对实际问题。在分配水资源过程中政府要积极进行引导，逐渐提高市场参与度，最终将市场确定为主导力量，在水权转换的基础上进行转换，最终形成合理的交易制度，促进理念的螺旋式上升。二是创新制度。水权交易发生在多个盟市之间，可合理地为各个盟市分配水资源，各个盟市也要科学地在内部分配水资源，体现出水权交易的优越性，强化灌区节水意识，水权交易平台、黄委会、水利局、工业企业等多元化主体要对跨区域取水权交易建立正确认知，对相关工作的开展提供支持。三是创新管理。自治区在推行水权转让制度过程中要构建三级组织，成立领导小组与办公室，设立水权收储转让中心，在盟市内、盟市间都要形成完善的水权交易机制，以节水为目的设定合理的取用水指标，在政府与交易双方之间形成完善的定价协调机制。四是创新技术。农业节水是当地水权交易的基础，水权交易在有序推进中要求对农业节水技术进行持续创新。为此，内蒙古黄河流域要引进先进的灌溉技术、工程技术、计量技术，以技术创新达到节水的目的。

2. 探索开展碳汇交易合作

以生态环境部制订的工作计划为依据，我国力争二氧化碳排放量在2030年达到峰值，“碳中和”目标将在2060年实现。内蒙古黄河流域要以“双碳”目标为引领，在生态文明建设中取得优异成绩，成为国内外重要的生态文明高地，对温室气体排放量进行严格管控，在国内碳交易合作中有突出表现。

一要参与全国碳汇交易。当前我国已经为碳排放权交易构建了完善的市场框架，发挥了中央政府的政策引导作用。内蒙古黄河流域应设立碳排放交易所，对全国碳交易市场进行引导，鼓励全国各地在购买核证减排量、固碳配额、碳汇项目时优先考虑内蒙古黄河流域。在市场交易过程中内蒙古黄河流域可以同时获得经济收入与减排补偿，为生态环保工作的开展提供资金支持，促进生态环境质量的持续提升，增加碳汇总量，依托碳市场弥补生态保护补偿机制的不足，确保经济与生态文明建设都能取得成效。

二要以“双碳”目标为引领体现出碳汇价值。首先，以“双碳”目标为导向，国家层面从总体上控制碳排放总量，合理分配给各省（区、市），倡导所有人为“双碳”目标的实现而努力。内蒙古黄河流域不仅要达成“双碳”目标，也要在固碳增汇方面有突出表现，在交易碳排放量的过程中体现出碳汇价值。其次，各盟市在投资碳汇项目时需要谨慎决策，充分考虑本地的自然与气候条件。每个地区的生态系统、地形地貌、降水量、气温等因素都会影响碳汇项目的可行性和效果。因此，在选择和规划碳汇项目时，要结合自然环境脆弱、生态环境修复难度大、人工造林困难重重、植物生长速度慢等情况，适当延长碳汇项目计入期。最后，在全国范围内，内蒙古黄河流域承担着输出清洁能源的重要责任，要打造优秀示范区，促进清洁能源产业发展，将清洁能源产业项目和生态修复项目等引入全国碳汇交易市场。通过参与碳汇交易，这些项目将获得经济激励，进一步推动清洁能源产业的发展。这将有助于确保生态调节产品价值的实现，并为构建完善的清洁能源体系贡献力量。

三要引领绿色金融与碳汇交易合作。在双方合作过程中，内蒙古黄河流域作为关键试点地区，既要采取有效举措修复生态系统，也要推出大量生态产品，既要为此提供资金支持，也要宣传推广绿色金融产品，尤其是绿色信贷、绿色保险等。以“双碳”目标为导向，鼓励当地金融机构积极推广碳披露、碳核算等业务，为保护和修复生态环境、促进经济发展、提供民生保障、实现生态产品价值提供良好服务，在生态保护与经济建设中形成良性循环。

3. 建立流域排污权交易机制

国内各流域在联合治理水污染过程中已经积累了宝贵经验，内蒙古黄河流域要设立水资源专项保护基金，围绕水污染治理、交易排污权等形成完善的管理机制。黄河流域生态文明建设已经引起了中央层面的高度重视，搭建排污权交易平台成为一项重要举措，为跨省交易排污权提供了便利条件。同时，在省级层面，应该充分利用好水资源保护基金，协调好黄河流域各个省份之间的关系。通过横向协调加强省际合作与交流，齐心协力治理水环境，从总体上促进黄河流域水环境的改善。保护水环境、维护生态平衡应该引起自治区的足够重视，持续加大工作力度，按要求排放污水并实施管理，不断提高水质。国家需要不断完善排污权市场交易体系，通过规范交易规则和流程，促进排污权的有效配置和合理利用。同时需要加大对排污权交易的监管力度，确保市场交易公平、公正和透明。在此基础上，全面开展水环境保护工作，通过科学合理的规划和管理，保护黄河流域的水资源，提高水质标准。此外，还需要制定严格的环保法规和标准，对违法排污行为进行严厉打击，以保障黄河流域生态环境的可持续发展。通过排污权市场交易，企业可以获得经济收入和国家补偿，最终促进生态调节产品价值实现。

（二）生态调节产品横向生态保护补偿

内蒙古黄河流域向国内外多个地区提供生态调节产品，但由于人们没有在生产生活中与此类产品形成紧密的互动关系，只有经济发达地区出于维护生态安全的目的购买生态调节产品。在这种情况下，生态调节产品购买意愿存在地区差异，不能将市场化交易当成实现生态调节产品价值的唯一路径，需要通过横向补偿的方式促进生态调节产品价值实现。自治区要求各盟市横向为黄河流域提供生态保护补偿，在保护黄河流域生态环境过程中产生协同效应，完善共建共享机制，并为此下发《内蒙古自治区人民政府办公厅关于健全生态保护补偿机制的实施意见》（内政办发〔2016〕183 号），指出横向补偿的方法并设定补偿标准，签订补偿协议，落实联防共治机制，拓宽生态调节产品价值实现路径。

1. 构建生态保护横向转移支付体系

内蒙古黄河流域承担着向本地与外地提供生态调节产品的责任，为保护和修复生态环境、保障生态产品的供应付出了巨大的成本，甚至不得不放弃某些经济发展机会。因此，生态调节产品的使用者应当支付相应的费用，以维护内蒙古黄河流域的利益。建立健全横向生态保护补偿机制对于实现生态调节产品的价值至关重要。政府要进行引导，协调好多方关系，在我国生态交易体系尚不完善的当下推行横向转移支付，既让内蒙古黄河流域脆弱的生态系统得到妥善保护，也促进生态调节产品质量提升。

一是在生态保护补偿机制落实中明确主体与客体。在生态保护过程中，自治区沿黄盟市均为重要的主体，在党和国家的引领下，在自治区的要求下，各盟市积极行动起来，从政策、技术、组织等方面付出努力，取得了优异成绩。在横向生态保护补偿过程中，自治区要得到沿黄各盟市的响应与支持，将其设定为责任主体，生态调节产品直接受益地区均为补偿客体。

二是建立健全多元主体共同参与的横向补偿机制。长期以来，类型丰富、数量众多的生物在内蒙古黄河流域生存，是黄河流域生态系统的有机组成部分。内蒙古黄河流域的生态安全与生态环境质量，将对自治区的社会经济发展造成直接影响，甚至会影响全国生态系统安全。然而，这里的生态环境极其脆弱，在修复与保护环境过程中面临诸多问题，要充分发挥生态调节作用，在涵养水源、保护生物多样性等方面有突出表现，将良好的生态环境带给黄河经济带，将大量绿色有机生态产品提供给国内市场。因此，自治区要以全流域生态系统保护为依托，为黄河流域生态环境保护与修复项目提供资金支持，以跨区域的方式形成保护协同效应，构建庞大的生态监测网络，联合防控环境污染，设立专项保护与治理基金，健全补偿机制，从全流域视角出发持续优化生态保护系统，确保生态保护工作能有效落实并取得成效。

三是完善横向生态保护补偿机制。结合黄河流域的生态环境特征建立健全生态环境保护补偿机制，既有利于促进生态环保成效的提升，也能提高生态调节产品质量，实现生态调节产品的价值。首先，在国家部委的引领下，在沿黄省份的支持下，为生态保护补偿机制的贯彻执行搭建管理平台。持续建设生态环境数据库，达到数据共享的目的。国家部委要协调好沿黄省份的关系，共同制定横向生态保护补偿标准，采用多样化的方式提供补偿，充分利用好服务平台采集数据信息，扎实开展补偿工作，发挥出补偿资金的作用。其次，在横向生态保护补偿机制贯彻过程中，党中央要起到指明方向的作用，向沿黄省份提出明确要求，提高参与度。为了激励沿黄省份为横向生态保护补偿机制的贯彻与落实付出努力，中央可根据各个省份的表现拨付引导资金，将此认定为中央生态环保项目，根据各个省份在保护与修复黄河流域生态环境中取得的成绩实施奖罚。最后，在地方政府的支持下形成多元横向生态保护补偿机制。在机制建设过程中，地方补偿的重要性不言而喻，中央要对各省份进行协调与引导，设定合理的生态保护补偿标准并分配权限，为水质水量检测设定指标，在具体工作开展中落实以水定城、定地、定产等原则，结合内蒙古黄河流域的情况围绕生态保护补偿这一核心构建完善的政策体系，确保在供应生态调节产品之后能获得相应的利益，促进生态保护工作的可持续发展。

四是设立生态保护补偿基金。管理与监控工作应该在国家的引领下有条不紊地开展，提高沿黄省份的参与热情，从高效利用水资源、妥善保护水质两方面对沿黄省份的具体工作进行指导与监管。在为黄河流域设立水资源保护基金过程中，中央财政与沿黄省份要按比例出资，引导资金由中央提供，各省份参照获得的水权及水质鉴定结果提供资金。为此，要在黄河流域开展水环境质量评估活动，对各省份应该缴纳的资金进行评估与核算。设立黄河流域水资源保护基金，一能为产水区生态环保工作的开展提供保障，二能为产水区生态环保成绩优异的省份提供补偿或发放奖励。从目前情况看，沿黄省份在水环境质量检测时未使用统一标准，这一问题应该引起国家层面的重视。为了实现统一监测标准的目标，环保和水利等部门需要进行统筹规划，构建水环境监测评价系统。这一系统将为合理使用水资源保护基金提供有力依据。通过系统化的监测和评价，可以更准确地掌握水资源的状况，为决策者提供科学的数据支持，确保环境处罚、发放补偿等工作能公平公正地开展。沿黄省份政府要互相交流，齐心协力保护黄河流域生态环境，不断完善协同监管机制，开创齐抓共管的发展格局。

2. 完善对口支援政策

对口支援政策的落地，进一步促进了社会、经济、生态等事业的发展。受历史因素的影响，加之黄河流域生态自然环境较为脆弱，生态环保方面面临着繁重的任务，要持续完善公共服务设施，为民生带来强大保障，应从多方面入手补齐短板。如果能解决好上述问题，内蒙古黄河流域将拥有更加优越的生态环境，生态产品供给数量与质量将显著提升。这向对口支援提出了严格要求。内蒙古能否为对口支援省份制定优惠政策，将对居民购买生态产品的意愿大小产生直接影响。因此，要发挥对口支援机制的作用，促进生态环保工作的持续开展，从横向为生态调节产品价值实现带来支持。

一是在实践中升级对口支援工作。内蒙古黄河流域要发扬对口支援工作的优势，持续加大与央企、国家部委、其他省份的合作力度，将彼此之间的合作提升到战略层面，在对口支援实践中形成长效机制，既要重视基础设施建设，也要推行产业合作项目，还要制定合理的政策举措，体现出对口支援机制的立体化与层次化特征，从人才、社会、经济、产业等方面入手提供支持，将内蒙古黄河流域建设成生态文明高地，为生态环境修复与保护、高质量供给生态调节产品带来保障。

二是在实践中弘扬生态报国精神。要在习近平生态文明思想的引领下优化和完善生态保护补偿机制，采取适当的补偿方式，确保黄河流域生态环境保护和发展的质量。为此，需要建立一个完善的转移支付机制，确保黄河源头地区在提供生态调节产品时能够得到中下游省份的补偿。可以通过试点工作积累水量和水权补偿的经验，并更新生态调节产品价值核算的技术，以探索出合理的评估方法。此外，还应该搭建生态调节产品交易平台，提高排污权和水权市场交易的效率，采用有效方式保护黄河流域生态环境，为生态调节产品的持续、高质量供给提供保障，达到改善民生的目的，使生态调节产品价值实现成为可能。

三是有效利用支援资金且持续加大支援力度。内蒙古拥有丰富的生态资源，要向着生态大省的方向前进，在实践中弥补对口支援机制的不足，为生态保护工作的开展提供充足资金，确保生态保护工作的顺利进行。建议至少从对口支援资金中提取一半，专项用于生态环境恢复与保护，为生态文明建设注入强大动力，从而取得更加辉煌的成果。同时，积极化解人地矛盾，持续供应高质量的生态调节产品。以其他省份援助资金比例为依据，增加对口支援额度，向东部发达省份学习，尤其是浙江、上海、江苏等地。

四是引入先进的技术成果。以资金支援为基础，充分发挥出科技、人才等优势，从智力方面为内蒙古环保工作的开展提供支持，与提供支援的省份共同进行科研攻关，采取定向研究、轮岗、挂职等方式将专业人才输送到相关单位，为生态保护科研工作的开展提供人才保障。在治理环境过程中要引入一系列先进的技术成果，具备长远目光，追求长期利益，购置多样化、高端化的环卫设施，引入先进的污染物处理技术，既能保护好生态环境，也能提高当地居民的生活品质。

五是在提供生态调节产品过程中为对口支援省份制定优惠政策。内蒙古黄河流域在生态文明建设中获得了多个省份的对口支援，自治区在出台政策时要为这些省份提供优惠，优先向这些省份以优惠价格提供生态调节产品，也可以采取增加服务项目、减免费用等方式为对口支援省份提供便利条件，在全国范围内激发居民为生态调节产品付费的意愿。

3. 建立生态环境共建共享机制

如果只是要求生态调节产品受益区提供生态保护补偿，却没有开创共建共享的工作格局，将导致黄河流域上下游出现利益失衡的现象，不利于横向生态保护补偿机制的有序运行，难以产生长效性。这就要求内蒙古自治区在保护与修复黄河流域生态体系时构建横向转移支付体系，制定共建共享机制，确保生态环保工作能取得预期成效，实现生态调节产品的可持续供应。

一要在内蒙古黄河流域建设生态保护工程。国家层面已经将内蒙古设定为沿黄生态保护综合试验区，可以在这里创建国家公园，依托这两个国家项目推行支持政策，持续加大保护力度，引导沿黄省份在保护生态环境过程中形成合力，创造更高效益。在生态保护工程建设中必须提早谋划，结合国家公园建设项目制定严格的保护措施，鼓励各个省份积极参与。

二要共同面对气候问题。从气候条件看，内蒙古黄河流域体现出较强的敏感性，各盟市要积极应对气候变化，为增强气候变化适应能力、制定合理的应对政策组织讨论，共同分析气候变化对生态系统造成的影响，遵循共建共享原则构建气候监测体系，在应对与适应气候变化方面争取实现突破，使内蒙古黄河流域能在这方面成为国内外的标杆与典范。

三要加强法律建设，完善协同管理机制。协同管理机制与生态保护法律体系的健全，能为多方共同保护黄河流域生态环境、开创共建共享局面带来有力保障。从内蒙古黄河流域的具体情况看，由于生态保护规章尚未统一，上下游之间的法律法规衔接不畅，既有空白，也有重复，甚至形成冲突，在开发与利用资源方面没有统筹规划，在管理过程中未能形成协同效应，对多方合作造成不良影响。故而，要加强流域生态保护法律建设，设立流域理事会并形成相应的制度，为内蒙古黄河流域生态保护与修复设定标准，提出明确而严格的管理要求，通过共建共享取胜。

四要形成人才交流合作机制。首先，部分省份经济实力较强，在人力资源方面有优势，要在这些省份的支持下解决内蒙古黄河流域治理人才不足的问题，为人才跨盟市交流与合作出台制度文件，通过定向培养、研企合作等方式为内蒙古黄河流域持续保护生态环境培养优秀技术人才，从总体上提升当地工作人员素质。其次，修订现有的人才对口协作机制，增强制度稳定性与长效性，增加跨省人才交流合作的密度，让省际高端人才互动成为常态，从多个视角出发为保护流域生态环境、实现绿色发展提出建议。最后，在沿黄省份培养与管理人才过程中要形成合力，为专业人才的双向交流制订计划，创建覆盖所有沿黄省份的人才数据库，定期更新生态环保检测人才、管理人才数据。

五要积极参与国际交流。在世界范围内，内蒙古黄河流域生态功能区的发展也备受关注，要通过多种方式进行广泛宣传，使流域生态保护的意义、在整个生态系统中的地位、生态产品的价值等能引起更多人的关注，增强影响力，扩大共建共享范围。黄河流域要在国际合作中有更加突出的表现，加强人才交流，共享技术成果，搭建功能丰富的交流平台，乘着建设国家公园的东风组织参与国际论坛活动，加强能力建设，完善管理机制，为更好地保护黄河流域生态环境形成完善的共建共享机制，在实践中摸索出流域一体化管控经验，提升生态环境保护与修复效果。

（三）生态调节产品纵向生态保护补偿

政府主导是生态调节产品价值实现的重要原则，在这一过程中，政府不仅要出台有效的政策方针、完善的管理制度，也要实施全流程监督与控制，是流域生态环境建设不可缺少的参与者。生态保护补偿满意度将对内蒙古黄河流域供应生态调节产品的意愿产生重要影响，切实提高补偿资金利用率，为生态环境修复工作的开展带来保障，促进生态产品数量的增加、质量的提升。从目前情况看，流域生态保护补偿资金主要通过专项生态保护补偿模式获得，包括转移支付、生态保护补偿政策等，要从纵向对生态保护补偿资金绩效进行评估，完善评估考核机制，促进生态保护补偿在流域内范围的拓宽，加大补偿力度，调整补偿标准，让生态调节产品价值实现成为可能。

1. 完善纵向生态保护补偿机制

在生态保护补偿方面，政府要发挥“双轨制”的优势，实现专项投入与保障性投入的互补，确保流域内生态保护工作能持续有效地推进，让所有生态保护项目都能达成预设目标。内蒙古黄河流域要按事权归属，在资金投入方面形成长效机制，为生态环保系统运行、基础设施完善、生态管护岗位设立、探（采）矿点生态环境治理等工作的开展提供充足的资金。在提供多种类型的生态调节产品，尤其是保持水土、固碳释氧等产品时，要从顶层入手制定合理的补偿制度，为市场化交易的开展带来保障。上述举措有利于市场化交易的持续开展，使纵向生态保护补偿产生良好成效，也能改善人地关系，促进内蒙古黄河流域的可持续发展。

一要找准补偿对象。要对内蒙古黄河流域生态系统的价值与意义、在保护与修复生态环境中面临的挑战、需要支付的成本等进行全面了解，在通盘考虑的基础上确定合理的生态保护补偿对象，提高补偿资金利用率，让生态保护主体能真正受益。

二要动态调整补偿标准。受偿者可以提供资源或是参加竞标，对比补偿对象的投入与收益，提高补偿资金利用率，避免出现补偿不足的情况，也不得过度补偿。

三要在纵向补偿中采取多样化的方式，确保补偿资金能及时到位。在发放与分配补偿资金过程中应该遵循因时制宜、因地制宜等原则，完善分配制度，不仅要提供食物和现金补偿，也要从人才、医疗、教育等方面提供补偿，促进补偿效果的提升。例如，内蒙古黄河流域要提高生态权重，获得更高的均衡性转移支付，也要适度提高转移支付补偿额度，还可以在申请奖励与专项支持方面制定扶持政策，从多个方面获得财政支持。

2. 引领纵向生态保护补偿与乡村振兴进行互动

生态保护补偿机制的建立健全早已引起国家层面关注，国务院办公厅在2016年5月为此下发《关于健全生态保护补偿机制的意见》，要求在精准扶贫工作开展中充分发挥生态保护补偿的作用。在产业升级、乡村振兴等方面，生态保护补偿都能产生积极影响，这就需要增进生态保护补偿与乡村振兴之间的交流互动，为生态调节产品价值实现带来新思路。

一要为纵向生态保护补偿找到有效的切入点，发挥补偿资金的“造血”功能，结合流域自然条件与发展现状，通过纵向补偿的方式为生态工程提供资金，为参与生态保护与修复的农牧民提供补贴，使之获得理想收入，激发更多农牧民的参与热情，确保内蒙古黄河流域能持续供应生态调节产品，促进生态环保工作迈上新台阶。

二要发挥纵向生态保护补偿资金的作用，为流域内农牧民提供转产转业支持，进一步加大补偿力度。通过这种方式，可以增强他们的“造血”功能，引领生态畜牧业合作社实现良性发展。鼓励更多居民在从事畜牧养殖的同时保护生态环境，也可以成为专职生态保护工作者，在流域内掀起保护生态环境的热潮，增强民众生态产品供给主动性。

三要充分利用好生态优势，在发展中抢占先机。在建设与发展中要利用好“绿水青山”，通过自然资源、生态资源收获“金山银山”。建立健全生态产业体系，并在纵向生态保护补偿机制的支持下，不断加强生态环保工作。

通过这种方式实现生态调节产品的价值，实现乡村振兴。

3. 推进单项补偿向综合补偿转变

从纵向生态保护补偿在内蒙古黄河流域的推行情况看，基本以单项补偿为主，引发了一系列问题，如专项转移资金过于分散、补偿范围较窄、补偿资金利用率低等。为了改变现状，增强流域内生态调节产品供给能力，实现生态调节产品价值，需要理性分析单项生态保护补偿的利弊，适时转变为综合补偿，整合中央与自治区为当地制定的生态保护补偿政策，提高项目资金利用率。在纵向补偿方面创建资金池，允许地方政府自主分配资金，激发地方政府的参与热情，让每一笔纵向生态保护补偿资金都能更好地服务于流域生态环保与修复工作。

一要发挥出国家部委，尤其是国家发展改革委、财政部、生态环境部等的职能优势，结合内蒙古黄河流域生态系统的特征，从多个视角出发制定完善的纵向生态保护补偿政策，向自治区政府行使职权提出要求，也要形成与之相匹配的受益机制，在保护生态系统方面提高自治区的参与热情。

二要将中央与地方政府为内蒙古黄河流域发放的专项保护资金、纵向补偿资金进行整合，编制完善的预算并在执行预算过程中进行管控。一方面，提高预算管理有效性，自治区政府要将来自多条渠道、多个层面的资金汇总到一起，统筹安排与合理使用；另一方面，自治区政府应整合多种资金拨付渠道，并汇总补偿资金，以充分发挥财政资金的作用。

三要利用好财政补偿资金，结合流域内生态系统的具体情况通过多种方式搭建资金整合平台，促进项目、园区、产业的发展，通过民众、市场、社会等方式筹措资金，结合项目的性质，在贷款担保、财政补贴、以奖代补等多样化的补偿方式中作出合理选择。

4. 建立纵向生态保护补偿资金利用绩效评估机制

能否发挥纵向生态保护补偿资金的作用，能否通过这种方式增强流域内生态调节产品供给能力，能否实现生态调节产品的价值，这些都是纵向生态保护补偿过程中应该引起重视的问题。因此，需要形成完善的绩效评估机制。围绕两大重点组织绩效评估并完善评估机制，一是生态调节产品供给数量与质量，二是生态调节产品价值实现。绩效评估能起到正向激励与反向约束的作用，为奖优罚劣提供依据。

一要采用量化的方式对生态调节产品价值进行核算，确定流域内生态调节产品供给增量，提高补偿标准合理性，为内蒙古黄河流域科学分配并高效利用生态保护补偿资金，以及出台政策文件带来可靠依据。

二要围绕资金利用、生态产品供给两大重点设定绩效考核指标并构建评估体系。在构建评估体系过程中，同时考虑到补偿主体与客体的情况，设计补偿类、奖励类、惩罚类评价指标，增强考核体系的全面性与完整性，对生态产品供应与补偿资金利用情况进行动态评价，得出客观的考核结果。

三要围绕生态保护补偿资金利用情况推行奖励与约束机制。生态环保与修复、生态调节产品供给都需要得到当地农牧民的积极参与，这是持续改良生态环境、增强生态调节产品供给持久性与稳定性的必然前提。要激发农牧民参与热情，在制定考核机制时征求其意见，如果在生态环境改良、生态调节产品供给方面取得了明显成效，需要提供更为充足的补偿；如果生态环境恶化、生态调节产品供给数量与质量均有所下降，则要实施惩罚。

三、内蒙古黄河流域生态文化产品价值实现路径

生态旅游、自然体验等属于生态文化产品，能从精神层面满足人们的需求，包含产品、服务两大类。生态文化产品能为人们带来独特的观赏景观，使人们在活动中获得愉悦的体验，或为人们提供品质高、有特色的旅游或文创产品，使人们的多元需求得到满足，因此具有价值。一方面，政府要对辖区内的自然条件有必要的了解，对三产发展作出合理规划，将“生态+”理念渗透进产业中，促进生态文化产品竞争力的增强、附加值的提升，继而实现价值。另一方面，发挥文化产业的引领作用，深度挖掘文化资源，促进文化业态的创新与发展。各地都要开发能展示独特风采的文创产品，开展科普教

育与文化宣传活动，精心设计旅游线路，培育文旅品牌并增强影响力，让消费者获得良好的体验，使消费者能够自觉自愿地购买生态文化产品。换言之，市场交易是生态文化产品实现价值的有效路径。政府要与市场紧密结合，促进生态文化产品更好地发挥出文化服务的作用，获得显著的经济优势，体现出生态文化产品的价值。

将生态文化产品转变为生态旅游产品，既能体现出生态文化产品的价值，也能让群众的获得感大幅提升，让更多人通过生态文化产品受益。“绿水青山”是弥足珍贵的资源，要通过多样化的方式将其转化为“金山银山”，使生态文化产品实现价值。内蒙古黄河流域要利用好生态资源，也要体现出多元文化的优势，包括红色文化、草原文化、黄河文化等，向外界传播“黄河故事”，为文旅深度融合提供助力，在保护的基础上谋求发展，将人与自然融为一体，在传承文化的同时保护生态环境，创新旅游模式，打造独具特色的文化名片，为“沿黄经济带”“沿黄文化旅游生态走廊”的构建贡献力量。在生态文化产品价值实现过程中，生态旅游是一种有效方式，要整合政府与市场的力量，有效保护生态环境，增加生态旅游产品供给的持续性与稳定性，将内蒙古黄河流域发展成驰名中外的生态旅游胜地（见图 7-3）。

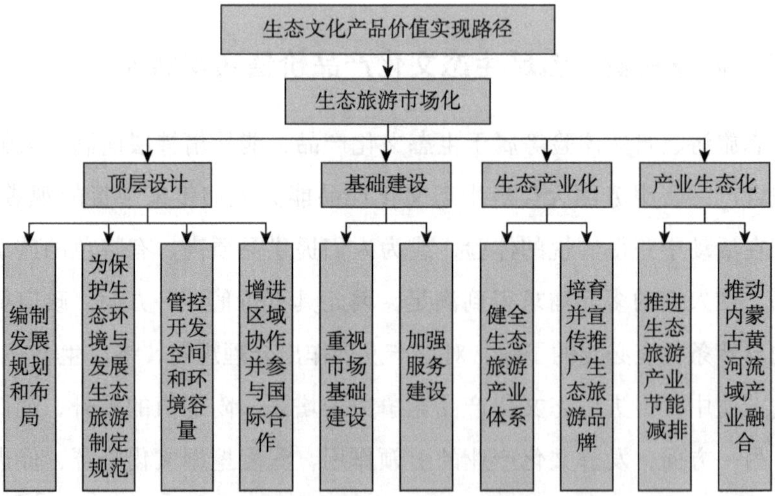

图 7-3　内蒙古黄河流域生态文化产品价值实现路径

（一）生态文化产品顶层设计

在问卷调查中我们了解到，66.78%的居民认为内蒙古黄河流域的生态环境会因为生态旅游业的发展遭到破坏；对内蒙古黄河流域生态旅游有浓厚兴趣的居民占89.37%。内蒙古黄河流域在发展生态旅游过程中要为游客带来良好体验，也要避免对生态系统的运行造成负担。这就需要政府加强顶层设计，为生态文化产品的开发与推广设定有效路径。

1. 编制发展规划和布局

黄河流域生态保护与修复已经引起自治区的高度重视，已被写入《内蒙古自治区人民政府关于印发自治区国民经济和社会发展第十四个五年规划和2035年远景目标纲要的通知》，强调生态环境高质量发展的重要性，明确指出将为文化产业在当地的发展提供支持。在自然景观、生态资源、人文底蕴等方面，内蒙古黄河流域都有明显优势，要抢占先机，培育独具特色的旅游品牌，开展自然教育活动，给游客带来良好的生态体验，打造生态文化产品卖方市场。结合鄂尔多斯、乌海、呼和浩特的具体情况分别创办科教文化产业园、书法文化产业园、夜间文化产业园，为黄河流域文化产业的发展注入动力源，配套建设生态人文旅游城镇，控制好规模，不断完善配套功能，促进文商旅融合发展，以此体现出生态文化产品的价值。

2. 为保护生态环境与发展生态旅游制定规范

国内外许多地区都在发展生态旅游过程中积累了宝贵经验，内蒙古黄河流域要向着国际一流生态旅游目的地的方向努力，制定统一的行业规划与管理标准，为绿色餐饮评定、生态旅游产品审查、生态旅游景区开发建设、旅游解说服务等提供依据，也要规范所有进入本地的生态旅游者的行为。结合自治区生态系统的运行情况为生态旅游产业的规范化发展、生态环境的保护与修复等制定相应的管理制度，也要形成追责制度，旅游开发者、建设者、参与者、游客等破坏生态环境的行为要受到制裁，让惩罚有据可依。对所有进入内蒙古黄河流域的游客进行约束与监督，要求游客恪守管理制度，不得对生态环境造成破坏，构建囊括约定、制度、法规的立体化生态旅游管理体系，既要把雄壮的自然风光像画卷一般呈现在游客面前，也要引导其保护好生态环境，绝不允许生态旅游开发与运营对生态环境造成威胁。地方政府要将绿色发展观念渗透到各项工作中，设定生态红线，完善生态环境约束制度，也要制定合理的奖励制度。在保护与修复生态环境的过程中，政府要承担主体责任，深度挖掘旅游资源，更要保护好生态环境，对生态信息的披露作出明确规定，提高治理透明度。在大数据技术的辅助下管理旅游资源，对生态保护工作的开展情况进行动态监测，引领旅游产业的绿色发展，不断丰富绿色旅游的内涵。

3. 管控开发空间和环境容量

内蒙古黄河流域生态系统的重要性已经引起了国家层面的高度重视，先后启动了多个国家级项目，包括国家自然保护区、国家公园、生态保护综合试验区等，设定了生态红线，也对保护生态环境提出了明确要求，将生态旅游空间划分为三个级别的保护区，即禁止开发区、限制开发区、试验开发区，对每个级别生态旅游资源的开发与利用作出规定并实施严格管控。对景区空间的环境承载力进行核算，在互联网与信息技术手段的支撑下得到客观翔实的测算数据，精准地求出生态景区环境容量阈值，不允许景区超出环境承载力接待游客，如果生态景区满负荷，要在旅游淡季修复生态环境。

4. 增进区域协作并参与国际合作

自治区要与对口支援省份合作，在支援省份的支持下完善内蒙古黄河流域的基础设施、培养与引进优秀人才、拓宽旅游宣传面、实现技术更新。自治区要积极对区内外生态旅游市场进行调查，与市场主体进行沟通与协作，结合市场需求打造精品线路，培育优秀的生态旅游品牌，在发展生态旅游业的同时保护好环境。自治区要积极参与国际合作，争取在世界保护联盟、世界旅游组织等机构开展的活动中有突出表现。完善信息共享机制，通过项目评估、教育培训、双向交流、能力提升、技术研讨等活动在生态旅游与生态保护之间实现平衡。在“一带一路”建设推进中与共建国家合作开发生态旅游项目，促进本地生态旅游质量的提升，打造国际高端生态旅游目的地。

（二）生态文化产品基础建设

通过调查了解到，多数受访者对内蒙古黄河流域生态旅游充满期待，购买意愿比较强，也从多个方面提出要求，包括“旅游项目要保证价格透明，讲究诚信”“要展现独特的自然风光、厚重的民族文化、浓郁的风土人情”“旅游环境要有良好的安全保障”“有完善的旅游配套设施，包括交通、餐饮、住宿等”“旅游周边产品丰富多样”等。为了让进入内蒙古黄河流域的游客都能不虚此行，要从吃、住、游等方面提高游客满意度，不断提高服务质量、建设基础设施、发展生态旅游市场，促进生态旅游产品影响力的提升。

1. 重视市场基础建设

一要培育市场主体，建设营商环境。自治区致力于现代服务业的发展，将旅游业当成关键产业，通过生态旅游的发展实现生态文化产品价值。内蒙古黄河流域在发展生态旅游产业过程中要增强对国内外游客的吸引力，为其带来良好的旅游体验，必须加强营商环境建设，向着国际化、标准化、法治化的方向发展。不管怎样属性的企业，都要按法律规定保护其自主经营权与产权，让所有市场主体都能平等地参与生态旅游市场竞争，共同建设法治环境，在经营管理过程中大胆进行创新，杜绝侵犯知识产权的现象，增强营商环境的稳定性与公平性。与国内战略型投资企业合作，在合作伙伴的支持下打造品牌、拓宽渠道，在市场推广、创意研发等方面体现出优势，对流域内生态旅游产业的发展起到推动作用；促进文化旅游企业的发展，为文旅联盟或协会的创建与发展提供支持，为生态旅游产业在内蒙古黄河流域的可持续发展提供指导，将更多优势资源汇聚到一起并搭建平台，不断增强生态旅游服务能力，拓宽生态旅游辐射面。

二要得到社会力量的支持，开创共建共享的发展局面。在生态旅游产业发展过程中，社会参与显得至关重要。一方面，从自治区内与国内吸纳社会资本，在充足资金的支撑下开发旅游资源，创新景区营运管理模式，建设产业项目。为了确保旅游业的可持续发展，应全面推行绿色旅游企业与产品认证制度，完善准入与退出机制。另一方面，加大宣传力度，耐心细致地向本地居民阐明发展生态旅游业的重要意义，鼓励居民参与其中，在生态环保方面产生强烈的意愿，为生态旅游建设提供多元化支持。在生态旅游产业发展过程中完善补偿机制，既要保护好生态环境，也要合理地分配收益，确保生态旅游产业发展的红利能被所有利益相关者（包括居民、游客、企业等）共享，使更多社会力量能为建设国际生态旅游目的地付出努力，在乡村振兴背景下将生态旅游发展成主导产业，进一步巩固拓展脱贫攻坚成果，持续增强基础设施服务能力，使医疗卫生、文化艺术、邮政通信等能与生态旅游产业同步发展。

2. 加强服务建设

一要为生态旅游业的发展完善基础服务设施。由于生态环境脆弱是不争的事实，内蒙古黄河流域对基础设施建设提出严格要求，作出明确规定，要求政府与监管部门对配套设施建设工作的开展实施监管，既要满足环保要求，也要符合建设标准，项目如果有可能对生态环境造成不良影响，绝不允许开展，可以在县城或村社集中建设配套设施。配套设施建设涉及多个服务行业，包括购物、娱乐、餐饮等，应落实国际标准，创建应急救援中心，成立咨询服务中心，使内蒙古黄河流域成为国际化旅游交通集散地。生态景区要设置多语种旅游标识牌，为低空飞行、自驾游客创建营地，公厕、停车场等设施要一应俱全，在保护生态环境的同时提高生态资源利用率，在餐饮、住宿、交通等方面要追求绿色、共享、生态，既能为生态环境提供有效保护，也能为居民带来就业机会，改善居民生活条件，促进社会经济发展。

二要增强生态旅游服务能力。内蒙古黄河流域在发展生态旅游产业过程中要按国际标准设置标识牌，成立安全救援中心，为游客提供良好的志愿服务、导游服务等，构建完善的服务体系。内蒙古黄河流域拥有独特的自然环境，在发展生态旅游过程中一定要强化风险防范意识，将安全管理置于首位，为游客提供安全保障，完善突发事件应对机制，适时发布预警信息，从监控、通信等方面入手提高生态安全旅游系数。在构建旅游服务体系过程中执行ISO 9001国际标准，设定的服务标准与国际通行规则保持一致，对景区、旅行社、购物中心等生态旅游参与主体进行严格监管，要求其不断提高服务品质，促进生态旅游的可持续发展。

三要在科技的支撑下提供智慧服务。内蒙古黄河流域在生态旅游业发展过程中需要持续引入先进的科技成果，将电子商务、移动网络、大数据等运用于生态旅游项目开发与运营中，为文化演出、生态旅游、科普教育、生态保护等工作的开展提供有力支撑，用科技为生态旅游赋能，不断丰富产品的科技内涵。内蒙古黄河流域要将更多资金用于科研和技术升级，为修复生态环境、处理污染物等项目的运行提供支撑，避免在发展生态旅游产业过程中对生态环境造成破坏，要求各个景区充分利用清洁能源，追求环保、绿色、有机，使生态旅游业实现低碳化、产业化发展。为生态旅游业的发展提供智慧服务，在信息技术的辅助下搭建大数据旅游平台，与医疗、气象、交通等部门对接，让数据共享成为可能，为游客提供安全保障，提供良好旅行体验。整合流域内的生态旅游资源，搭建景区预约平台，动态管理游客，既能避免接待的游客数量超出生态景区的环境容量，也有利于游客体验的提升。根据检测到的景区流量实施分时、错峰游览，为游客提供智能导览服务，通过预约调整流量，有效落实景区管理标准，维护景区生态环境安全性。游客可以通过景区预约平台获取景区信息，购买门票、支付费用等，用智能化服务给游客带来便利，满足其个性化需求。

四要重视培养人才。内蒙古黄河流域将生态旅游产业认定为战略产业，迫切需要引进或培养大量优秀人才。首先，要结合实际情况组织多样化的研修班或培训班，为下一阶段生态旅游业的发展提供人才支持；其次，当前在发展生态旅游产业过程中最缺乏的就是高端人才，要通过多种方式引进人才，填补人才缺口，为其提供优惠政策，持续改善其待遇，让产业人才在当地扎根并安心工作；再次，从对口支援省份引进实力强大的创新创业团队，为当地生态旅游产业的发展作出引领示范，为培养产业人才提供助力，打造一支层次丰富、覆盖面广的人才队伍，包含导游解说、市场营销、经营管理、项目开发、环保技术等人才，而且要在从业人员中普及国际礼仪知识，组织各个岗位的骨干人员学习外语；最后，内蒙古黄河流域要创建志愿者服务队伍，从生态保护、景区安全、应急救援等方面弥补从业人员的不足，吸引多语种志愿者，让生态旅游产业的发展得到全社会的支持，营造“人人争当旅游大使”的良好氛围，持续增强生态旅游服务能力。

（三）生态文化产品生态产业化

在调研中发现，多数旅游者愿意将旅游时间控制在3~4天，日均支出为500~1000元，在选择旅游纪念品时倾向于价格低于300元的产品。为了让更多游客选择内蒙古黄河流域生态文化产品，在当地逗留更长的时间，需要为生态旅游产业发展设定合理路径，丰富游客的体验，提高满意度。

1. 健全生态旅游产业体系

一是在生态旅游发展过程中创建独具特色的产品体系。在打造产品体系过程中，将旅游线路、景区、景点、风景道当成着力点。首先，我国早已将生态文明建设提升到战略层面，为内蒙古黄河流域生态旅游业的发展提供良好的宏观环境，要加强生态旅游大环线建设。注重科普宣传教育，打造精品线路，充分利用好自然风光、野生动物、少数民族文化等资源，增强旅游产品吸引力。在“两山”理论的指导下推出独具特色的旅游产品。其次，深入解读国际生态旅游公约，严格遵守我国在生态空间管制中作出的规定，结合本地的生态环境、资源禀赋、基础设施等情况，充分利用好人文景观与生态系统，向游客呈现草原、湖泊、山地之美，打造多种类型的生态旅游景区，包括自然公园、世界遗产地等。再次，要在内蒙古黄河流域培育重点景区，此类景区拥有丰富的生态旅游资源，人文要素与自然景观较为独特，能形成独特的风格，成为内蒙古黄河流域的生态旅游中心，对周边更多景区的发展起到引领与带动作用。最后，在创建生态旅游大环线过程中，既要展示优美景观，也要提升游客体验，还要调整好距离，在国道与省道的支撑下将流域内外数量众多的生态景区连接在一起，打造生态旅游风景长廊，为沿线生态环境与自然环境提供有效保护，在发展沿线旅游业的同时，切实保护好当地的生态环境和自然环境，努力营造优美的景观空间。完善相关的服务设施以提升游客的游憩体验。此外，构建高效的安全救援体系和提升交通管理能力也是必不可少的，在交通道路建设方面，既要让省道与国道充分发挥交通功能，也要将其建设成生态旅游风景道，具备游憩、美学、保护等多种功能。

二要通过生态旅游的发展为游客提供高端定制体验。生态旅游业的发展与壮大，离不开一系列保障服务的支撑，尤其是安全管理、医疗卫生、住宿餐饮、交通设施等，内蒙古黄河流域的自然环境尤其适合建设生态旅游项目，但如果配套服务跟不上，游客的旅游体验将大打折扣。在生态旅游业发展过程中为游客带来高端定制旅游体验，其优势体现在如下方面：首先，高端定制线路推出后，游客可以根据自身需求选择合理的旅游方案，甚至可以为其量身打造，严格按高标准提供旅游服务，为游客带来全方位的保障，例如，五星级酒店、高标准越野车、民俗活动体验、乘坐直升机观赏壮丽河山、贴身医疗卫生服务、绿色有机餐饮等，在让游客满意的同时增加旅游收入。其次，高端定制旅游能为游客提供贴心服务，从身心两方面为游客带来良好体验，使游客能积极主动地进行口碑传播，增强生态旅游景区的吸引力，提高旅游收入。最后，高端定制旅游表明景区能采取有效方式对游客进行管理，动态关注游客的行为，避免旅途中出现破坏生态环境的行为，在保护生态环境的同时促进生态旅游业的发展。从游客进入本地开始就提供服务，既能实现从源头保护生态环境的目标，也能提升游客体验，为生态文化产品价值实现带来新思路。

三要在发展生态旅游的同时开展科研活动并实施自然教育。依托国家公园项目，内蒙古黄河流域要创办多样化的教育基地与宣教中心，运用直观生动、灵活形象的方式宣传生态旅游及环保知识，开展科学研究，将当地独有的生态资源当成活教材，利用网络平台与科技手段向游客介绍环保知识，提升游客的环境认知，增强其环保意识。鼓励游客主动参与生态环境保护与修复工作，从而提升生态文化产品的价值。生态文化产品本身蕴含着丰富的文化价值和科研价值。通过跨地区合作开展科研项目，既能促进生态旅游社会认知度的提高，也能达到增加收入的目的。内蒙古黄河流域应该与科研院所合作，邀请专家到当地进行科研活动，搭建多样化的科研平台，包括研究中心、国家重点实验室等，对生态环境保护与修复过程中遇到的问题进行研究与分析，在科研机构的支持下建设国家公园、开展科研活动；当地政府从资金、政策等方面提供保障，将前沿科研成果运用于生态环境保护与修复中，拓宽绿色发展路径，解决环境承载力不足等问题。

2. 培育并宣传推广生态旅游品牌

一要在生态旅游业发展过程中打造品牌体系。内蒙古黄河流域在创建国际一流生态旅游目的地过程中要落实保护优先原则，提高建设标准，打造企业品牌、产品品牌、景区品牌，由此形成完善的生态旅游品牌体系。政府要起到有力引领的作用，发挥市场机制的作用，辖区内 42 个旗县（市、区）要结合本地资源优势培育企业品牌，推出特色产品。自治区要从总体上进行协调与规划，解决产品同质化问题，推出特色文化产品，增强生态旅游景区的市场竞争力，借助品牌优势延长产业链。尽管当前各旗县（市、区）的生态旅游产品大致相同，基本以风土人情、宗教信仰、自然风光等为主，却能给游客留下不同的印象，产品优势也有区别，要建立“一县一品”“一旗多业”的思维，靠科技赋能生态旅游产业，在培育品牌方面争取有更加突出的表现，让生态旅游品牌体系更加完善，在同业竞争中逐渐拥有良好的美誉度，吸引更多游客并赢得其认同。

二要加大对生态旅游品牌的宣传力度。在宣传生态文化产品的过程中，各旗县（市、区）不可能靠单打独斗取胜，要充分意识到宣传推广的重要性，打造黄河文化遗产廊道，建设国家公园，沿着“几”字弯创建文化旅游带。

首先，组织多样化的宣传推广活动，类似于国家公园论坛、生态文化旅游节等，充分向受众展示生态旅游品牌形象。其次，要求品牌景区建设游客服务中心，向进入景区的游客宣传生态旅游信息，包括民俗活动、文化历史、宗教信仰、自然资源等，也要耐心细致地向游客讲解旅途中应遵守的规则，鼓励其为保护和修复生态环境做贡献，避免游客做出不符合景区管理要求的行为。再次，利用网络平台进行宣传，尤其是抖音、微信、网站等，也要利用好广播、杂志、电视等传统媒体，将民族文化、生物多样性等能展示生态文化产品风采的信息推送给受众。最后，与国内外影响力较大的组织合作，包括国际旅行集团、环保组织、野生动物保护协会等，引领生态旅游向着国际化的方向迈进。

三要打造高端特色文化产品。内蒙古黄河流域要充分意识到保护文化遗产的重要性，运用数字化、智能化的方式保护好黄河流域的文化遗产。在民族文化资源方面，当地明显占据优势，在打造高端特色文化产品过程中必须体现出民族文化资源的优势，深度挖掘、有效开发、充分利用，将区域内多样化的资源进行整合，了解旅游出版、工艺美术、传统手工等关联产业的发展情况，培育能展示当地风采的文创品牌。歌舞与曲艺是内蒙古黄河文化中的重要组成部分，当地许多居民都在这两个方面有不俗的表现，要鼓励民间艺人积极进行创作，推出优秀的曲艺、歌舞作品，通过艺术剧、舞台剧等方式弘扬内蒙古黄河文化，构建具备独特气质与风格的演艺体系，以多种类型的文化产品为载体宣传与推广生态文化产品。

（四）生态文化产品产业生态化

生态旅游产业在内蒙古黄河流域应该沿着产业生态化路径前进，要让所有生态文化产品都能体现出应有的价值，杜绝污染与破坏生态环境的行为，实现生态文化产品的保值增值。

1. 推进生态旅游产业节能减排

以“双碳”目标为导向，内蒙古黄河流域在生态旅游业发展的过程中反复强调节能减排的重要性，为此采取一系列举措，在生态旅游景区建设过程中实现“碳中和”。以集约化的方式使用土地、水资源等自然资源，在生态旅游业及关联产业发展过程中严格控制资源消耗量，充分体现出生态旅游业的环境友好性。在景区管理过程中引入先进的科技手段，提高可再生资源回收利用效率，以无害化的方式处理旅游垃圾，不得干扰或破坏黄河流域的生态环境。旅游企业要与节能服务企业紧密合作，采用综合化的手段管理利用旅游资源，体现出生态文化产品的价值，促进生态环境质量提升，增强生态产品供给稳定性。

2. 推动内蒙古黄河流域产业融合

生态文化产品的表现形式比较多，生态旅游产业是其中的一种，该产业在发展过程中与生态调节产品、生态物质产品形成千丝万缕的联系。生态旅游产业发展质量的持续提升，既能带动关联产业的发展，包括绿色养殖业、有机农畜产品加工业等，也能在其他产业的助推下实现发展。因此，内蒙古黄河流域要在发展生态旅游业的同时培育衍生产业，包括旅游装备制造、文化创意、生态研学等新兴产业，构建完善的生态产业体系，不断增强竞争力与影响力，促进生态旅游产业与商贸服务、文化、工业、农牧业等传统产业的融合，以生态旅游业为核心开创全新的发展局面。

第八章　内蒙古黄河流域生态产品价值实现分类推进路径——基于经济特征与生态产品需求视角

生态产品价值转化是实现绿色环境与财富之间有效联结的重要途径。通过将生态产品蕴含的自然、商业和社会效益转化为货币或金融工具，可以充分释放其潜在价值。这不仅有助于展现其经济效益，还能体现其积极的社会影响。根据生态产品的所有权范围、公益性和市场特性，可以将生态产品价值转换方式划分为纯粹的公共性生态产品价值转化方法、准公共性生态产品价值转化策略以及经营性生态产品价值转变方式。这些方式有助于更好地实现生态产品价值的转化和利用，促进绿色经济的发展。

第一节　内蒙古黄河流域生态产品价值实现面临的挑战

首先，内蒙古黄河流域生态环境脆弱是其生态产品价值实现的重要限制因素①。该地区属于温带大陆性气候，具有冬季寒冷和夏季炎热的特点。该地

① 宝鲁．内蒙古生态产品价值实现的机遇、挑战与路径［J］．北方经济，2021（5）：22-24.

区主要是干旱和半干旱地区，自东向西降水量逐渐减少，从湿润、半湿润过渡到半干旱、干旱地区。由于该地区地域辽阔，五大沙漠和五大沙地的存在导致大量土地水土流失和沙漠化，进一步降低了生态系统的质量和稳定性，对气候变化和人类活动等非常敏感。需要根据不同地区的生态产品特性和状况以及实现价值途径具体问题具体分析。制定统一的生态价值评估体系有一定难度，需要综合考虑多种因素，如生态产品的特性、实现方式、评估因素以及减碳排碳情况等。在实现“绿水青山”向“金山银山”转化的过程中，我们必须保护好“绿水青山”，这是一个漫长的过程。

其次，根据现有情况，内蒙古黄河流域的生态环境商品化进程尚未建立健全有效的运行机制。由于技术限制，我们难以对生态产品的实际价值进行精确且全面的估算。此外，各地区价值计算标准不统一，使用的指标可能存在不完整、不准确或不一致的问题。同时，用于评判的方法存在缺陷，不同的研究者可能采用不同的指标和方法进行评估，导致同一自然区域的价值估计存在差异，且各类生态系统的价值评估之间缺乏可比性。因此，评估结果往往缺乏说服力，无法为决策提供有价值的参考。

再次，公众对生态产品价值的认识尚显不足。我们必须深入了解何种生态产品能在特定环境下创造显著的价值或增值，以便通过 GEP 实现绿色 GDP 的增量。然而，尽管社会各界对环保与生态文明建设的理解有所加深，但公众对生态产品促进经济发展、实现稳定收益的认同度仍不高，并对其价值实现的可行性持怀疑态度。因此，普及相关知识，贯彻新发展理念，是基层管理的重要任务。

最后，关于内蒙古黄河流域生态产品价值体系的核算技术尚未完全成熟。由于生态产品种类繁多，每种生态产品的价值评估标准和方法可能存在差异。这种价值评价系统的多样性和不完整性可能导致生态产品价值实现的核算结果缺乏真实性、可靠性、依据性和公正性。

一、实现内蒙古黄河流域公共性生态产品价值的挑战

内蒙古黄河流域公共性生态产品价值实现面临的主要挑战之一是环境保护。这一挑战源于该地区敏感的生态环境和较低的生态系统品质，同时存在严重的土壤侵蚀和沙漠化现象。此外，由于气候变化无常并频繁发生自然灾害，内蒙古黄河流域的公共性生态产品供应仍然受到巨大的自然条件威胁。其中，以草地和河流为基础的公共性生态产品占比较大，但它们也受到了工业化的强烈影响。

内蒙古黄河流域过去拥有广阔的草原，然而近年来，由于农业扩张、人口增长以及不合理的耕作方式，这片土地面临着一系列严重的环境问题。土壤沙化、地下水位下降以及草场面积减少等现象频发，其中科尔沁草原的退化速度更是达到了每年 3.7%，退化面积占总面积的 50%左右。在锡林郭勒盟，草原面积虽然达到 2.9 亿亩，但其中的 74%也出现了退化。令人痛心的是，内蒙古五大草原中的科尔沁草原、鄂尔多斯草原和乌兰察布草原已经基本消失，特别是乌兰察布草原，已成为内蒙古土地沙漠化最严重、环境最恶劣的地区。乌梁素海，作为内蒙古西部最大的淡水湖泊，也是国家八大淡水湖之一，湖区面积超过 40 万亩，本应是一片生态宝地，然而，近几十年来，由于污水排入和工业废水的不断增加，乌梁素海的水资源日益减少，原本清澈的湖水如今遭受严重污染。此外，政府在公共生态产品价值实现方面的主导力度不够，财政资金的利用效率也有待提高。

二、实现内蒙古黄河流域准公共性生态产品价值的挑战

对于准公共性生态产品，公众对其认知相对浅薄，导致参与相关生态产品价值创造过程中的各方利害关系者数量有限。此外，由于生态产品交易系统存在不足，许多生态调节产品难以投入市场销售，如碳排放权、污染排放权等准公共性生态产品的具体交易规则尚不明朗。再者，目前在生态产品的计量、担保、买卖及现金回流等问题上，还存在制度与机制层面的缺失。为

了使准公共性生态产品的价值得到有效衡量，必须构建一套计算体系，并制定相应的标准，以体现其使用效果。这一系列任务都依赖于大量的信息收集，而实现这个目标则需借助政策手段来驱动政府机构、非营利团体和社会企业等多方力量间的数据分享和实时更新。

首先，准公共性生态产品的所有权无法明确界定，与其“难以衡量、难以担保、难以交换和难以实现”的特点密切相关，导致其转换效率相对较低。那些具有准公共性质的生态产品，需要经过相应的政策制定和运营才能转化为可营利的产品，例如，由固碳、水质改善等初始生态产品衍生出的生态资产权利商品，如公共湿地、公共森林等公用资源类产品，以及以国家公园为核心的自然保育区域、风景区、文化和自然遗址中包含的休闲旅行、自然景色、审美体验等。然而，目前中国对生态资源所有权的划分存在一系列问题，如产权范围模糊、缺乏全面功能、产权的安全性和稳定性得不到充分保证等，需要进一步改进。

其次，需要专注于解决准公共性生态产品制造过程中的科技难题。这包括生态价值评估方法和计量方式，以及由此产生的额外或外部经济效益等问题。为此，应积极引入最新的科学技术，并鼓励技术的整合与发展，持续推动科技创新，以有效利用生态资源。当前面临的主要挑战来自认识上的困惑、理论层面的冲突、实际操作的问题，以及相关的法律规定、政策框架和组织建立等方面。所有这些都需要通过实质性的改革来突破。

三、实现内蒙古黄河流域经营性生态产品价值的挑战

由于内蒙古黄河流域生态产品价值计算参数、准则和方式缺乏一致性，估值结果存在较大偏差，公众难以理解生态产品价值的变化。此外，参与定价或竞争的市场主体数量有限，导致经营性生态产品进入市场时售价波动幅度巨大、种类单调且无明确的产品品质控制规范等问题。同时，由市场主导的经营性生态产品价值实现过程时间跨度很大，收益率较低，因此内在驱动力也显得不够充足。

首先，经营性生态产品市场体系不完善。尽管政府已为维护环境投入了一定的资金，但整体来看，这部分支出仍然偏低，且存在资金短缺的情况。由于缺乏明确的项目收益机制，社会资本和金融机构在参与环保项目管理方面面临困难。为了解决这一问题，需要找到一种有效的方法，整合政府的管理策略和市场的资源调配，精确投入环境改善工作，并将其与相关产业发展相结合。需要吸引各类公司，如银行和其他金融机构，参与到经营性生态产品的开发运营中。这主要涉及提高市场接受度、制定合适的市场定价规则、构建虚拟市场等方面。为了避免出现“高价值却无法形成市场”的情况，需要优化市场交易平台的搭建流程，正确平衡消费者、生产者和推动者的角色，以此激发市场活力、创建新的市场、培育现有市场。同时，资金流向问题，如资金通畅程度、合理分配方式以及持续性保证等，也应引起高度重视。

其次，价格计算与设定不够合理。其一，需要关注如何确定并保障核算方式的合理性与有效性。同时，明确责任归属亦至关重要。其二，需考虑最终的价格确认是否能够获得广泛认同。对于尚未进入市场或尚未全面开放的市场中的生态环境产品，现有的估值方法可能并不适用。而对于已完全市场化的生态环境产品，其价值与市价相等。然而，若这些产品尚未上市或未能实现全流通，其价值也将变得复杂。目前，内蒙古黄河流域的一些试验区正在尝试运用 GEP 核算和绿色 GDP 核算方法评估环境服务价值，常用的核算手段包括影子工程法和支付意愿法等间接技术。通过这种方式得出的价格反映了经营性生态产品的价值，但此价格由算法产生，而非市场交易结果。因此，内蒙古黄河流域部分地区在衡量经营性生态产品价值时可能受到较强的主观影响，导致核算结果无法直接应用于实践操作。

第二节 内蒙古黄河流域生态产品价值实现的分类推进路径

基于经济特性和供需形式，生态产品可被分为三大类别：公共性生态产品、准公共性生态产品和经营性生态产品。这些类型的生态产品可以通过政府、市场或“政府+市场”联合的方式实现其价值。对于那些重要的生态功能地区和绿色农副产品主要供应地，需要增大财政资金的支持，并构建有效的河流水系纵向生态保护补偿制度。生态环境导向的发展模式是生态产品价值实现市场化的关键环节，鼓励林业、湿地、农业等领域的生态产品价值体现。同时，需要充分利用自然资源的特点，以生态产品产能为基础，进一步完善计算方法，设定不同的赔偿标准。此外，明确划分并严格坚守生态保护界限，强化所有禁用开发地区的生态保护补偿策略。对生态保育区和生态敏感区的生态产品免征税收，并在适当程度上提高重要发展区域和优化发展的税务负担，同时针对环境污染和高能源消耗的企业产品增收税收①。内蒙古黄河流域的生态系统提供了多种生态服务，如防止侵蚀、固定二氧化碳、水源保持、初级食品制造等。这些生态服务对地方乃至全国人民的福利都有影响。因此，应该根据生态服务与其所在地的空间联系，研究生态系统的区域效果，为生态服务收费、生态保护补偿等相关政策实施提供科学支持。

一、政府路径

作为公共性生态产品的供应方，政府承担着重要的责任。对于那些受众广泛且难以明确权力与利益的公共性生态产品，政府应通过财政转移支付和

① 王夏晖，王晶晶，许开鹏，等. 完善生态环境空间管控体系 增强生态产品供给能力［J］. 环境保护，2021，49（19）：40-44.

补贴等手段来体现其实际价值。这些公共性生态产品对于公众来说是最基本的生活福利，而政府路径是实现其价值的最有效途径。此外，政府还扮演了领导者和消费者的角色。政府购买生态产品可使自然资源所有者、代表人和提供者（通常是在政策指导下）能够获得单一的财政补助，这种现象通常被视为普遍性的社会保障措施，如生态保护补偿。同时，地区间的平衡发展、资源所有权的流动及生态载体的增值也是公共性生态产品价值实现的关键模式，并依赖于政府的行为引导。

在公共性生态产品（包括自然资源和自然特性）的价值体现中，政府应发挥核心作用。可借助财政补贴、税收优惠政策、公共项目投资及环保监察等手段，构建有效的污染防治奖励惩戒体系。由于许多生态系统的调节服务作为一种生态调节产品具有跨地域的特点，因此在公共性生态产品价值评估的基础上，还需进一步强化地区间的生态保育和环境管理协作，优化跨地区的生态赔偿制度，确保生态安全的防线坚固稳定。从供应角度来看，自然资源和自然特性的生态产品是由自然生态系统产生的，原始生态产品的提供不需要额外的劳动力和物资资源投入，它的价值主要来自基于政府引导下的各种经济补偿行为。然而，当自然生态系统受到损害或是生态环境被污染时，生态产品的价值实现就需要依靠生态维护和恢复过程中所消耗的劳动力和物资资源了。因此，政府在推动生态保护和恢复工作时，应充分考虑这些因素，制定科学合理的政策和措施，以确保公共性生态产品的价值得到充分体现。

对于具有纯公共品特性的生态产品，其核心价值主要依赖于政府渠道，通过税费、赔偿金和资金转拨等方式来实现，同时也会采用生态许可交换手段（如污染排放许可证）作为辅助手段。这种生态产品的价值实现过程实际上是将外部成本转化为内部成本的过程，需要政府和市场双重力量的共同作用，以提升公共性生态产品的价值。

政府采取的主要策略之一是利用税收、补贴和其他政策措施来提升拥有纯公共品特性的生态产品的经济效益。环境保护被视为一种公正且普遍存在的公共利益，政府运用各种力量调动并整合整个社会的资源以提供这些生态产品，其中体现出的价值则反映在最为广泛的人民福利上。在全国或区域性的生态产品供应过程中，中央与地方政府可能有不同的参与度，但它们采取的方法及支付的方式是一致的。例如，我国的环保税和水污染处理费用就是这类生态产品内化外部成本的关键方法。另外，生态保护补偿体系也是这种生态产品价值实现的一种常见模式，比如纵向跨流域生态保护补偿系统等。而对于各类生态区来说，政府可以使用多种形式的财政补助、收购、交换或者承包等方式去购买生态服务，以此达到生态产品价值的最大化（陈辞，2014）。

一种常见的策略是将环境保护视为一种商品，实现对生态环境资源的经济利用。这种方法通过设定明确的环保界限，确保自然资源的可持续供应，同时将复杂的环境问题简化为简单的所有权交换。例如，二氧化碳排放量或污染物排放量的买卖活动，使原本无法商业化的清洁空气得以转化为可出售的污染物许可证。借助市场力量，这种方法确保了自然环境资源的充足供应，使人们能够享受到新鲜的空气、纯净的水流和舒适的天气等重要生态资源。

（一）加大环境恢复补偿力度，促进环境恢复与价值提升

通过财政转移支付、财税激励政策以及政府购买等手段，确保基础生态功能的稳定，并推动生态产品价值的实现。同时，加大税务调控力度，适当提高生态产品的消费成本。

第一，生态保护补偿。中国将“生态系统服务付费”作为实现生态资源价值的主要途径，并将其命名为生态保护补偿。实现生态保护补偿目标的补偿方式多样，包括生态补偿基金、生态转移支付、生态税反哺补偿和生态福利彩票等。目前，我国各级政府已经颁布了超过 300 项与生态保护补偿直接相关的法律法规和政策措施，在 7 个关键领域——森林、草原、流域、湿地、区域、海洋和矿区——分别开展了生态保护补偿试点项目，并取得了显著的成效。此外，我国还建立了一个以环境保护税为核心、以资源税和耕地占用

税为重点的生态税收体系，涵盖了资源开采、生产、流通、消费、排放 5 个环节和 8 个税种。生态转移支付也成为实现生态资源价值的有效途径。

第二，生态修复和价值提升。政府应采取生态修复和系统治理措施，以恢复和提升受到严重破坏和损失的自然生态系统。这些措施旨在增加生态产品的供应并提高其价值，以促进生态系统的可持续发展。此外，政府还可以通过优化国土空间布局和调整土地用途等政策措施，发展相关产业，进一步推动生态产品价值的提升，既有助于保护生态环境，又能促进经济发展。为了更好地保护生态资源，政府可根据生态资源的独特性、稀缺性和重要性，设立国家公园、自然保护区、风景名胜区和森林公园等。这些区域将得到有效的保护和管理，以确保生态资源的可持续利用。对于生态资源的所有者和经营参与者，政府应建立共享保护经费、管理费用、补偿费用和共同管理收益等机制。这将有助于实现资源价值和货币收益的分享，促进生态资源的保护和可持续发展。

第三，利用财政补助、税收优惠措施及政府购买服务的方式确保基本生态环境功能的维持并促进生态产品价值的体现①。具体来说，政府通过环保财政为公众提供无偿的环境服务，这是一种重要的实践方式。该方法旨在将生态产品的非市场化价值转化为可计量的货币形态，从而使生态保护受益者向实施生态保护的一方给予适当的经济补偿。具有强烈外部效应且所需资金较大的生态修复项目，通常需要依靠政府引导下的金融支持，因此，有必要扩大融资途径以满足生态产品价值实现的需求。政府由于可能成为生态产品的直接用户，可以采用经济、法制、政策和管理等多种工具，对因生产生态产品而遭受的损害给予补贴，同时对生态产品消费导致的负面外溢成本征税。这一策略适用于涉及全球、全局和区域生态安全问题的纯公共性生态产品，在实施过程中主要应用财政补助和环境保护税两种手段。财政补助是一种有

① Zarandian A, Mohammadyari F, Mirsanjari M M, et al. Scenario modeling to predict changes in land use /cover using Land Change Modeler and InVEST model: A case study of Karaj Metropolis. Iran [J]. Environmental Monitoring and Assessment, 2023, 195 (2): 273.

效的政府间调整地区权利关系的政策工具，可以通过垂直转移、水平转移或两者结合的形式进行操作。很多生态产品具有显著的区域跨度。全球性生态产品的价值实现应该将生态保护方向的财政资金转移到生态受益方，如德国—捷克易北河流域的生态补偿和美国—加拿大哥伦比亚河流域的生态补偿。相应地，全国性生态产品的价值实现应该通过中央向地方转移财政资金，比如中国的重点生态功能区转移支付和退耕还林还草工程。至于地域性生态产品，其价值实现应在生态保护区和受益区之间建立横向转移支付制度，如中国的流域上下游横向生态保护补偿、德国的州际财政平衡基金，以及澳大利亚的均等化转移支付制度。环境保护税是政府强制且免费地对生态产品的实际使用者征税的经济制度安排。在征收的实事求是、政策一致性、信息透明度和创新激励等方面，环境保护税具有明显的比较优势。中国从 2018 年 1 月 1 日起开始征收环境保护税，以取代长期实施的排污费政策。此举是对直接向环境排放大气污染物、水污染物、固体废物和噪声的企事业单位和其他生产经营者征税。

第四，强化税收调整，适度提升生态产品的消耗费用。许多关于自然资源与环境类的税务措施都旨在提高资源的使用价格或者提高污染环境的代价，实际上都是为了提升使用生态产品的金额。首先，大量的水源、林地、草场和海域等自然资产构成了重要的生态产品或是生产出的结果，因此向这些领域征税是一种直接体现其价值的方式。其次，这类生态产品具备清洁环境的功能，收取相关的环保税费可以视为对这种环境服务付费的一种方式，这也是一种直接反映其价值的方法。此外，大量的资源环境税费收益主要由地方政府获得，并且其中的相当一部分被用作当地的环境保护和恢复工作，这在另一种形式上间接体现了此类生态产品的价值，同时也有助于建立积极的反馈机制。鉴于中国的税收制度框架，需要进一步完善内蒙古黄河流域资源税、环境保护税及其相关税费系统，包括那些直接影响资源环境问题的消费税、土地占用税等，还有一些间接但能起到一定的资源环境调控作用的增值税、个人所得税等，这样才能构建一套能够有效促进公共性生态产品消费支出适当增加，从而直接或间接实现其实际价值的资源环境税费调节模式。

（二）构建一套完善的制度框架，确保生态产品价值的充分实现

在此框架下，应设立科学的评估和考核机制，以准确衡量生态产品的价值。同时，借助自然资源资产产权制度，进一步优化生态产权制度体系，确保其与生态产品价值的增长或保护程度相匹配。此外，还应创建一个生态保护补偿资金分配模式，以确保资金的有效利用和生态产品的持续发展。

首先，建立健全制度框架实现生态产品的价值。为达成这一目标，需要明确生态产品的产权制度，严格遵循“开发者承担保护责任、破坏者受治理、受益者得补偿”的原则。同时，应借鉴其他地区的成功经验，结合内蒙古黄河流域的实际情况，对生态产品价值实现制度进行完善，特别是在产品交易、产权界定和生态补偿等方面进行改进。此外，还需要明确交易主体、交易机制和监管制度，为生态产品价值的实现提供有力保障。为鼓励多元主体参与，需要制定相关政策支持体系，进一步完善围绕可持续发展和环境保护的政策，为生态产品价值体系的实施提供具体路径。在生态系统的生产过程中，可以将新增的价值作为经济发展的动力，同时在生态产品生产链中的各个环节最大化实现价值。然而，传统做法可能会带来生态污染和环境破坏，因此在实现公共性生态产品价值时，需要采取排污权和污染限额等措施，并重视生态保护补偿和生态修复带来的生态产品价值提升。为了确保资源的持续增长，要积极推广环保理念和民众意见调查等手段，以便让大众更好地理解并实践绿色发展观点。这也为生态产品价值的进一步提升提供了宝贵的建议。

其次，建立针对生态环境产品的合理估值及绩效管理机制。在大多数情况下，这种合理的衡量标准是基于多元化的基础结构设计的，从环境系统的实际情况出发，涵盖了提供的产品种类和服务类别，将物质供应、文化和服务的贡献度及其影响力大小等因素作为参考点，形成了一套完整的环保商品价格测定方法论系谱图。同时，还需要建立一种通用的自然资源定价模式，并实施相应的业绩考查流程。激励各地区率先开始使用主要针对实体资源的

环境保护品的价格计算方式，然后利用市场的交换行为或财政补贴等方式去探寻各类自然物品的市场价位变化情况，逐渐调整优化其计费策略。在此过程中要充分吸收各个地区的经验教训并对现有的测量技术作出必要的修改补充。最后，还需要努力研究出一整套适用于所有类型的绿色物资的标准化测评方案，其中应包含具体的参数设置原则、运算公式及相关资料的数据采集渠道等问题内容①，以此确保高品质的天然产物顺利进入市场上的流通销售过程，并且还需进一步建立健全那些用于客观公正地判断这些绿色生产要素的技术性的规章条例。

再次，利用自然资源资产的所有权结构来构建并优化生态产权系统。为了有效处理公共物品的外部性和供应短缺问题，必须以清晰且确定的财产权利作为前提条件和基本要素。因此，可以通过创建和完善自然资源资产的所有权结构来加速推进生态产权系统的形成。具体来说：第一，需要制定一套完整的生态产品确认程序，并快速搭建包含公共物品类的生态产品的生态产权的数据库和管理体制。第二，需要明确生态产品的所有者身份及其执行机构，并对生态资源资产的使用权作出规定，保证其收益权益，激发其转移权力，合理安排监督职责，全面提升生态资源资产的功能。这样能够明确“属于何人拥有”“由谁负责管理”以及“如何使用”等关键信息，最终实现一种具有明确所属关系、责任分明、监控高效的生态资源资产产权制度。第三，需要研究并实施有助于生态环境维护与恢复的财产奖励系统。需要明确产权结构，增加权利种类，同时注重市场的分配和规章制度的完善，以此来促进对自然资源及生态产品收费或者享受方式的改革，快速处理好自然资源及其附随品的价格过低、生态修复费用超过所得利益、生态资源保护和供应活动未获得适当报酬等相关问题。第四，需要加速开展自然环境和生态区域的确权注册。要积极推行包括国家公园等各种类型的自然保护区的确权注册，特别关注重点国营森林地区、湿地的确权注册情况，还要重视大江大河等重要

① 参见《关于建立健全生态产品价值实现机制的意见》。

生态区域的确权注册。通过尝试自然生态空间的环境权益、发展权益和管理权益的注册模式，从局部到整体，迅速突破自然生态空间环境确权注册过程中的关键难题（李维明等，2020）。

最后，构建一个完善且与其产生的生态产品的增值或保育等级相对应的生态保护补偿基金分派体系。对于那些以公共产品为形式的生态环境产品，其价值实现通常依赖于非市场的途径。在政府资源不足、各方利益相关者关注度及主动性存在差异、监管评估系统不完备的环境中，必须加速这些产品的价值体现过程。这就要求在生态产品价值增长或是其保育级别的基础上设立生态保护补偿基金的分派制度。为此，可以采用基于生态产品保护强度或者是其价值增加的竞选式分配方式、按照进展情况支付方式以及根据收益变化而调整的奖励惩罚措施来执行中央生态保护补偿基金，以此提升财政资金的刺激效果、指导性和监控作用。此外，区域内下游地区对上游地区的、生态效益接受地对环保区的纵向生态保护补偿金分配也可以依据河流水体质量评价的结果、生态产品价值计算数量的变化等因素实行严密管理。

（三）深化对公共产品和生态产品价值核心的认识，加强社会资本与政府合作模式的研究与实际应用

首先，增强公众对公共性生态产品的价值认知。这类生态产品与人民的生活质量息息相关，由于具有不可排除和无法共享的特点，公众往往忽略了它们的价值。因此，有必要加强对这些产品的价值的宣导及理解，同时吸引社会资源参与其中，利用大数据技术来改善产权体系，以提供更强大的主干支柱和辅助设施来保障价值实现。此外，还需要改进激励和制约措施，生态保护补偿基金的使用基于生态产品的实际价值及其增长，并且进一步调整税收政策，从而增加购买此类产品的费用，以此方式直观地或者间接地体现出它的价值。在具体实施上，第一，大力宣传关于公共性生态产品对环境系统的稳定性、持续发展和个人健康的积极影响，践行“绿水青山就是金山银山”的理念，强调高质量的公共性生态产品为大众带来财富增值和生活品质的提升。第二，加强环保意识的教育和提示，用一些破坏环境难以恢复的事例来说明公众应重视这种类型的生态产品。第三，转变传统的消费观念，鼓励大家接受绿色生活的方式，提倡“先从消费开始”，让人们意识到公共性生态产品在绿色消费品制造和供应中的关键角色，从而感受到它的价值。第四，消除公共性生态产品的外部性问题，以便更好地了解其重要性。比如，需要清晰地界定并保障公共物品类生态资源的所有权，以增强公众对这些资源存在的感知度、稀有程度及所有权意识；同时，应公开展示用于保护与提供此类生态资源的花费或者费用，以此来加深人们关于这类资源并非无偿且具有重大价值的理解；此外，还需坚决执行包括政府、公司和个人等各类参与者在内的环境污染补偿制度，从而建立起一种普遍的社会观念：不能任意破坏公共物品类生态资源。

其次，进一步深化对社会资本与政府合作模式的研究和应用。利用市场的力量推动公共产品和服务的发展，引入社会资本可以更有效地促进公共性生态产品价值的体现。根据现有的实证研究成果，政府可以通过授权许可、直接采购或提供经济支持等方式，鼓励社会资本参与公共性生态产品的生产和分配。具体来说，政府授予社会资本的权利和责任应适当且与其提供的服务相匹配，旨在弥补环境资源损失。同时，政府应限制直接购买和财政补贴等措施，以确保仅用于公共性生态产品。以实施特许经营制度的国家公园为例，保持生态系统完整的原始状态是首要任务之一，是一种典型的公共性生态产品。在此类公园中，通过特许经营等方式让私人公司和个人在一定范围内从事商业活动，他们获得的收益及支付给国家的费用可视为对这类公共性生态产品价值的认可（李维明等，2020）。美国和其他一些发达国家已广泛应用此方法。例如，中国第一个试点国家公园三江源国家公园自 2016 年建立以来，尝试采用适度的特许经营等策略发展商业项目。根据《建立国家公园体制总体方案》的规定，实施特别许可的管理方式是在成立全国性单一监管部门后必须执行的责任之一。这表明这种策略对于环境保护类公用产品的经济效益提升具有广阔的研究和应用前景。

再次，政府应积极推动建设以公共产品为主体的生态产品的经济效益及其实际应用的数据平台。该数据平台作为计算公共性生态产品价值的关键工具，同时也是决定如何实施相应策略来提升其价值的主要参考资料。同时，需要加大对公共性生态产品价值评估数据和成果的交流力度，并加速编写全国性和地区的生态环境资源资产负债表。此外，应该协调各个地方、部门、层次和行业的各类数据，创建国家级的公共性生态产品价值数据库。要梳理城市的生态产品目录，了解自然资源资产的基本情况，以此为基础数据支持，推进从物质到价值的转变。

最后，实践创新，致力于克服生态产品价值实现过程中的各种障碍，革新相应的机制。当前，我国生态产品面临的一系列问题尚未得到有效解决，包括“难以测量、难以抵押、难以交易、难以变现”等。同时，保护生态环境的利益导向机制尚未形成，将生态优势转化为经济优势的能力也相对薄弱。生态环境导向的开发模式（ecology-oriented development，EOD）旨在探索解决生态产品价值实现困难的问题，这也是 EOD 试点项目的核心实施目标和重点之一。第一，创新理念，解决生态产品“测量困难”的问题。生态环境部和中国科学院生态环境研究中心发布了《陆地生态系统生产总值（GEP）核算技术指南》，为各地进行区域尺度的生态产品价值绝对量核算提供了指导，主要用于生态文明建设目标考核和实现生态产品价值等工作。在 EOD 模式下，注重生态产品价值核算中的 GEP 增加量，以科学方式确定和衡量 EOD 项目的生态环境目标和效益。核算的空间范围限定为 EOD 项目的边界范围，时间则覆盖项目的周期（10~30 年）。这是 EOD 项目目标指标制定和考核的理论和方法创新，也是生态产品价值核算方法的应用创新。第二，进行产业融合创新，解决生态产品“难以抵押”的问题。在当前的金融体系下，将生态产品作为抵押物用于融资贷款存在较大难度。然而，在 EOD 模式中，环境保护与经济发展的紧密联系使其具有强大的推动力，并能带来优质的项目盈利。此外，该模式还提供了新的运营方式以克服生态产品的“交易困难”。该项目由单一的市场参与者负责商业管理，明确划定了领域边界、财产所有权、收入分配及责任承担等事项，从而确保了生态资源—资产—资本的一体化，同时也使得交易方及其利益关系更加透明。第三，采用新型投资融资策略来应对生态产品的“变现难题”。EOD 模式结合使用公共财政和自然资源，以便项目的开发和营运。利用内部反馈机制，生态产品的价值被转换成稳定的现金流，进而转变为实际的经济效益①。

二、市场路径

在经营性生态产品方面，应通过市场途径来实现其价值，涵盖了生态产业化、产业生态化以及直接市场交换等手段。通过国家土地空间计划、建设用地分配以及产业用地许可等途径，充分挖掘区域内的生态环境与自然资源潜力，并将其转化为具有独特环保特质的商品。同时，将绿色、自然、无污染、低碳的环境属性附加到农业、林业、畜牧业、渔业及其相关产品和服务上，使其成为可以直接交易的商品，生态标记、绿色标志的产品就是这样的例子。此外，鼓励采用全程清洁制造、循环使用、节约能源的方法来降低对环境资源的使用，从而生产有机食物、绿色农产品、生态工业制品等越来越受消费者和市场欢迎的产品。

经营性生态产品具备多种灵活运营策略，通过市场途径实现价值交互。生态产业发展采用市场手段，使经营性生态产品实现价值，这是对自然资源的工业化处理，也是最接近市场的生态产品价值体现方式。其本质是将具备实用性的物品转化为商品的过程，而这种转换过程中产生的生态产品价值已基本纳入国家经济统计系统中的第一产业和第三产业内。

利用市场交换系统，能够迅速将实物物品、文化和自然环境资源的所有权等可直接买卖的生态效益转化为商业收益。这些收益主要分为自我销售与所有权转让两类。其中，由生态环境提供的实体供应品具有私有财产特性，允许自我出售。而文化服务类产品则可以通过融入生态产业转化为可售卖的

① 赵云皓，徐志杰，辛璐，等．生态产品价值实现市场化路径研究——基于国家 EOD 模式试点实践［J］．生态经济，2022，38（7）：160-166.

产品，通过推动生态旅行及文化特异行业的发展实现其生态效用的价值。对于拥有清晰自然资源所有权的生态资产，可以采用所有权转移的方式。然而，如果自然资源所有权难以精确划分，就需要构建一套市场导向性的自然资源所有权交易框架，以便将生态效用中的非货币价值顺利转化为市场价值。

产品的交互性质在于物品的所有权可任意转移。从概念角度看，如果生态产品的财产权利得到清晰定义，那么就能借助建立市场和管理市场来体现其实际价值。这种方式适合于那些受众面狭窄且仅限特定地区使用的准公共生态产品及个人生态产品，需要采用更为具体的策略，包括生态产业发展、生态产权买卖、生态区划确认以及环保金融等。生态产业发展是指将环境资源转化为资产和资金运营的有效方式。它充分利用了环境资源的自然属性和经济特征，通过合理的开发和利用，将这些资源转化为具有市场价值的产业。在中国，自然资源分为国有和个人拥有两种情况，私人只能享有使用和经营权益，而生态产业发展实际上就是政府通过签订合约或者授权许可向生态投资者授予一定的生态资产经营权利，同时要求生态产品的消费者支付相应的费用来补偿投资者的投入。许多发达国家通常采取自然资源私有化和公有化的双轨所有权体系，其中一部分自然资源允许所有人出售所有权或是分割所有权功能。比如，为了保护水的质量，法国的毕雷矿泉水公司会高价收购河流下游的农田，然后免费归还给有意愿实施可持续农业技术的人。此外，还有生态产权交易这一做法，指的是将相关的环境容量作为稀缺资源，根据供给需求的不平衡性，在专门的市场中进行买卖的行为。水权买卖可分为两类：一是在农业灌溉区域内的农民间的无形交换；二是跨水域的农民与非农业用户间的有形交换。鉴于第二种方式对于参与者的社会效益提升更明显，因此被视为水权买卖的主流方向。中国山西绛县槐泉灌区山西中设华晋铸造有限公司的水源使用权转移、美国加利福尼亚州水银行和水的所有权变更、澳大利亚维多利亚州北部的水权拍卖系统等都是这种模式的具体实践。此外，还有以碳排放为基础的权利贸易形式——碳排放许可交易（也称碳排污权），涉及的是把碳排放的空间当作有限的资源来进行权利交换。截至 2018 年末，全球已有超过27个不同的法律机构在运作着至少20多个大小不等的碳市场，这些市场的收益已达到约573亿美元，大部分资金用于支持其他环保工作或者扶贫计划。

（一）寻找优化生态产品价值实现的环保金融系统

生态产品具有公共性质，其资金来源需要多元化。因此，需要建立一种生态金融制度，以促进政府、企业和社会各方共同投入资金，增加生态产品的价值，并为其提供适当的资金保障。一方面，需要积极探索多元化的融资渠道，以吸引更多的社会资金流入生态产品领域。同时，也需要创新生态资源资产的管理方法，以平衡生态产品开发和保护之间的矛盾。此外，还应引导多元化的资金投资，加大对绿色金融的支持，拓宽融资渠道，鼓励社会资本有序进入市场，以降低企业和社会组织的融资成本。另一方面，需要扩大银行的服务范围，为生态产品提供更便捷的融资渠道和精准的贷款服务。特别是对于用于特殊地区自然资源保护等的贷款需求，可以考虑建立绿色银行来提供融资支持。此外，还应创新“生态银行”的建设，建立一个能够将资源转化为资产和资本的平台。建立绿色金融体系的主要目的是进行生态融资，为生态修复和生态产品价值实现提供资金保障，同时有效缓解政府财政支出的压力。随着生态文明建设的不断推进，生态信贷、生态基金等也得到了快速发展。然而，我国的绿色金融系统仍存在诸如市场激励不足、生态信用框架缺失、政策支持不够充分以及生态产品品质参差不齐等问题。为了解决这些问题，需要构建一套绿色金融体系来对散乱无序的生态环境资源进行大规模的管理、整理与提升，从而显著增强生态信用网络和生态贷款的功能。

（二）加速建立生态产品价值实现的市场交易系统

确定市场参与方、商品及定价、竞争等原则，以确保市场运作的规范和稳定。同时，明确进入市场的标准，优化价格评价系统，并标准化产品的品质标识，以实现公开公正的市场运作模式。通过精确地连接供给、需求两端，强调环境资源的使用和社会经济发展的一致性，以确保生态产品的安全转化。

为了提升生态产品的营销效果，运用数据分析技术，通过各种途径来增强产品的知名度和吸引力。同时，建立一套完整的环保工作者获益、消费者支付费用、污染行为受惩罚的奖励限制体系，以促进环保事业的发展和生态产品的推广。

（三）打通生态私人产品价值实现的途径

在产权明晰的条件下，生态私人产品（包括自然要素类、自然属性类、生态衍生物和生态标志物）可以通过市场交易实现其价值。对于自然要素类的生态私人产品，如天然矿泉水，其价值的实现需要前期大量的投入，包括厂房建设、市场开发和市场营销等。对于自然属性类和生态衍生物下的私人产品，主要是生态农产品，利用本地自然资源和生态优势发展生态农业是实现其价值的重要途径。随着现代信息技术和“互联网+”的快速发展，生态农产品交易越来越依赖于现代互联网技术和电商平台。这使得交易环节大大缩短，交易主体呈现多样化，交易成本不断降低，交易效率持续提高，为生态农产品创造了更大的“生态溢价”空间。此外，对于山耕、山居等生态旅游产品以及符合生态中性的生态工业产品这类生态标志物，为了更好地实现其价值，需要投入交通基础设施和相关从业者的人力资本。纯粹自然的风景能为人们提供一定程度的精神满足感，但是如果缺少了相应的交通运输设备和公众服务的设置或没有对旅馆住宿业作出足够的投资，那么这些景点的经济效益就会大大降低；同样地，如果没有足够的专业人才来支持生态环境的产品开发与销售工作，也会影响它们的实际收益效果。因此，需要把自然资源和人文资源结合起来以最大限度提升环境文化的商品效用值。

三、联合路径

对于准公共性生态产品，可以采取一种政府与市场相结合的联合路径。首先，政府机构运用法律法规、管理控制和财政扶持等多种手段，创造对这些生态产品的需求。然后，市场发挥其作用，对这些产品进行无限制的买卖活动，以体现其经济价值。该路径包括以下三个方面：一是将生态环境转变为可市场化的物品并加以开发利用。这需要政府主导和市场参与，完成其生产、分配和销售工作，从而使可以直接交换的生态产品得到市场的充分认可。二是以金融方式推动这一过程。将自然环境转化为有形财产，进一步转化为能够产生收益的资金来源。三是基于生态资源计量和所有权转让的方法，解决一些无法排除他人使用的特性、没有竞争性的特点以及难以确定受益者的难题。通过设立一定的限制条件或实施严格的管理措施，刺激人们购买这些生态产品。

当符合特定标准时，某些生态资源可被视为经济物品（生态环境服务），并以公私合作的方式来定价和分配；而对于那些拥有清晰所有者或使用者的自然资源来说，它们可以通过自身的存在转化为实际的市场交换媒介从而完成它们的价格确定过程——这是这些自然资产主要的价格形成途径之一。

（一）确立健全生态产品价值的补偿机制

首先，优化纵向生态保护补偿机制，确保关键生态系统及国家生态功能重要地区的生态安全，是当前的首要任务。通过实现生态产品的经济效益来推进生态所有权的再分配，可以使准公共性生态产品在明晰其所有权之后进入生态市场的买卖环节，从而实现对自然资源的拆分处理。这种类型的生态保护补偿主要依赖于政府的财政支持，在维护国家和生态安全方面起到了至关重要的作用。其次，进一步强化横向生态保育措施，激励生态产品的生产者与消费者根据资源谈判的原则，结合生态产品价值评估的结果、实际数量和品质等方面，实行横向生态保护补偿，以促成各地域的生态环境共同进步并明确各自的责任义务，构建出一套有效的生态保护补偿机制，以此引导各地域的均衡发展。最后，建立一种基于市场的生态保护补偿机制，激发优秀生态产品的供应能力并且提升其实现的经济效益。全面深化市场化的生态保护补偿机制建设是非常必要的，能充分发挥市场的能动性，完善生态产品的市场交换流程，进而推动生态产品的产业发展。同时，应不断完善生态产品计算规则、生态产品定价和销售、补偿基金的募集和运用等方式，构筑完整的市场化生态保护补偿制度框架，以便在市场环境下更好地保护生态产品①。

（二）促进生态资源的有效管理

为确保生态资源的公正、高效利用，应建立一套综合的生态资源免费使用体系。这一体系应以法律和政府行政管理为手段，通过政策激励培养更多的市场参与者，从而提高市场运营效率。同时，政府和市场应共同努力，确保生态产品价值的实现。为确保生态资源的有效管理和权益分配，应建立一体化的生态环境资源管理方式。这包括明确各级别的权利分配与执行，确保资源得到合理利用。为确保市场的公平竞争和生态资源的合理利用，应制定一套透明公正的市场准入规则。这包括明确生态资源的使用费用及其适用范围，优化收费标准，以保障国家和私人利益。为提高人民的生活质量，应完善生态产品的价值实现途径。这包括持续改进相关法律法规，加大生态恢复和生态保护红线的监管力度。同时，建立完整的生态产品普查、记录、评估、贷款和交易的法律支持系统。为促进生态产品价值在政府决策中发挥作用，应积极推广生态产品价值计算的结果运用。构建生态产品的价值评估系统，全面考虑物质量和价值的计算，加速制定一致的自然资源资产负债表编制方式和准则。在政府绩效考评中加以利用，鼓励更多主体参与市场，增强市场运作能力。为畅通生态产品的价值实现之路，应采用法律手段或政府的管理干预、经济刺激等方法。例如，环境资源指数和产权交换模式，主要集中于自然资源产权交易和由政府管理的指标限量交易上。首先确定各种类型自然资源间的产权关系，然后实行确权登记制度，扩大权力赋予，建设自然资源资产产权体制。

（三）建立生态产权交易中心，政府积极推动企业参与市场化的运营管理

从消费角度来看，由于准公共性生态产品的价值主要体现在其有限的竞

① 秦国伟，董玮，宋马林．生态产品价值实现的理论意蕴、机制构成与路径选择［J］．中国环境管理，2022，14（2）：69，70-75.

争性和排除性上，因此有必要借助政府和市场的协作来推动其实现。针对具有自然特质的生态衍生品，如花草树木、经营型生态公园及生态步道等，以及具备生态环境标志的山水景观等，政府应该发挥引导作用，促进产业发展和资源利用。同时，政府还需要吸引企业参与市场化的运营管理，以促进生态产品的经济转化。通过这样的协作方式，可以实现准公共性生态产品的可持续发展，并为社会带来更多的经济效益。具体实施时，政府应根据当地发展特点，引进社会资本参与城市商业公园和绿色道路的建造、运行和维护工作。对于生态俱乐部商品，如集体林业、能源使用权利、排放污染权等，首先需要明确其生态权益，随后建立生态产权交易中心，通过市场机制来实现生态产权的价值。为了确保这一过程顺利进行，需要不断优化自然资源资产所有权体系和生态产品价值评估体系。这不仅有助于确保生态产权交易的合法性，还能为生态产权的市场交换提供必要的法律支持。在供应方面，任何一种准公共性生态产品的价值实现都离不开人力和物力的投入。政府通常负责提供“硬件”设施（如交通运输、通信设备）和“软件”服务（如营商环境等），因此需要大量财政支出作为支撑。在实现生态环境公共产品的经济效益的市场化过程中，必须有充足的人员和物质资源投资来扩大其“增值区间”。

第九章　生态产品价值实现的案例分析

第一节　国内生态产品价值实现的典型案例分析

一、篁岭模式

（一）案例背景

篁岭村隶属江西省婺源县江湾镇，有500多年建村史，因“修篁遍岭”而得名，属典型的山居古村。在旅游开发之前，篁岭村和其他濒临消亡的古村落一样，面临交通不便、缺水缺电、经济凋敝、房屋失修、梯田荒废的现实困境。村庄在“半空心化”中逐渐消亡，整个村庄“人走、屋空、田荒、村散”。2009年，通过搬迁安置在住居民、山上旧宅置换山下新宅的模式，篁岭村对村落建筑及风貌体系进行了合理规划和保护性开发。腾出古村资源后，能人巧匠精心打磨复兴古村风貌，修复后的古村宛如一幅流动的“清明上河图”，开创了生态产品价值实现的“篁岭模式”。

（二）具体做法

第一，政府引导，挖掘生态元素为生态产品增值。通过专人领衔，挂点帮扶，积极引导村民从事生态农副产品经营，开发梯田观光农业，将传统的“种农田”变为现代化的“种景观”。建新似旧、修旧如旧，保持原有村落建筑古貌，发掘民间工艺，突出明清徽派古建筑风格，从民居、官宅到祠堂、牌坊；更通过内涵挖掘、文化灌注、活态演绎等方式，举办中国农民丰收季、鲜花艺术节等活动，凸显古村文化的“原真性”和民俗文化的“原味性”，挖掘生态元素增值生态产品，实现古村落文化、民俗文化及生态文化的完美融合。

第二，市场运营，扫清生态产品价值转换障碍。以完善产权政策为核心，通过市场机制，实施小产权房办证试点、产权置换、土地流转、资源入股等系列举措，对村落建筑物进行产权置换入股，投资建设篁岭新村并安置搬迁，农民的果园、梯田、山林等生态资源得到法律保护，及时协调解决发展过程中遇到的整村搬迁、征地动迁和设施配套等困难，为生态产品价值转化扫除障碍，有利于资源要素价值转化。篁岭村通过引进社会资本对篁岭古村进行保护性开发，把生态优势转化为产业优势，利用生态资源促进村民致富。通过数年来的实践探索，篁岭形成了一套以“整村开发、生态入股、就业创业、品牌创建”为特色内核的市场运营模式。

第三，坚持走共建共享之路。篁岭村坚持“共同入股、共同保护、共同开发、共同受益”的原则，为有手艺、有专长的贫困户量身定制工作岗位，鼓励年轻人回乡创业。采用“公司+农户”模式，让村民以土地、资源入股，由景区与农户成立农村经济合作社，通过土地流转，景区向村民租赁梯田，共同开发梯田观光农业。依托景区和项目发展，构建景区和村民的“利益共同体”，拥有篁岭户籍的村民每年可从旅游收益中分红，共享旅游发展成果。

（三）主要成效

第一，立足优势，构建精品。“篁岭模式”投资小、见效快、产出高。篁岭建成了面积约 15 平方千米集古村、花海、晒秋、流水等美景于一体的篁岭景区，对外接待游客量从 2013 年的 20 万人增长到 2019 年的 142 万人，游客量呈现逐年增长态势。篁岭古村被评为国家 4A 级旅游景区，获中国最美休闲乡村、中国传统村落、中国商旅文化产业发展示范乡村等荣誉称号。

第二，创新模式，双向增值。近年来，在党的领导下，篁岭村不仅改变了古村缺水的历史，还恢复和保护了自然生态景观。篁岭景区打破了以往景区的传统发展模式，引入“企业运营”管理模式和“生态入股”发展理念，创新性采取“公司+农户”模式，将村庄的水口林、古树等生态资源纳入股本，与农户共同开发农业观光体验项目，从而实现了企业与农户的双向增值，年纳税突破 4000 万元，生态文化效益凸显。

第三，权益共享，共同富裕。篁岭村明晰了自然资源产权，构建了政府、企业、个人等多主体参与的生态产品价值实现模式，推行了“权益共享”“权益到户”的实施方案，实现了全民参与、人人受益。目前，篁岭新村等周边村庄有 50 余家从事农家乐经营，村民人均年收入从旅游开发前的 3500 元提升到 3 万元，户年均收入从 1. 5 万元提升到 10 万元，家庭年旅游相关收入最多近 30 万元。

二、丽水模式

（一）案例背景

丽水市位于浙江省西南浙闽两省接合部，地貌以中山、丘陵为主，由西南向东北倾斜。丽水市气候立体和生物多样的农业禀赋优势得天独厚，但品类多而散、主体多而小是一个不争的事实，7000 多个农业主体、2800 多个农业品牌，难以在市场上形成真正的影响力和竞争力。为突破这一困境，丽水市开始打造区域公用农业品牌，“丽水山耕”公用农业品牌正是在此背景之下诞生的。“丽水山耕”品牌建设的实质是将良好的生态环境负载在农产品上，通过生态产品赋能和区域公用品牌质量承诺提高经济产品生态溢价率（范振林、李晶，2020）。

（二）具体做法

第一，完善品牌顶层设计，发挥生态系统文化服务功能。丽水市委托专业团队从丽水山区资源、农耕文化和农业规划入手，对品牌命名、品牌定位、符号系统、品牌理念、渠道构建、传播策略等进行了全面策划，编制完成《丽水市生态精品农产品品牌战略规划》，完善了品牌发展的顶层设计。充分发挥生态系统文化服务功能，依托独特的历史文化遗存，形成独具特色的优势特征，包括龙泉青瓷和宝剑、青田石雕及梯田等，推动文旅融合，将丽水打造成世界一流的生态旅游地。

第二，创新“丽水山耕”品牌运营机制。丽水市整合全市优秀农业主体成立生态农业协会，以协会名义注册品牌，品牌归全体协会会员所有。同时选定丽水市国有独资公司丽水市农业投资发展有限公司（以下简称“农发公司”）进行运营，协会秘书处与农发公司采用“两块牌子、一套人马”的运行机制。以“基地直供、检测准入、全程追溯”为产品宗旨，采用首创的“1+N”全产业链一体化公共服务体系，引导地标品牌及农业主体加入“丽水山耕”品牌体系，实施“母子品牌”战略，并以庞大的线上线下销售渠道，形成“平台+企业+产品”价值链，实现利益均衡分配（章元红，2019）。

第三，提升品牌公信力与知名度。政府、企业、农业主体等协同合作，从标准化、电商化、金融化等方面系统构建丽水品牌生态系统。政府背书保证了品牌的公信力与公益性，同时整合全市宣传资源，将绿色环保理念植入发展进程，吸引环境适宜性企业落户丽水。通过“生态+”“互联网+”“品牌+”，提升丽水品牌知名度，做精“丽水山居”，做大“丽水山耕”，做强“丽水赶街”。

（三）主要成效

第一，提供了富民增收的新渠道。丽水公用农业品牌已取得一定的成果，“丽水山耕”农产品已远销全国 20 多个省（区、市）。截至目前，已建设“丽水山耕”合作基地千余个，“丽水山耕”品牌价值 26. 59 亿元，累计销售额达百亿元，产品平均溢价率超过 30%。全市培育民宿、农家乐累计实现年营业总收入增长 30%以上。借鉴“丽水山耕”模式，发挥政府的主导作用，以县为单位加大区域公用农业品牌建设，促进农业增效、农民增收、城乡协调发展。

第二，量化了“绿水青山”价值。“河权到户”实现了河道管理与经营的统一，完成河道承包 243 条，承包人每千米河道增收达 8000 元。完成 2727 个村的集体经济股份制改革，220 万名农民变成了“股民”，实现了“农民变股民、资产变资本”。丽水市涉农贷款余额 908.6 亿元，占全部贷款的比重为 50.75%，高于全国平均数 30 个百分点，在全国率先实现了农村金融服务不出村。

第三，增厚了“绿水青山”底色。目前，丽水生态文明总指数全省第一，境内水质达标率为 98%，饮用水合格率达 100%，水环境质量全省第一。全市环境空气质量指数优良率全省第一，各县（市、区）空气质量均达到国家二级标准，市区空气优良率为 93.2%，是全国空气质量十佳城市之一。

三、冯家江模式

（一）案例背景

北海市地处广西壮族自治区南端，三面环海，全长 16.9 千米的冯家江自北向南贯穿主城区，是城区内的最大水系和主要排涝河道。多年来，大量污水和养殖废水不断排入冯家江中，导致自然生态环境容量超载、湿地生态系统衰退，直接影响了银滩国家旅游度假区和金海湾红树林区域的水质和环境，严重威胁了下游入海口生态安全。从 2017 年开始，北海市确立了“生态立市”发展战略，启动了冯家江流域生态治理与综合开发工作，以“生态恢复、治污护湿、造林护林”为主线，建设冯家江滨海湿地，以统一规划管控和土地储备为抓手，系统改善片区人居环境，发展绿色创新产业，打造了人与自然和谐共生的绿色家园。

（二）具体做法

第一，顺应自然地理格局，基于自然理念开展修复治理。北海市坚持各类自然要素一体化保护和修复，按照保证生态安全、突出生态功能、兼顾生态景观的次序，开展冯家江流域修复治理。首先，恢复自然原貌。在冯家江上中游段拆除两岸违章建筑和坑塘水泥护砌，开展退塘还湿、还林和还滩，引入有利于改善水质的黄菖蒲、金鱼藻等水生植物，沿岸种植本地玉蕊、黄槿等半红树植物和南方碱蓬、草海桐等滨海耐盐植物，将污染严重的虾塘、养殖场逐步恢复为兼具洪水调蓄、截污净化等功能的湿地和浅滩生态系统；在接近入海口的局部区域，种植本地适生的棕榈科植物，形成耐盐碱、抗台风、抗菌的植物群落。其次，推动治污护江。对流域内污染严重区域进行清淤，清除受污染淤泥 54 万立方米；建设大冠沙再生水厂，沿江铺设 27.7 千米截污管道和 18 千米补水管道，截污管道汇集的污水进行再生处理后，用于河道生态补水并循环净化，逐步控制流域内点源和面源污染。最后，推动岸线连通。在入海口区域开展退堤退岸还滩，去除原有硬化护砌，实现银滩公园和海滩公园的沙滩连通，恢复完整海滩形态，提高海岸防灾减灾能力。同时，增加水陆交换面积，新增鸟类觅食栖息“洲岛”，营造人、鸟、海、江和谐发展的自然生态环境。

第二，开展红树林保育和修复，增加生物多样性。首先，立法保护。严格执行 2018 年 12 月颁布的《广西壮族自治区红树林资源保护条例》，将生长红树林的滩涂、湿地纳入保护范围，划定冯家江湿地保护保育区 3150 亩，约占总面积的 47%，对流域内红树林及各类野生动植物实行严格保护。其次，封滩育林。在红树林洲滩设置禁入区，规范入海口、滩涂及浅海区域的旅游活动管理，调整和限制部分旅游线路，让红树林自然恢复、正向演替，保障生物栖息及迁徙网络系统的完备性。最后，科学造林。对部分退化的红树林群落进行治理，在宜林区种植或补植白骨壤、秋茄树等本地红树物种，并采取清除外来入侵物种、防治病虫害等措施，促进红树林群落保育修复；将鸟类、底栖生物生存环境纳入恢复目标，从单纯的植被恢复扩展为生态系统整体功能恢复，增加湿地红树林的物种多样性和生态系统稳定性。

第三，统一规划管控和土地储备，系统改善人居环境。北海市按照发展

“绿色生态带”的战略部署，深入推进冯家江及周边地区的综合保护和开发。首先，统一规划管控。将冯家江及两侧绿地区域整体划入国土空间规划的特别用途区，上游河流水库管理范围纳入生态保护红线，优化生态、生产和生活空间布局。其次，统一土地储备。对冯家江湿地公园周边、冯家江以东片区等5100多亩土地进行统一收储，在进行土地前期开发的同时，注重片区内自然生态系统的保护和恢复，增强生态产品的储备和供给能力。最后，建设生态、文化、景观共享区。按照城市景观“不在近郊、就在身边”的定位，在冯家江流域合理利用区设置观鸟屋、滨水栈道、观景平台等游憩空间，打造冯家江十六景；提炼湿地文化、红树林文化、海丝文化等文化符号，建设湿地科普教育区，打造近海与海岸生态系统及生物多样性的重要研究基地；打造开放性城市公共绿地，连通银滩国家旅游度假区、金海湾红树林旅游区、三街文化历史街区等东西新旧城区重要旅游资源，使冯家江湿地公园的生态服务功能与周边城市功能互通共融。

第四，推动绿色产业集聚发展，释放生态产品综合效益。以北海滨海国家湿地公园为点，以冯家江两岸为带，北海市将自然生态环境优势转变为经济发展优势，通过叠加西部大开发、北部湾经济区开放开发等一系列优惠政策，逐步形成了国际高星级酒店群、科技企业群和金融企业群，着力发展以生态居住、休闲旅游、商业酒店、科技金融等为主导的商务区和向海金融产业区，带动了区域资源升值和绿色产业发展，释放了生态产品综合效益。

（三）主要成效

第一，生态产品供给能力逐步提升，形成了贯穿城区的“生态绿廊”。在保留原有生物群落及栖息地的自然地理格局的基础上，冯家江流域水质净化能力有了较大提升，达到了地表水Ⅳ类标准。湿地生态系统服务功能持续提升，成片红树林沿着海岸线生长，为底栖生物、鸟类等提供了栖息环境，增强了生物多样性。目前，冯家江流域内分布有17种红树植物，鸟类增加到了182种，底栖生物种类增加到了153种，真正建成了美好的“生态绿廊”。

第二，自然生态和人居环境持续向好，形成了惠及市民的“民生绿廊”。冯家江国家湿地公园建成后，“水清岸绿、红树成荫、白鹭翩翩”成为北海的一道亮丽风景，每年吸引入园人数达到30万人次，实现了生态安全、生态文化、生态景观的综合提升，增强了市民的获得感、幸福感和归属感。同时，冯家江生态环境的净化，进一步提升了银滩的景观沙滩整体质量，即使受到新冠肺炎疫情等因素影响，银滩景区旅游总人数和旅游收入仍然逐年增加，2021年前10个月旅游人数达到684万人次、实现旅游收入91亿元，是2017年全年旅游人数的2.1倍、旅游收入的2.3倍。

第三，生态品牌影响力不断提升，形成了带动高质量发展的“活力绿廊”。冯家江流域生态环境的改善，打响了北海滨海国家湿地公园这张“生态牌”，生态环境的公共价值得到极大彰显，带动了冯家江片区酒店、金融、科技等产业的综合发展，吸引了多家金融、科技、商务、服务类企业落户，2018—2020年累计营业收入155亿元、税收贡献12.52亿元。随着城市的健康发展和产业结构转型，冯家江片区从土地资源的单一储备向“资源+生态产品”共同储备转变。通过土地增值、高端服务产业发展等载体，生态产品的价值逐步显化和外溢，2017年以来片区土地储备和综合开发收益64.5亿元，实现了财政资金平衡和区域协调发展。

第二节　国外生态产品价值实现的典型案例分析

一、美国马里兰州马福德农场生态产品价值实现

（一）案例背景

切斯特河是美国的一条跨州淡水河，全长约40英里（1英里约合1.61千

米），大部分位于马里兰州境内，由切萨皮克湾入海。历史上这条河流是各种野生动物的家园，被认为是切萨皮克湾地区极其重要的水禽区之一。但随着流域内农业面源污染的增加，切斯特河的大部分河段被马里兰州环境部门列为“受损水域”，超过74%的氮、72%的磷和88%的泥沙污染都来自农业。马里兰州的马福德农场位于切斯特河的源头，面积为274英亩（1英亩约合4046.86平方米），其中林地113英亩。2005年以前，马福德农场的土地出租给农场经理，由其耕种所有非林土地，主要种植玉米、小麦和大豆，但农田生产效益不佳。一项对该农场的环境评估认为，该农场的大部分土壤存在排水不良等情况。为了恢复农场内的野生动物栖息地，进一步保护生物多样性，2005年，美国爱生基金会购买了马福德农场的所有权，并与切萨皮克野生动物遗产保护组织（CWH）合作，开展马福德农场生态保护补偿项目，通过参与美国农业部“土地休耕增强计划”（CREP），将部分效益不佳的农田恢复为湿地、草地和河岸缓冲区，并出售由此产生的湿地信用和水质信用，开展收费型狩猎活动等，以多样化、市场化的生态产品价值实现方式，促使马福德农场从恢复的生态系统服务中获得稳定的经济回报。

（二）具体做法

第一，明晰产权。爱生基金会在2005年购买了马福德农场，明确了对马福德农场土地的所有权，为在农场采取生态修复措施、参与土地休耕增强计划、开展湿地和水质信用交易、创造更加经济可行的市场运营模式等提供了基础条件。

第二，生态修复。借助美国农业部农场保护项目和马里兰州部分支持资金，爱生基金会在马福德农场开展了生态修复，包括耕作管理改善、缓冲带建设、湿地恢复等多项修复活动，具体修复活动由CWH设计和完成。首先，耕作管理改善。爱生基金会和CWH按照收益情况对马福德农场的耕地进行了划分，保留了其中最高产的80英亩土地，继续种植玉米、小麦和大豆，并实施新的耕地管理实践，以产生积极的环境影响。其次，缓冲带建设。沿着农场的耕地边界设计种植了40英亩缓冲带，包括过滤带和场边带。其中，由25英亩的暖季草地构成的过滤带，为水禽、鹌鹑、野火鸡和其他野生动物提供了良好的栖息地环境。再次，湿地恢复。马福德农场的湿地恢复包括两部分，一部分是在农场西部新建了10英亩湿地，用于建设湿地缓解银行并产生湿地信用；另一部分是在农场西南部修复了30英亩湿地，用以保护该地区的水质。最后，水质保护。利用修复后的30英亩湿地和部分植被覆盖的缓冲带（约6英亩）产生的水质净化等生态系统服务，有效拦截了氮、磷和沉积物流入附近的水道，降低了农业活动对河流水质的不利影响，进而产生了一定的水质信用。

第三，多措并举促进生态产品价值实现。项目方通过将马福德农场生态修复与传统耕种、土地休耕增强计划、湿地和水质信用交易、营利性狩猎活动等交易机制有机结合，促进了生态产品价值实现。一是传统耕种促进农产品价值实现。通过将保留的80英亩优质耕地产出的玉米、小麦和大豆，按市场价格直接出售给当地家禽公司，实现了物质供给类产品的价值。二是参与土地休耕增强计划，实现土地改良和生境改善。马福德农场按照土地休耕增强计划支持的方案改造耕地、建设过滤带和森林缓冲带以及恢复湿地，有效保护了农场内对环境敏感的土地，恢复了水禽栖息地，并改善了切斯特河水质。三是湿地和水质信用交易促进生态价值显化。湿地信用交易方面，马福德农场通过湿地恢复共产生了10英亩的湿地信用。水质信用方面，水管理公司（Water Stewardship Inc.，WSI）研究结果表明，马福德农场湿地恢复和缓冲带建设每年可减少1800磅（1磅约合0.45千克）的氮和100磅的磷的排放。四是开展狩猎等生态旅游。缓冲带的建设，为水禽、鹌鹑、野火鸡和其他野生动物提供了栖息地，增加了水禽数量，可以为狩猎爱好者提供相应的狩猎和旅游服务。

第四，建立长效保护机制。2012年，爱生基金会将马福德农场转让给私人保护买家，原有生态保护修复措施都予以保留并得到了长期的监控，主要包括两个方面：一方面，爱生基金会与美国农业部签订CREP合同，将保护责任和义务全部转移给农场买家，并由马里兰州政府对其中171英亩已修复的生境和大部分现有林地的保护情况进行监控。另一方面，按照马里兰环境信托基金会和CWH的倡议，爱生基金会只在80英亩最肥沃的农业用地上开展耕种活动，私人买家也需要遵守这一约束条件，以确保马福德农场区域的自然生态环境得到持续保护。

（三）主要成效

第一，经济效益方面，马福德农场由原来只有传统农业一项经济收入转变为传统农业、生态信用交易、政府休耕补偿和狩猎旅游四项收益。一是马福德农场通过保留优质耕地、土壤改良、保护性耕种等一系列措施，有效改善了耕地排水，提升了耕地产量，切实提高了农产品产量和品质，带来了每年约15000美元的收入。二是通过生态修复和参与土地休耕增强计划，马福德农场每年可获得联邦政府及马里兰州政府的补偿资金12000美元。三是将部分效益较差的传统耕地转化为缓冲带等生态用地，恢复或增强湿地生态系统服务功能，产生10英亩的湿地信用，并通过湿地信用交易，以每英亩8000美元的价格出售给马里兰州政府；通过过滤氮、磷等污染物，还能够产生18500美元左右的水质信用。四是利用恢复后的水禽栖息地开展生态旅游（狩猎服务），每年获得约6800美元收入。

第二，社会效益方面，建立了合作共赢机制。爱生基金会依靠CWH等当地合作伙伴，设计和实施其生态保护修复计划，测量和核实野生动物数量的增加和营养径流的减少，并将湿地信用、水质信用引入市场。让区域专家参与到保护计划中来协助建立生态信用，并支持当地的就业和劳动力培训。同时，利用土地休耕增强计划，以政府投入带动了多项收益，形成了一个多方参与、多元化、可持续的生态保护补偿机制。

第三，生态效益方面，马福德农场的湿地和缓冲区将帮助改善切斯特河和切萨皮克湾的自然生态环境。每英亩的河岸缓冲带每年可防止120磅的氮、10磅的磷和4000磅的沉积物污染切萨皮克湾的水域。此外，恢复后的湿地捕获了区域内 39%的磷和 23%的氮污染。在气候干旱的年份，湿地在过滤污染物方面提供的生态系统服务将会翻倍。同时，湿地和缓冲区为野生动物提供了栖息地，农场内野生禽类的数量和多样性持续增加，实现了物种保育功能。

二、澳大利亚新南威尔士州生物多样性补偿

（一）案例背景

新南威尔士州位于澳大利亚东南部，东濒太平洋，生物种类较为丰富。近几十年来，受大面积土地开荒、采矿业兴起、外来物种引入等因素影响，新南威尔士州生物多样性受到严重威胁。2007 年，新南威尔士州出台了《濒危物种修正案（生物库）法案》，并随之启动了“生物库和补偿计划”，核心内容是启动“生物多样性银行制度”的实施。2017 年，新南威尔士州开始施行《生物多样性保护法 2016》，明确了“生物多样性补偿制度”，在原有的生物多样性银行基础上，创建了一个生物多样性信用抵消市场，以便为保护生物多样性价值提供激励和市场交易，有效促进了当地生物多样性的保护及社会经济的可持续发展。

（二）具体做法

第一，生物多样性补偿需求建立。早在 1979 年，澳大利亚出台《环境规划和评估法》，提出针对生态环境的管制补偿要求。《生物多样性保护法 2016》厘定了解决开发活动对生物多样性影响的制度框架，并计划通过生物多样性补偿来避免、尽量减少和抵消开发对生物多样性的影响，即开发者对生物多样性造成了损害，产生了负的生态信用，开发者必须退止、抹平此生态信用，以抵消其活动造成的生态损害，并力求实现生物多样性的“零净损失”，否则其生态保护义务没有履行完毕。在此原则指导下，《生物多样性保护法 2016》规定了生物多样性补偿计划，包括制定评估生物多样性的方法的规定、建立和处理生物多样性信用等。

第二，生物多样性补偿计划申请。项目开发者（补偿主体）要参加生物

多样性补偿计划，须遵从以下步骤：一是开发者必须确认开发活动是否在生物多样性补偿计划适用范围内。生物多样性补偿计划适用于可能对受威胁物种产生重大影响的地方发展项目、州重大发展和重大基础设施项目，清除符合有关规定的原生植被活动，等等。二是对开发活动进行评估。若开发活动在生物多样性补偿计划范围内，应用评估方法对开发活动进行评估，形成“生物多样性评估报告”。三是审批机构评估申请。规划与环境部收到申请后，会根据相关法律和技术要求，对申请作出评估。四是开发者履行其信用义务并开展活动。审批机构同意后，开发者按照补偿规则履行这一义务，并可在完成这些步骤后，按批准的程序继续进行开发活动。

第三，生态信用的产生与交易。①交易规则。生态信用可采用同类规则或在证明无法满足同类规则的情况下按照变通规则交易。土地所有者可以采取预售或自行寻找买家的方式出售生态信用，也可以将其生态信用发布在规划与环境部的意向登记表上，以方便开发者获取购买信息。②生态信用计量。生态信用由表征生物多样性的积分来计量，该积分由认证评估师根据被开发场地或生物多样性管理场地的生态系统状况来评估获得，《生物多样性评估方法》中列出了积分评估方法和相应的生态信用计算方法。③生态信用价格。生态信用交易是双向的市场交易，其价格由开发者（补偿主体、买方）和土地所有者（受偿主体、卖方）公开交易确定。土地所有者在确定生态信用的销售价格时，常采用基于成本计算的方法。该方法重点考虑协议场地的建设成本、管理成本、预期利润等因素。

（三）主要成效

生物多样性补偿是有效的市场化补偿机制，既能够有效保护生态系统，又能够建立市场化的可持续性补偿体系；既能够满足开发者履行生态保护义务的需求，又能够使生态保护者获得持续性收益，是生态产品价值实现的有效模式。

一是促进了生物多样性保护。按照生物多样性补偿计划要求，开发项目对生物多样性产生的任何影响，必须通过增加其他地方的生物多样性来抵消，并确保补偿地点的本地植被状况和受威胁物种的生境得到永久保护，推动实现生物多样性“零净损失”的目标。根据生物多样性管理协议统计，截至2022年10月31日，新南威尔士州得到永久保护的土地已达到43783公顷。

二是缓解了生态保护与经济发展间的矛盾。生物多样性补偿计划的实施，为项目的顺利开发提供了保障，节约了开发者的时间成本和资金成本，降低了开发项目中的拖延和摩擦。同时，生态保护者也可以通过保护土地并售卖生态信用，获取保护生态带来的收益，提高了其参与生态保护修复的积极性。2021—2022年，生物多样性管理支付基金每年向土地所有者支付近1000万美元的管理款项，以通过杂草和病虫害管理、火灾管理和恢复工程实现生物多样性的提高，其中约70%的款项用于聘请社区居民开展相关管理活动，实现收入多样化并提供环境服务。

三、澳大利亚土壤碳汇

（一）案例背景

澳大利亚联邦政府提出要从广泛的来源购买最低成本的碳汇产品，目的是激励企业、家庭和土地所有者主动减少碳排放和增加碳储量。同时，澳大利亚的气候变化战略也明确了投资新技术以降低排放、帮助土地和农业部门减少温室气体排放等八个方面的减排举措。为推动上述措施落地，根据2011年《碳信用（碳农业倡议）法案》，澳大利亚2015年专门成立了减排基金（ERF），之后在此基础上又成立了气候解决方案基金（CSF），用于支持土地所有者、社区和企业开展的各类减排项目，推动政府实现“到2030年排放量比2005年减少26%～28%”的目标。气候解决方案基金在农业、草原火灾管理、石油和天然气、运输、废弃物处置等多个领域设置项目。

（二）具体做法

市场主体可以通过运行土壤碳项目获取碳信用额度，并将其出售给澳大利亚政府、公司或其他私人买家，以实现土壤碳汇价值。

第一，土壤碳项目管理。澳大利亚工业、科学、能源与资源部是 CSF 的主管部门，负责制定政策、技术规则、相关立法及监督；清洁能源监管机构负责基金的实际运行、技术规则（方法）的具体起草，并代表政府进行碳减排采购（碳信用额购买）。在减排固碳方法方面，农业土壤固碳一般有两种测定方法：一是使用默认值方法估算土壤中的碳固存量，二是在农业系统中测量土壤碳固存量，前者为经验方法，后者为实测方法。CSF 主要采取后一种方法，通过抽样检测等方式获得农业土壤固碳量，再换算为碳信用额度。

第二，项目规划。在项目规划阶段，申请者需要参加由清洁能源监管机构组织的资格审查，审查内容包括：一是参与项目的土地在过去 10 年（基线期）是牧场、耕地（如种植作物、水果或蔬菜），而森林、被排干水的湿地和存在建筑的土地不能被用作项目土地；二是申请者拥有土地相关合法权益，如拥有土地所有权、租约或与土地所有者签订了允许在土地上开展项目的合约；三是获得自然资源管理部门等监管部门的批准，以及土地合法权益方的同意；四是确保项目是全新的，项目涉及的土地未参与过其他类似项目。

第三，项目注册。在项目开始前，申请人需要在清洁能源监管机构网站上进行项目注册，包括提交各类资格证明材料、项目土地管理策略、项目区地图和预估减排量，并可以选择 25 年或 100 年的项目持续期。其中，项目土地管理策略将支持在项目持续期内增加土壤碳；如果增加项目实施区域或变更土地管理活动，则需要重新提交土地管理策略。

第四，项目运行。项目注册完成后，就可以按照计划的碳汇活动运行项目，以获取碳信用。首先开展基线采样，即在项目注册完成后、第一次报告前进行基线采样，以测量初始土壤碳水平。CSF 建议在土地管理活动前开始基线采样，以减少碳信用损失。根据基线采样的起始时间，项目管理者可以设置采样频率并制订采样计划，必须详细说明采样位置、采样方法及其相关信息等内容。采样均应在碳估算区内进行，样本数量取决于项目中土壤和管理活动的变化程度，但每个碳估算区至少需要随机采集 9 个样本。采样需聘请专业的、独立的土壤技术员来协助，通常使用土壤取样机钻入地面下至少30厘米提取土壤样本，并送至CSF认可的实验室采用干热燃烧法进行分析。采样需在本次采样轮次开始后的60天内完成，每轮次采样的时间间隔至少为1年，但不应超过5年。基线采样完成后，就可以按照土地管理策略开展新的、合格的土地管理活动，并按计划进行采样分析。

第五，抵消报告与碳信用获取。在项目运行后，项目方可以通过测量土壤碳的变化并提供抵消报告，阐述变化结果来获得碳信用。报告周期为1~5年，包括土地管理策略副本及土地管理活动开展情况、采样轮次及采样结果、报告期内土壤碳水平变化量、报告期内项目区排放量、报告期内净减排量等内容。其中，排放量源于项目区内的燃料使用、化肥施用、牲畜养殖等，净减排量是报告期内土壤有机碳水平变化量扣除项目产生的排放量的值（以吨为单位）。

（三）主要成效

澳大利亚土壤碳汇是对生态系统碳汇价值实现机制的有益探索，既利用耕地生态系统拓展了碳汇新类型，又实现了对耕地资源的有效保护，形成了耕地保护的经济链条和良性循环。

一是有利于耕地资源保护。作为土壤碳汇形成的重要方式，各类保护性耕作有利于增加土壤中的碳含量，澳大利亚土壤碳汇项目对此进行了详细规定，严格约束了耕地管理活动，促进了土壤有机碳的形成及其他养分的增加，有效提升了耕地质量。澳大利亚新南威尔士州的实践案例表明，通过实施完全留茬等措施，能够减少土壤侵蚀，促进土壤有机质的增加，提高耕地的生产力和耐旱性。

二是有利于建立土壤碳汇体系。澳大利亚通过财政支持建立CSF，制定土壤碳汇测定方法、信用产生办法、交易办法等措施，形成了政府购买土壤碳汇的补偿机制，提高了各方参与土壤碳汇项目的积极性，同时带动了土壤碳汇信用的生产及其在市场交易中的活跃度，有利于建立完整的生态系统碳汇体系，助力碳中和。

三是通过经济手段促进了生态价值实现。澳大利亚设置农业土壤碳项目以来，有效申请数量逐年上升，2021 年上半年，澳大利亚农业土壤碳项目（包括耕地和牧场）达到了 45 个，超过 2020 年同期水平（9 个）；农业碳项目产生的 ACCU（澳大利亚碳信用单位，Autralian Carbon Credit Unit）达到 27.56 万个。同时，澳大利亚政府为每个 ACCU 付出的补偿资金由 2019 年 6 月的约 10 美元增长至 2021 年 6 月的 14.5 美元。

第三节　内蒙古黄河流域生态产品价值实现的案例分析

一、呼和浩特恼包村：党建引领乡村文旅产业振兴

（一）案例背景

恼包村地处大青山中段南麓，隶属内蒙古呼和浩特市新城区保合少镇，面积 9.8 平方千米，现有 959 户 3100 人口。恼包村土地贫瘠、水旱之患相互交织，土地沙化严重，生态环境破坏严重，自然灾害频发。2012 年突如其来的一场山洪导致近百户民房倒塌，800 多户房屋地基下陷，墙体裂缝，供水、供电、路网等基础设施遭到严重破坏，受灾人口多达 2000 人。长期以来，恼包村由于地处大青山生态脆弱敏感区，土地贫瘠，地下水资源匮乏，自然条件恶劣，土地沙化严重，生态环境破坏严重，自然灾害频发。村民以农业种植为主要收入来源，多以半耕半工来勉强维持温饱。

2013 年以来，随着大青山前坡保护综合生态治理工程项目的启动，恼包村北面土地被政府流转征用，栽种了各种景观林木，呼和浩特市政府又结合

生态治理，提出要打造自治区首府后花园。恼包村及时调整思路，深入贯彻落实乡村振兴战略和以生态优先、绿色发展为导向的高质量发展新路子，恼包村园林景观、亭台楼阁、山水、绿化、亮化、硬化工程，全方位规划设计启动，成为一个充满活力、和谐有序的美丽乡村与特色小镇，探索出一条“产业兴旺、生态宜居、乡风文明、治理有效”的产业兴村之路。

（二）具体做法

第一，提升服务质量，践行初心使命。恼包村党总支以基层党建工作为抓手，突出“三个全面”，紧紧依靠全村党员干部，团结凝聚全体村民，不断增强班子凝聚力和党组织的战斗力。围绕“富民党建”的工作要求，以党建引领村级集体经济发展，建设了综合性党建场馆，集党群活动、党建展示、教育培训、为民服务、文化学习、廉政教育等功能于一体，营造了良好的党建氛围；成立由“两委”班子成员、监委会和党员积极分子组成的红色服务队，2019 年全年，清理堆放在住宅区的建筑垃圾 800 多次，清理楼道卫生 2000 多次，清理产业旅游区游客产生的垃圾 6000 多次；2019 年，恼包村全体村民喜迁新居，搬入楼房，大幅提高了生活质量。同时，村集体出资在村内美食街规划购置特色美食加工制作摊位，提供给有条件的村民进行经营，提高了经济收入，每个摊位年收入可达 20 万元以上。

第二，引领生态治理，共建美丽乡村。在党建引领下，恼包村以生态治理为重点，积极推动美丽乡村建设。党组织号召村民积极行动起来，共同参与生态环境保护和修复工作。通过植树造林、水土保持、土地恢复等一系列措施，恼包村的生态环境得到了有效改善。首先，党组织组织村民开展了大规模的植树造林活动。通过引进适宜的树种，恼包村的自然环境逐渐变得绿意盎然。树木的生长不仅美化了村庄景观，还有效地固定了土壤，降低了水土流失的风险。其次，党组织积极推动水土保持工作。通过修建沟渠、建设防护林带等措施，有效地防止了水土流失和山体滑坡等自然灾害的发生。恼包村的自然资源得到了良好的保护。另外，党组织还注重自然生态的恢复与保护。通过修复土地植被、划定保护区域等措施，恼包村的生态系统得到了有效保护。自然生态的修复不仅为生物多样性的保护提供了宝贵的栖息地，而且为村庄带来了更多的观光和旅游资源。

第三，党建引领注“活水”，探索实施股权投资模式。恼包村前期投入资金较大，其中大部分设施为重资产投资，又因文旅服务业回报周期长，导致恼包村后期经济运行压力大。为解决这一问题，上级政府可以加大专项资金扶持，利用“拨改投”专项资金支持恼包村文旅产业发展。“拨改投”，顾名思义，是指通过股权投资方式实施“拨款”改“投资”，即政府将财政资金委托国有金融资本运营公司和选定的企业进行磋商，商定参股金额、持股比例、持股方式及退出的时间和方式。这种产业投资基金具有汇集资本、形式灵活的特点，克服了传统财政补贴资金使用分散、政策导向不足、激励约束机制不够有力、资金使用绩效不高等弊端。

第四，打造“乡村旅游+互联网”的双重经营模式。开发恼包村 App，App 内可置入恼包村的地图、最佳参观线路、特色美食、历史发展等内容，为游客的出行参观提供便利。此外，利用 App 可定期向游客推送相关旅游信息，开发线上产品交易，将文创产品、特色美食、手工业商品、纪念品等通过电子商务的方式进行出售，作为线下实地旅游的补充，拓宽了恼包村获得收益的途径。通过“线上+线下”模式，把恼包村线下旅游的美好回忆与体验感烙印在独具特色的线上活动上，进而使恼包村文化旅游产业的活力和效能得到提升。为推动乡村农业经济的发展，为剩余劳动力提供就业空间，在产业基地建成以“合作社+企业+农户”为主导的颐和生态农业区，项目占地约 500 亩，规划总投资 2.8 亿元，目前已建成标准蔬菜大棚 88 栋，现代科技温控大棚 1 个，发展科技农业种植。

（三）主要成效

第一，党建引领下生态治理取得了显著成效。恼包村的生态治理成果不仅得益于党组织的引领，更得益于广大村民的积极参与和努力。在党建引领下，恼包村以美丽乡村建设为目标，不断推动生态治理工作，为村民创造了良好的生活环境和发展机遇。2020 年恼包村被评为全国美丽乡村标准化试点村。

第二，打造生态特色文旅产业，村民收入增加。以党建引领产业发展、产业发展带动村民增收致富为指导，挖掘本村优势资源，打造乡村生态特色文旅产业。恼包村特色文旅产业已经成为带动当地区域经济发展的重要引擎，为本地区高质量发展奠定了坚实基础。截至 2022 年底，村集体搭建的文旅产业平台年总创收达 10.6 亿元，解决本村及周边村庄村民就近就业岗位 3000 多个，吸引返乡就业创业的年轻劳动力 200 余人，村民人均年收入突破 5 万元。

第三，坚持“科技+农业+农户”的发展理念，推进农业现代化。坚持农村发展整体化思维，充分考虑推进农业现代化，促进农村“五位一体”全面发展；坚持农村协调和平衡发展，充分发挥“农业现代化+农村现代化”的发展效果，加快农村产业有机融合与协同发展，加快农民创新创业，推动农村治理现代化。恼包村农业板块坚持“科技+农业+农户”的发展理念，打造了 100 亩阳光温室、66 个大棚，为游客提供休闲采摘、农事体验等服务，并为村内想要持续从事农业生产的村民提供更加优质的种植平台和技术，设立了食用菌菇种植农民合作社试验基地。

二、鄂尔多斯伊金霍洛旗：探索多元生态治理模式

（一）案例背景

伊金霍洛旗位于内蒙古自治区西南部，黄河“几”字弯怀抱，总面积 5600 平方千米，是一座产业向绿、城市多绿、生态增绿、绿富同兴的幸福之城。伊金霍洛旗已探明煤炭储量 560 亿吨，年产销煤炭 2 亿吨，累计外送煤炭超 30 亿吨，是国家重要能源和战略资源基地。近年来，伊金霍洛旗深入贯彻落实新发展理念，以能源转型带动产业升级，坚定不移走出一条以生态优

先、绿色发展为导向的高质量发展新路子。

（二）具体做法

第一，坚持低碳零碳理念，培育新型接续替代产业。在国家提出“双碳”目标背景下，立足资源禀赋和产业基础，重点围绕“风、光、氢、储、车”五大产业，加快建设千亿级新能源装备制造应用示范基地。一是引头部。制定并出台支持绿色低碳产业发展的政策措施 25 条，设立产业引导基金 10 亿元，通过厂房代建、固投奖补、产业配套等扶持举措，远景、隆基、上汽等企业落地伊金霍洛旗，储能电池、氢燃料电池电堆、光伏组件等一批新产业、新业态实现零的突破。二是育集群。坚持链式思维、集群发展，一条产业链明确一名“链长”，邀请行业领域头部企业负责人担任“特聘链长”，围绕产业链图谱开展精准招商，磷酸铁锂正极材料、电解槽、石墨负极材料等配套产业逐步完善。三是建平台。打造全国首个零碳产业园，搭建以新能源为主体的新型绿电微电网，制定绿色电力应用评价方法、零碳产业园碳计量体系规范等地方标准，实现源头绿电供给、全程碳排放可追溯，放大入园企业在产品出口碳关税等方面的比较优势。四是拓场景。依托全市 33 万辆运煤重卡应用场景，实施新能源重卡替代工程，规划建设加氢站、换电站 35 座，开通新能源示范运输线路 10 条，打造“纯电+氢能”双轮驱动的新能源重卡产业体系。全旗“风、光、氢、储、车”产业项目总投资超 1000 亿元，投产产值将达到 1500 亿元，有望再造一个“工业伊金霍洛”。

第二，探索多元治理模式，破解矿山生态修复难题。坚持因地制宜、分类施策，推动产业布局由“地下”转“地上”、区域环境由“沉陷区”变“风景区”。一是“土地+光伏”模式。抢抓国家支持在采煤沉陷区建设大型风电光伏基地政策机遇，有效整合采煤沉陷区土地，通过统一流转土地、统一生态治理、统一集中运维、统一建设公共设施、统一利益联结“五统一”模式，打造新能源“标准地”12 万亩，实施新能源发电项目 218 万千瓦，率先实现新能源装机规模超过火电装机规模。二是推行“基金+修复”模式。坚持“谁开采谁治理”，按照吨煤不低于9元标准计提矿山地质环境治理恢复基金，通过全域统一规划、集中连片治理、企业项目化实施，修复治理采煤沉陷区54万亩，90%以上在产煤矿建成国家和自治区级绿色矿山，全旗森林覆盖率达到36.8%。三是推行“复垦+农业”模式。鼓励企业整合流转露天煤矿、灾害综合治理工程复垦区土地，通过交错回填、地类整合、集中使用、疏干水回用等多种举措，累计复垦土地8万亩，大力发展设施农业、沙棘沙柳、肉牛养殖等生态农牧业，实现生态修复治理与乡村振兴、群众增收有效衔接、有机融合。

（三）主要成效

第一，企地共建聚合力。鼓励和引导驻地企业参与乡村振兴，积极开展“一产重塑”和“百企帮百村”行动，采用“企业+农村+农民”模式，实施矿用网片厂、乌驴肉羊养殖等乡村振兴产业项目150余个，全旗村集体经济收入全部突破20万元，带动农牧民人均增收2000元以上。

第二，项目带动促就业。针对高校毕业生、转移农牧民等重点群体，结合招商引资企业大量用工需求，常态化开展“入企探岗”“直播带岗”“城市行”“高校行”等系列招聘活动，为企业和人才精准对接搭建桥梁。2022年，为招商引资企业招聘技术人才和产业工人近1万人，通过开发公益性岗位吸纳就业1000余人，城镇登记失业率控制在3%以内。

第三，多方投入惠民生。率先在全区设立“共同富裕基金”和“教育基金”，募集资金7亿元，放大杠杆作用，动员全社会力量支持参与乡村振兴、民生保障，扎实推进共同富裕。全旗中小学实现校内午餐午休全覆盖，建成“10分钟医疗卫生服务圈”“15分钟社区养老生活圈”，连续两年获评“中国最具幸福感城市”。

三、巴彦淖尔乌梁素海：生态统筹治理

（一）案例背景

巴彦淖尔位于黄河“几”字弯的顶端，是我国以“两屏三带”为主体的生态安全战略格局的关键节点，是黄河流域生态保护的重点功能区，生态地位突出，被誉为“鸿雁的故乡”。乌梁素海流域位于内蒙古巴彦淖尔市境内，是我国北方重要的生态功能区。多年来，由于农田退水和城市生活污水、工业废水进入乌梁素海，乌梁素海水质恶化为劣V类，湖区面积缩减，引起党中央、国务院的高度重视。2019 年，巴彦淖尔实施总投资 56.78 亿元的乌梁素海流域山水林田湖草生态保护修复国家试点工程，同步实施点源、面源、内源治理和周边环境整治，坚持系统思维，全方位、全要素、全地域、全过程加强生态环境治理，成效显著。

（二）具体做法

第一，统筹推进乌梁素海流域生态治理。在上游乌兰布和沙漠，建设全国防沙治沙综合示范区和中国—以色列（巴彦淖尔）防沙治沙生态园，积极探索沙漠治理与光伏发电、沙草产业、蒙中药材等绿色产业相结合的可持续治理模式，阻止泥沙流入黄河、侵蚀河套平原。在城镇和工业园区，实施点源污水“零入海”行动，实现城镇污水和工业园区废水全部收集、处理、回用，不再排入乌梁素海。在河套灌区全面推行河湖长制，持续开展“控肥、控药、控水、控膜”四大行动，通过政策引导、资金补贴，推广使用有机肥、生物农药和可回收地膜，引导农民和企业开展绿色生产，减少农业面源污染。

第二，主动融入国家发展战略，拓宽生态治理融资渠道。一方面，巴彦淖尔地理位置特殊，可以享受多种政策红利。巴彦淖尔主动跟进和融入国家发展战略，争取上级项目和资金支持，突破生态治理资金短缺的“瓶颈”。近年来，巴彦淖尔市围绕乌梁素海流域生态治理、基础设施建设、现代农业发展、产业转型升级等方面策划上报了五大类 23 个投资项目，为全市生态治理

和高质量发展提供了有力的资金支持。另一方面，创新投融资体制，探索构建生态治理体系与多元投入格局。巴彦淖尔通过地方自筹、金融机构贷款、社会融资和市场化运作等方式，形成“政府主导、社会参与、部门负责、市场推进”的治理体系与多元投入格局。例如，在乌梁素海治理过程中，采用产业化投资运营等方式，推动大型社会资本共同投资参与。

第三，创新“两山”转化机制，以生态治理提升生态产品价值。乌梁素海流域综合治理改善了全流域生态环境，提升了全流域生态产品价值。在此基础上，巴彦淖尔市积极发展乌梁素海及全域生态旅游、休闲农业等生态产业。2016—2019 年，巴彦淖尔市休闲农（牧）业和乡村旅游年营业额平均保持了 24%的高速增长，高于同期全国 18. 5%的增长水平，更远高于同期内蒙古自治区 10. 25%的增长水平。此外，以生态治理改善农业生产环境。巴彦淖尔市通过开展防沙治沙工作构筑了防风固沙屏障，有效固定流动、半流动沙丘，防止水土流失，保护黄河与农田不被侵蚀，减少风沙灾害对农业生产活动的影响；种植梭梭林、肉苁蓉等沙漠植物，有效降低风速，增加气候湿度，改善农田小气候，缓解沙土化、荒漠化造成的耕地数量减少、质量下降问题，最终改善农业生产环境。

（三）主要成效

第一，创新生态保护模式，以生态治理拓展经济活动空间。发展自然文化多样性、保护生物多样性，必然要与绿色发展、可持续发展结合起来。基于资源禀赋和区位优势，采用“政府引导、专家指导、企业加盟、群众参与、金融支持”的生态保护模式。以生物多样性、环境多样性友好保护为切入口，延伸带动绿色产业振兴，创新“生物多样性+”助力共富，将生态优势转化为生态工业、生态旅游等特色经济优势，真正把“绿水青山”变成“金山银山”，走上共富先行的绿色赛道，推动自然文化多样性永久“传”下去，让自然文化多样性和乡村可持续发展完美融合，为其他地区提供发展案例。

第二，生态治理措施有效降低了农业生产成本，提高了农产品品质和销售价格，提高了农业生产效益。巴彦淖尔市全面实施“四控”行动和“两化”行动，有效降低了农业生产中的水、肥、药、膜投入，促进了秸秆资源和畜禽粪污的资源化利用。统计数据显示，2016—2019 年，巴彦淖尔市农药使用强度显著低于全国和内蒙古自治区的平均水平，仅为全国平均水平的 20%~23%、内蒙古自治区的 50%~60%。而且，巴彦淖尔市农药使用强度近年来还保持了稳定下降的态势，从 2016 年的 1.40 吨/万亩逐年下降到 2019 年的 1.29 吨/万亩。2016—2019 年，巴彦淖尔市农作物秸秆综合利用率从 78% 增长到 85%，年均增长 2.33 个百分点，高于同期全国的年均增长 1.67 个百分点和内蒙古自治区的年均增长 1.33 个百分点。

第三，生物保护成效显著，生态环境质量显著提升。通过治理，乌梁素海水质持续好转，总体稳定在Ⅴ类，局部达到Ⅳ类。搭建生物多样性本底数据信息库，为开展生态文明建设提供基础支撑。鼓励金融机构通过发行绿色债券、绿色信贷等绿色金融产品增加水环境治理信贷资金，探索推广流域综合治理 PPP 模式，吸引社会资本投入水环境保护基础设施的建设和运营，共筹资 25 亿元建设污水处理设施，做到管网全覆盖、污水全处理，流域内城镇污水处理厂和园区污水处理厂的污水排放全部达到国家一级标准的 A 标准。

参考文献

[1] 鲍丙飞，曾子洋，肖文海，等．重点生态功能区转移支付对生态产业发展的空间效应——以江西省80个县为例［J］．自然资源学报，2022，37（10）：2720-2735.

[2] 鲍德安．对老水电站的更新改造［J］．水电站机电技术，1990（4）：57-58.

[3] 宝鲁．内蒙古生态产品价值实现的机遇、挑战与路径［J］．北方经济，2021（5）：22-24.

[4] 毕晓丽，葛剑平．基于IGBP土地覆盖类型的中国陆地生态系统服务功能价值评估［J］．山地学报，2004（1）：49-54.

[5] 曹文，李德荃，曹原．关于生态产品条件价值评估方法的探讨［J］．山东财经大学学报，2015，27（2）：58-63，115.

[6] 曹玉昆．基于生态投资视角的国有林区GEP核算研究——以黑龙江省“天保”工程投资为例［J］．经济师，2013，297（11）：12-15.

[7] 昌龙然．重庆两江新区生态涵养区生态资本运营研究［D］．重庆：西南大学，2013.

[8] 陈敬东，潘燕飞，刘奕羿．生态产品价值实现研究——基于浙江丽水的样本实践与理论创新［J］．丽水学院学报，2020（1）：1-9.

[9] 陈佩佩，张晓玲．生态产品价值实现机制探析［J］．中国土地，2020（2）：12-14.

［10］陈耀，张可云，陈晓东，等．黄河流域生态保护和高质量发展［J］．区域经济评论，2020，43（1）：8-22.

［11］陈仲新，张新时．中国生态系统效益的价值［J］．科学通报，2000，45（1）：17-22.

［12］崔冀娜．生态移民城镇融入对生计策略选择的影响研究——以三江源地区为例［D］．咸阳：西北农林科技大学，2019.

［13］代明，刘燕妮，江思莹．主体功能区划下的生态补偿标准——基于机会成本和佛冈样域的研究［J］．中国人口·资源与环境，2013（2）：18-22.

［14］戴芳，冯晓明，宋雪霏．森林生态产品供给的博弈分析［J］．世界林业研究，2013（4）：93-96.

［15］邓楚雄，钟小龙，谢炳庚，等．洞庭湖区土地生态系统的服务价值时空变化［J］．地理研究，2019，38（4）：106-117.

［16］丁宪浩．论生态生产的效益和组织及其生态产品的价值和交换［J］．农业现代化研究，2010，31（6）：692-696.

［17］杜建宾，张志强，姜志德．退耕还林：公共生态产品的私人提供［J］．林业经济问题，2012（1）：36-41.

［18］杜焱强，王继应，孙雪峰．“生态颜值”何以持续转化为“农民财富”？［J］．中国人口·资源与环境，2022，32（10）：150-159.

［19］樊继达．提供生态型公共产品：政府转型的新指向［J］．国家行政学院学报，2012（6）：41-45.

［20］范振林．生态产品价值实现的机制与模式［J］．中国土地，2020（3）：35-38.

［21］方恺，李帅，叶瑞克，等．全球气候治理新进展——区域碳排放权分配研究综述［J］．生态学报，2020，40（1）：14-27.

［22］方子节，李东升．生态产品与我国畜牧业的可持续发展［J］．生态经济（中文版），2001（7）：64-65.

［23］高丹桂．公共生态产品探究——从内在规定性和经济特性的视角［J］.

重庆第二师范学院学报，2014，27（2）：31-33.

［24］高涵，叶维丽，彭硕佳，等．基于绿色全要素生产率的“两山”转化效率测度方法［J］．环境科学研究，2020，33（11）：2639-2646.

［25］高建中，唐根侠．论森林生态产品的外在性［J］．生态经济，2007（2）：109-112.

［26］高建中．论森林生态产品——基于产品概念的森林生态环境作用［J］．中国林业经济，2007（1）：18-20，38.

［27］高建中．森林生态产品价值补偿研究［D］．咸阳：西北农林科技大学，2005.

［28］高旺盛，董孝斌．黄土高原丘陵沟壑区脆弱农业生态系统服务评价——以安塞县为例［J］．自然资源学报，2003，18（2）：182-188.

［29］高晓龙，程会强，郑华，等．生态产品价值实现的政策工具探究［J］．生态学报，2019，39（23）：8746-8754.

［30］高晓龙，林亦晴，徐卫华，等．生态产品价值实现研究进展［J］．生态学报，2020（1）：24-33.

［31］高振斌，王小莉，苏婧，等．基于生态系统服务价值评估的东江流域生态补偿研究［J］．生态与农村环境学报，2018，34（6）：563-570.

［32］葛剑平，孙晓鹏．生态服务型经济的理论与实践［J］．新疆师范大学学报（哲学社会科学版），2012（4）：2，13-21.

［33］苟廷佳，陆威文．基于组合赋权 TOPSIS 模型的生态文明建设评价——以青海省为例［J］．统计与决策，2020（24）：57-60.

［34］古小东，夏斌．生态系统生产总值（GEP）核算的现状、问题与对策［J］．环境保护，2018，46（24）：42-45.

［35］谷莉莉．发挥市场机制对生态产品供求的引导作用［J］．科技创新导报，2013（29）：251.

［36］国家发展和改革委员会，国家能源局．能源生产和消费革命战略（2016—2030）［J］．电器工业，2017（5）：46-54.

［37］国家环境保护总局．地表水环境质量标准［J］．中国环保产业，2002（6）：8-9.

［38］国务院第一次全国水利普查领导小组办公室．第一次全国水利普查培训教材之三：水利工程基本情况普查［M］．北京：中国水利水电出版社，2010.

［39］韩哲英，王立海，陈红．CVM法在森林生态旅游产品价值评估中的运用——以黑龙江省平山生态旅游区为例［J］．林业科技，2007（3）：65-68.

［40］郝林华，陈尚，王二涛，等．基于条件价值法评估三亚海域生态系统多样性及物种多样性的维持服务价值［J］．生态学报，2018，38（18）：6432-6441.

［41］何跃君．社区牧民全面发展视角下的黄河源区生态产品价值实现［J］．环境保护，2020（1）：41-46.

［42］洪子燕，杨再．从黄土高原的历史变迁讨论种草种树和生态产品的转化问题［J］．河南科技大学学报（农学版），1985（1）：70-76.

［43］胡晓燕，于法稳，徐湘博．用效益转移法评估生态系统服务价值：研究进展、挑战及展望［J］．长江流域资源与环境，2022，31（9）：1963-1974.

［44］黄如良．生态产品价值评估问题探讨［J］．中国人口·资源与环境，2015，25（3）：26-33.

［45］纪荣婷，陈梅，程虎，等．国家“两山”基地经济与生态环境协调发展评价——以浙江省宁海县为例［J］．环境工程技术学报，2020，10（5）：798-805.

［46］姜永华，江洪．森林生态系统服务价值的遥感估算——以杭州市余杭区为例［J］．测绘科学，2009（6）：157-160.

［47］蒋凡，秦涛，田治威．生态脆弱地区生态产品价值实现研究——以三江源生态补偿为例［J］．青海社会科学，2020，242（2）：105-110.

［48］金丹，卞正富．基于能值和GEP的徐州市生态文明核算方法研究［J］．中国土地科学，2013，27（10）：88-94.

［49］靳诚，陆玉麒．我国生态产品价值实现研究的回顾与展望［J］．经济地

理，2021，41（10）：207-213.

[50] 靳乐山．中国生态补偿：全领域探索与进展［M］．北京：经济科学出版社，2017.

[51] 孔凡斌，程文杰，徐彩瑶，等．国家试点区森林生态资本经济转换效率及其影响因素［J］．林业科学，2023，59（1）：1-11.

[52] 雷硕，孟晓杰，侯春飞，等．长江流域生态产品价值实现机制与成效评价［J］．环境工程技术学报，2022，12（2）：399-407.

[53] 黎元生．生态产业化经营与生态产品价值实现［J］．中国特色社会主义研究，2018，142（4）：86-92.

[54] 李迪强，李建文．三江源生物多样性：三江源自然保护区科学考察报告［M］．北京：中国科学技术出版社，2002.

[55] 李东海，董杰．生态产品价值实现的“瓶颈”制约与路径探寻——基于内蒙古黄河流域的分析［J］．前沿，2023（3）：102-113.

[56] 李繁荣，戎爱萍．生态产品供给的PPP模式研究［J］．经济问题，2016（12）：11-16.

[57] 李芬，张林波，舒俭民，等．三江源区生态产品价值核算［J］．科技导报，2017，35（6）：120-124.

[58] 李国平，李潇，汪海洲．国家重点生态功能区转移支付的生态补偿效果分析［J］．当代经济科学，2013，35（5）：58-64，126.

[59] 李国平，汪海洲，刘倩．国家重点生态功能区转移支付的双重目标与绩效评价［J］．西北大学学报（哲学社会科学版），2014，44（1）：151-155.

[60] 李俊丽，盖凯程．三江源区际流域生态补偿机制研究［J］．生态经济，2011（2）：171-173.

[61] 李蔓婷．省际优质生态产品供给能力评价及调控政策研究［D］．天津：天津大学，2019.

[62] 李娜．“两山”理论践行下湖州市绿色经济发展效率评价［J］．湖北农业科学，2020，59（19）：15-22，39.

［63］李巍，李文军．用改进的旅行费用法评估九寨沟的游憩价值［J］．北京大学学报（自然科学版），2003（4）：548-555.

［64］李维明，俞敏，谷树忠，等．关于构建我国生态产品价值实现路径和机制的总体构想［J］．发展研究，2020（3）：66-71.

［65］李晓光，苗鸿，郑华，等．机会成本法在确定生态补偿标准中的应用——以海南中部山区为例［J］．生态学报，2009（9）：285-293.

［66］李学荣．食用农产品生产农户道德风险行为发生机理及防范机制研究［D］．南昌：江西财经大学，2017.

［67］李忠．长江经济带生态产品价值实现路径研究［J］．宏观经济研究，2020（1）：124-128.

［68］李忠．践行“两山”理论 建设美丽健康中国［M］．北京：中国市场出版社，2021.

［69］联合国开发计划署．2016 中国人类发展报告［R］．联合国，2016.

［70］梁现瑞，李欣忆．四川省用能权交易市场启动［N］．四川日报，2019-9-29.

［71］廖茂林，潘家华，孙博文．生态产品的内涵辨析及价值实现路径［J］．经济体制改革，2021（1）：7.

［72］林黎．我国生态产品供给主体的博弈研究——基于多中心治理结构［J］．生态经济，2016，32（7）：96-99.

［73］林亦晴，徐卫华，李璞，等．生态产品价值实现率评价方法——以丽水市为例［J］．生态学报，2023，43（1）：189-197.

［74］刘彬．水生态资产负债表编制研究［D］．北京：中国水利水电科学研究院，2005.

［75］刘耕源，杨青，黄潇霄，等．2000—2020 年中国“两山”价值测算与动态分析［J］．北京师范大学学报（自然科学版），2022，58（2）：241-252.

［76］刘耕源．生态系统服务功能非货币量核算研究［J］．生态学报，2018，38（4）：1487-1499.

［77］刘海英，王钰．用能权与碳排放权可交易政策组合下的经济红利效应［J］．中国人口·资源与环境，2019，29（5）：1-10．

［78］刘剑文．WTO体制下中国税收政策合法化问题研究［M］．北京：法律出版社，2007．

［79］刘江宜，牟德刚．生态产品价值及实现机制研究进展［J］．生态经济，2020（10）．

［80］刘世庆，巨栋，林睿．跨流域水权交易实践与水权制度创新——化解黄河上游缺水问题的新思路［J］．宁夏社会科学，2016（6）：99-103．

［81］刘文．资源价格［M］．北京：商务印书馆，1996．

［82］刘兴元，龙瑞军，尚占环．草地生态系统服务功能及其价值评估方法研究［J］．草业学报，2011（1）：167-174．

［83］刘秀丽，张勃，任媛，等．五台山地区草地生态系统服务价值估算［J］．干旱区资源与环境，2015（5）：24-29．

［84］刘峥延，李忠，张庆杰．三江源国家公园生态产品价值的实现与启示［J］．宏观经济管理，2019，422（2）：74-78．

［85］芦海燕．基于生态系统核算的流域生态补偿研究［D］．兰州：兰州大学，2019．

［86］吕紫薇．三江源地区排污权交易模式研究——基于双重差分模型的分析［J］．当代经济，2019，502（10）：84-87．

［87］罗国杰．马克思主义伦理学［M］．北京：人民出版社，1982．

［88］马本，孙艺丹，刘海江，等．国家重点生态功能区转移支付的政策演进，激励约束与效果分析［J］．环境与可持续发展，2020，45（4）：42-50．

［89］马国霞，於方，王金南，等．中国2015年陆地生态系统生产总值核算研究［J］．中国环境科学，2017，37（4）：1474-1482．

［90］马建堂．生态产品价值实现路径、机制与模式［M］．北京：中国发展出版社，2019．

［91］马克思．资本论：第一卷［M］．北京：人民出版社，2004．

［92］马世骏，王如松．社会—经济—自然复合生态系统［J］．生态学报，1984，4（1）：1-9.

［93］马涛．依靠市场机制推动生态产品生产［N］．中国证券报，2012-11-28.

［94］牟雪洁，黄金，饶胜，等．国家重点生态功能区产业准入负面清单制度的现状、问题与优化建议［J］．中国环境管理，2022，14（3）：38-47.

［95］欧阳志云，王效科，苗鸿．中国陆地生态系统服务功能及其生态经济价值的初步研究［J］．生态学报，1999（5）：19-25.

［96］欧阳志云，朱春全，杨广斌，等．生态系统生产总值核算：概念、核算方法与案例研究［J］．生态学报，2013，21（21）：6747-6761.

［97］潘张蕤．县域"两山"发展评价指标体系构建与应用研究［D］．杭州：浙江大学，2019.

［98］庞丽花，陈艳梅，冯朝阳．自然保护区生态产品供给能力评估——以呼伦贝尔辉河保护区为例［J］．干旱区资源与环境，2014，28（10）：110-116.

［99］祁培育．排污权有偿使用和交易金额显著增加［N］．经济日报，2019-01-24.

［100］乔斌，祝存兄，曹晓云，等．格网尺度下青海玛多县土地利用及生态系统服务价值空间自相关分析［J］．应用生态学报，2020，31（5）：1660-1672.

［101］秦国伟，董玮，宋马林．生态产品价值实现的理论意蕴、机制构成与路径选择［J］．中国环境管理，2022，14（2）：69，70-75.

［102］丘水林．区域生态产品价值实现机制研究［D］．福州：福建师范大学，2018.

［103］任耀武，袁国宝．初论"生态产品"［J］．生态学杂志，1992（6）：48-50.

［104］任志远．区域生态环境服务功能经济价值评价的理论与方法［J］．经济地理，2003，23（1）：1-4.

［105］邵全琴，樊江文，刘纪远，等．三江源生态保护和建设一期工程生态成效评估［J］．地理学报，2016，71（1）：3-20.

[106] 师庆三，王智，吴友均，等．新疆生态系统服务价值测算与 NPP 的相关性分析 [J]. 干旱区地理，2010 (3)：115-121.

[107] 石垚，王如松，黄锦楼，等．中国陆地生态系统服务功能的时空变化分析 [J]. 科学通报，2012，57 (9)：720-731.

[108] 时少华，吴泰岳，李享，等．基于 ITCM 和 CVM 的运河公园游憩价值评估研究：以北京通州大运河森林公园为例 [J]. 干旱区资源与环境，2022，36 (1)：201-208.

[109] 史哲宇，张蓉．新时代生态产品文化价值实现路径研究 [J]. 青海社会科学，2020 (6)：104-109.

[110] 宋爱忠．效用价值论与生产要素价值论再批判——兼析“科恩悖论” [J]. 管理学刊，2019 (3)：11-18.

[111] 宋昌素，欧阳志云．面向生态效益评估的生态系统生产总值 GEP 核算研究——以青海省为例 [J]. 生态学报，2020，40 (10)：3207-3217.

[112] 宋慈．基于“两山”理论的水源涵养价值动态优化研究——以张家口市为例 [D]. 北京：中国地质大学，2020.

[113] 宋蕾．县域生态产品价值实现的优化路径 [J]. 人民论坛，2022，741 (14)：72-74.

[114] 宋猛，薛亚洲．生态产品价值实现机制创新探析——基于我国市场经济与生态空间的二元特性 [J]. 改革与战略，2020，321 (5)：71-80.

[115] 苏伟忠，周佳，彭棋，等．长江三角洲跨界流域生态产品交易机制——以天目湖流域为例 [J]. 自然资源学报，2022，37 (6)：1598-1608.

[116] 孙爱真，刘卫华，袁芬．西南地区公共生态产品生产现状 [J]. 黑龙江史志，2015 (13)：365-366.

[117] 孙宝娣，崔丽娟，李伟，等．基于费用区间法的辽宁省滨海湿地休闲旅游价值评估 [J]. 资源科学，2017，39 (6)：1160-1170.

[118] 孙崇洋，程翠云，段显明，等．“两山”实践成效评价指标体系构建与测算 [J]. 环境科学研究，2020，33 (9)：2202-2209.

［119］孙发平．中国三江源区生态价值及补偿机制研究［M］．北京：中国环境科学出版社，2008.

［120］孙庆刚，郭菊娥．生态产品供求机理一般性分析——兼论生态涵养区“富绿”同步的路径［J］．中国人口·资源与环境，2015，25（3）：19-25.

［121］汤勇．森林生态服务（产品）市场化交易制度研究［D］．武汉：华中师范大学，2012.

［122］唐潜宁．生态产品供给制度研究［D］．重庆：西南政法大学，2017.

［123］田野．基于生态系统价值的区域生态产品市场化交易研究［D］．武汉：华中师范大学，2015.

［124］佟玲玲，魏晓燕，宋秀华，等．基于享乐价格—结构方程双模型的西宁城市湿地生态系统服务价值及影响因素研究［J］．生态学报，2022，42（11）：4630-4639.

［125］涂伟豪，刘金福，林志玮，等．基于SEEA2012体系的漳江口红树林保护区GEP核算［J］．林业经济问题，2018，38（4）：43-47.

［126］王华，唐敏，王石，等．森林碳汇交易模式的构建——以陕西省为例［J］．西北农林科技大学学报（社会科学版），2019，19（1）：118-127.

［127］王金南，马国霞，於方，等．2015年中国经济—生态生产总值核算研究［J］．中国人口·资源与环境，2018，28（2）：1-7.

［128］王金南，王志凯，刘桂环，等．生态产品第四产业理论与发展框架研究［J］．中国环境管理，2021，13（4）：5-13.

［129］王莉雁，肖燚，欧阳志云，等．国家级重点生态功能区县生态系统生产总值核算研究——以阿尔山市为例［J］．中国人口·资源与环境，2017，27（3）：146-154.

［130］王寿兵，胡聃．生态产品生命周期设计概念框架［J］．上海环境科学，2000（3）：10-13.

［131］王夏晖，王晶晶，许开鹏，等．完善生态环境空间管控体系 增强生态产品供给能力［J］．环境保护，2021，49（19）：40-44.

［132］王晓欣，张倩霓，钱贵霞，等．生态产品价值实现成效评价［J］．干旱区资源与环境，2023，37（1）：9-15.

［133］王晓云．生态补偿的国际实践模式及其比较研究［J］．生产力研究，2008（22）：109-110，128.

［134］温旭新，杨怀佳，张波．生态功能区经济发展的现实约束与优化路径——以山西沿黄地区为例［J］．经济问题，2022，520（12）：106-111.

［135］我国碳市场累计成交额近93亿元钢铁水泥等重点行业“十四五”将加快纳入市场［EB/OL］．碳排放交易网．［2020-09-28］．http：//www.tanpaifang.com/tanjiaoyi/2020/0928/74297_ 2.html.

［136］吴丹，邵全琴，刘纪远等．中国草地生态系统水源涵养服务时空变化［J］．水土保持研究，2016，23（5）：256-260.

［137］吴玲玲，陆健健，童春富，等．长江口湿地生态系统服务功能价值的评估［J］．长江流域资源与环境，2003，12（5）：411-416.

［138］吴霜，延晓冬，张丽娟．中国森林生态系统能值与服务功能价值的关系［J］．地理学报，2014，69（3）：334-342.

［139］习近平：中国提高国家自主贡献力度，将说到做到［EB/OL］．中国政府网．［2020-11-17］．http：//www.gov.cn/xinwen/2020-11/17/content_5562102.htm.

［140］肖南云．黑龙江省森林生态产品开发问题研究［D］．哈尔滨：东北农业大学，2018.

［141］谢高地，鲁春霞，冷允法，等．青藏高原生态资产的价值评估［J］．自然资源学报，2003，18（2）：189-196.

［142］谢高地，张彩霞，张雷明，等．基于单位面积价值当量因子的生态系统服务价值化方法改进［J］．自然资源学报，2015，30（8）：1243-1254.

［143］谢高地，甄霖，鲁春霞，等．一个基于专家知识的生态系统服务价值化方法［J］．自然资源学报，2008（5）：911-919.

［144］辛越优，张颂．“绿水青山就是金山银山”理念地方践行成效指数排

名与时空特征分析［J］. 贵州社会科学，2021，376（4）：110-118.

［145］熊玮，郑鹏，赵园妹. 江西重点生态功能区生态补偿的绩效评价与改进策略——基于 SBM-DEA 模型的分析［J］. 企业经济，2018，460（12）：34-40.

［146］徐光丽. 流域生态补偿机制研究——以生产用水和经营用水为例［D］. 泰安：山东农业大学，2014.

［147］徐鸿翔，张文彬. 国家重点生态功能区转移支付的生态保护效应研究——基于陕西省数据的实证研究［J］. 中国人口·资源与环境，2017，27（11）：141-148.

［148］徐阳，郭辉. 生态产品方兴未艾［J］. 科学与文化，1994（2）：5-6.

［149］徐珍珍，余意峰. 国家全域旅游示范区空间分布及其影响因素［J］. 世界地理研究，2019，28（2）：201-208.

［150］许英明，党和苹. 西部生态公共产品供给机制探讨［J］. 西南金融，2006，000（9）：13-14.

［151］薛达元，包浩生，李文华. 长白山自然保护区生物多样性旅游价值评估研究［J］. 自然资源学报，1999，14（2）：45-50.

［152］扬之. 自然资源核算研究及其进展［J］. 中国人口·资源与环境，1990（4）：91-92.

［153］杨筠. 生态公共产品价格构成及其实现机制［J］. 经济体制改革，2005（3）：124-127.

［154］杨渺，肖燚，欧阳志云，等. 四川省生态系统生产总值（GEP）的调节服务价值核算［J］. 西南民族大学学报（自然科学版），2019，45（3）：221-232.

［155］杨青，刘耕源. 湿地生态系统服务价值能值评估：以珠江三角洲城市群为例［J］. 环境科学学报，2018，38（11）：4527-4538.

［156］杨庆育. 论生态产品［J］. 探索，2014（3）：54-60.

［157］姚成胜，朱鹤健. 福建生态经济系统的能值分析及可持续发展评估

[J]. 福建师范大学学报（自然科学版），2007，23（3）：92-97.

[158] 姚文婷. 生态产品供给与价值评估研究 [D]. 广州：中共广东省委党校，2022.

[159] 姚震，孙月，王文. 生态产品价值实现的经济关系分析 [J]. 河北地质大学学报，2019，42（6）：53-56，62.

[160] 于法稳. 中国生态经济研究：历史脉络、理论梳理及未来展望 [J]. 生态经济，2021，37（8）：13-20，27.

[161] 于丽瑶，石田，郭静静. 森林生态产品价值实现机制构建 [J]. 林业资源管理，2020（6）：28-31，61.

[162] 俞振宁. 重金属污染耕地区农户参与治理式休耕行为研究 [D]. 杭州：浙江大学，2019.

[163] 虞慧怡，张林波，李岱青，等. 生态产品价值实现的国内外实践经验与启示 [J]. 环境科学研究，2020，33（3）：685-690.

[164] 喻锋，李晓波，王宏，等. 基于能值分析和生态用地分类的中国生态系统生产总值核算研究 [J]. 生态学报，2014，36（6）：1663-1675.

[165] 袁月. 连片贫困区“生态—生产—生活”承载力综合评价研究 [D]. 武汉：华中师范大学，2017.

[166] 昝欣，张玉玲，贾晓宇，等. 永定河上游流域水生态系统服务价值评估 [J]. 自然资源学报，2020，35（6）：1326-1337.

[167] 曾杰，李江风，姚小薇. 武汉城市圈生态系统服务价值时空变化特征 [J]. 应用生态学报，2014（3）：261-269.

[168] 曾贤刚，虞慧怡，谢芳. 生态产品的概念、分类及其市场化供给机制 [J]. 中国人口·资源与环境，2014，24（7）：12-17.

[169] 张彪，谢高地，肖玉，等. 基于人类需求的生态系统服务分类 [J]. 中国人口·资源与环境，2010，20（6）：64-67.

[170] 张芳. 发展高效生态林业推进绿色利津建设 [J]. 城市建设理论研究（电子版），2013（27）：1-5.

［171］张洪瑞，吕洁华．森林生态产品供给的投入产出效率分析——以东北重点国有林区为例［J］．经济问题，2017（9）：87-94.

［172］张惠远．我国“绿水青山就是金山银山”实践模式与成效评估研究［J］．环境与可持续发展，2020，45（6）：104-107.

［173］张军连，李宪文．生态资产估价方法研究进展［J］．中国土地科学，2003，17（3）：52-55.

［174］张丽琴，渠丽萍，吕春艳，等．基于空间格局视角的武汉市土地生态系统服务价值研究［J］．长江流域资源与环境，2018，27（9）：1988-1997.

［175］张林波，陈鑫，梁田，等．我国生态产品价值核算的研究进展、问题与展望［J］．环境科学研究，2023，36（4）：743-756.

［176］张林波，虞慧怡，郝超志，等．生态产品概念再定义及其内涵辨析［J］．环境科学研究，2021（3）：655-660.

［177］张林波，虞慧怡，李岱青，等．生态产品内涵与其价值实现途径［J］．农业机械学报，2019，50（6）：173-183.

［178］张文明．完善生态产品价值实现机制——基于福建森林生态银行的调研［J］．宏观经济管理，2020（3）：73-79.

［179］张小红．森林生态产品的价值核算［J］．青海大学学报（自然科学版），2007（3）：87-90.

［180］张兴，姚震．新时代自然资源生态产品价值实现机制［J］．中国国土资源经济，2020（1）：62-69.

［181］张瑶．生态产品概念、功能和意义及其生产能力增强途径［J］．沈阳农业大学学报（社会科学版），2013（6）：109-112.

［182］张屹山．资源、权力与经济利益分配通论［M］．北京：社会科学文献出版社，2013.

［183］张英，成杰民，王晓凤，等．生态产品市场化实现路径及二元价格体系［J］．中国人口·资源与环境，2016.

［184］张玉，程文燕，孙美伦，等．江西省重点生态功能区生态扶贫政策效

果评价研究［J］．经济研究导刊，2019，418（32）：96-98.

［185］章元红．构建区域品牌：农村经济高质量发展的路径选择——以“丽水山耕”为例［EB/OL］．钛学术，［2024-03-14］．https：//doc. taixueshu. com/journal/20190482zhejjj. html.

［186］赵晟，洪华生，张珞平，等．中国红树林生态系统服务的能值价值［J］．资源科学，2007，29（1）：147-154.

［187］赵同谦，欧阳志云，王效科，等．中国陆地地表水生态系统服务功能及其生态经济价值评价［J］．自然资源学报，2003，18（4）：443-452.

［188］赵雨虹，范少辉，夏晨．南方三种典型林分水源涵养价值个案分析：以江西大岗山毛竹林、常绿阔叶林及其混交林为例［J］．林业经济，2015，37（11）：118-120.

［189］赵云皓，杨武，石敏俊，等．生态产品第四产业发展评价指标体系的设计及应用［J］．中国人口·资源与环境，2021，31（10）：1-8.

［190］郑晶，于浩．供给侧改革视角下中国省域生态产品有效供给及影响因素［J］．应用生态学报，2018，29（10）：3326-3336.

［191］郑婷，周自翔，白继洲．生态系统服务流模拟与特征分析：以泾河流域土壤保持服务为例［J］．陕西师范大学学报（自然科学版），2022，50（4）：21-33.

［192］中国绿色金融体系雏形初现［EB/OL］．中国政府网．［2016-9-2］．http：//www. gov. cn/xinwen/2016-09/02/content_ 5104583. htm.

［193］中国人民银行研究局编著．中国绿色金融发展报告（2019）［M］．北京：中国金融出版社有限公司，2020.

［194］钟大能．生态产品经营效益的财政补偿机制研究——以西部民族地区生态环境建设为例［J］．西南民族大学学报（人文社会科学版），2008（9）：233-238.

［195］周葆华，操璟璟，朱超平，等．安庆沿江湖泊湿地生态系统服务功能价值评估［J］．地理研究，2011，30（12）：2296-2304.

[196] 周晨，李国平．流域生态补偿的支付意愿及影响因素：以南水北调中线工程受水区郑州市为例 [J]．经济地理，2015，35 (6)：38-46.

[197] 周伟，沈镭，钟帅，等．生态产品价值实现的系统边界及路径研究 [J]．资源与产业，2021 (4)：94-104.

[198] 周远红，高天一，董保华．生态产品评价系统在水产养殖机械设计中的应用 [J]．大连水产学院学报，2007 (2)：133-136.

[199] 朱佳天，胡涛，冯晓飞，等．区域"两山"转化评价指标体系研究 [J]．环境科学与技术，2022，45 (S1)：356-366.

[200] 朱文泉，张锦水，潘耀忠，等．中国陆地生态系统生态资产测量及其动态变化分析 [J]．应用生态学报，2007 (3)：118-126.

[201] 朱颖，倪红伟．黑龙江省国有林区森林生态服务供给生态效果分析及对策探讨 [J]．安徽农业科学，2018，46 (1)：124-127，146.

[202] 宗跃光，陈红春，郭瑞华，等．地域生态系统服务功能的价值结构分析——以宁夏灵武市为例 [J]．地理研究，2000，19 (2)：148-155.

[203] Alix-Garcia J, De Janvry A, Sadoulet E. The role of risk in targeting payments for environmental services [J]. Available at SSRN 836144, 2005.

[204] Allen B P, Loomis J B. Deriving values for the ecological support function of wildlife: An indirect valuation approach [J]. Ecological Economics, 2006, 56 (1): 49-57.

[205] Arowolo A O, Deng X Z, Olatunji O A, et al. Assessing changes in the value of ecosystem services in response to land-use/land-cover dynamics in Nigeria [J]. Science of The Total Environment, 2018, 636: 597-609.

[206] Bandara R, Tisdell C. The net benefit of saving the Asian elephant: A policy and contingent valuation study [J]. Ecological Economics, 2004, 48 (1): 93-107.

[207] Bennett D E, Gosnell H. Integrating multiple perspectives on payments for ecosystem services through a social-ecological systems framework [J]. Ecological Economics, 2015, 116: 172-181.

[208] Bétrisey F, Mager C, Rist S. Local views and structural determinants of poverty alleviation through payments for environmental services: Bolivian insights [J]. World Development Perspectives, 2016, 1: 6-11.

[209] Boyd J, Banzhaf S. What are ecosystem services? The need for standardized environmental accounting units [J]. Ecological Economics, 2007, 63 (2-3): 616-626.

[210] Brander L, Bräuer I, Gerdes H, et al. Using meta-analysis and gis for value transfer and scaling up: Valuing climate change induced losses of european wetlands [J]. Environmental and Resource Economics, 2012, 52 (3): 395-413.

[211] Brauman K A, Freyberg D L, Daily G C. Impacts of land-use change on groundwater supply: Ecosystem services assessment in Kona, Hawaii [J]. Journal of Water Resources Planning & Management, 2014: 1270-4.

[212] Brown M T, Mcclanahan R T. Emergy analysis perspectives of Thailand and mekong river dam proposals [J]. Ecol Modell, 1996, 91 (1): 105-130.

[213] Cairns J. Balancing ecological destruction and restoration: The only hope for sustainable use of the planet [J]. Aquatic Ecosystem Health and Management, 1999, 2 (2): 91-95.

[214] Campos P, Caparrós A, Oviedo L J, et al. Bridging the gap between national and ecosystem accounting application in Andalusian forests, Spain [J]. Ecological Economics, 2019, 157: 218-236.

[215] Champ P A, Boyle K J, Brown T C. A primer on nonmarket valuation [M]. Springer, 2003.

[216] Chee Y E. An ecological perspective on the valuation of ecosystem services [J]. Biological Conservation, 2004, 120 (4): 549-565.

[217] Claudia C, Rute P, Carlos M J. Use and usefulness of open source spatial databases for the assessment and management of European coastal and marine ecosystem services [J]. Ecological Indicators, 2018, 95 (DEC.): 41-52.

[218] Clot S, Grolleau G, Méral P. Payment vs. compensation for ecosystem serv-

ices: Do words have a voice in the design of environmental conservation programs? [J]. Ecological Economics, 2017, 135: 299-303.

[219] Costanza R, Arge, Groot R D, et al. The value of the world's ecosystem services and natural capital [J]. Nature, 1997, 387 (15): 253-260.

[220] Costanza R, Groot R D, Braat L, et al. Twenty years of ecosystem services: How far have we come and how far do we still need to go? [J]. Ecosystem Services, 2017, 28: 1-16.

[221] Costanza R, Groot R D, Sutton P, et al. Changes in the global value of ecosystem services [J]. Global Environmental Change, 2014, 26: 152-158.

[222] Daily G C, Alexander S, Ehrlich P R, et al. Ecosystem services: Benefits supplied to human societies by natural ecosystems [J]. Issues in Ecology, 1997, 2: 1-18.

[223] Daily G C. Nature's services [M]. Washington D C: Island Press, 1997.

[224] Ehrlich P R, Ehrlich A P. Extinction: The causes and consequences of the disappearance of species [M]. New York: Ballantine Books, 1983.

[225] Engel S, Pagiola S, Wunder S. Designing payments for environmental services in theory and practice: An overview of the issues [J]. Ecological Economics, 2008, 65 (4): 663-674.

[226] Eregae J E, Njogu P, Karanja R, et al. Economic valuation for cultural and passive ecosystem services using a stated preference [contingent valuation method (cvm)] case of the Elgeyo watershed ecosystem, Kenya [J]. International Journal of Forestry Research, 2021.

[227] Ezebilo E E. Economic value of a non-market ecosystem service: An application of the travel cost method to nature recreation in Sweden [J]. International Journal of Biodiversity Science Ecosystem Services & Management, 2016, 12 (4): 314-327.

[228] Farber S C, Costanza R, Wilson M A. Economic and ecological concepts for valuing ecosystem services [J]. Ecological Economics, 2002, 41 (3): 375-392.

[229] Farhana S, Mehedi M M, Rulia A, et al. A contingent valuation approach to evaluating willingness to pay for an improved water pollution management system in Dhaka City, Bangladesh [J]. Environmental Monitoring and Assessment, 2019, 191 (7): 457.

[230] Farley J, Costanza R. Payments for ecosystem services: From local to global [J]. Ecological Economics, 2010, 69 (11): 2060-2068.

[231] Gaffney O, Steffen W. The Anthropocene equation [J]. Anthropocene Review, 2017, 4 (1): 53-61.

[232] Garrod G, Willis K. Economic valuation of the environment [J]. Books, 1999.

[233] García-Pozo A, Sánchez-Ollero J L, Marchante-Lara D M. Applying a hedonic model to the analysis of campsite pricing in Spain [J]. International Journal of Environment and Resource, 2011, 5 (1): 11-22.

[234] Groot R, Brander L, Ploeg S, et al. Global estimates of the value of ecosystems and their services in monetary units [J]. Ecosystem Services, 2012, 1 (1): 50-61.

[235] Groot R S D, Wilson M A, Boumans R M J. A typology for the classification, description and valuation of ecosystem functions, goods and services [J]. Ecological Economics, 2002, 41 (3): 393-408.

[236] Grooten M, Almond R E A. Living planet report-2018: Aiming higher [R/OL]. WWF, 2018. https://www.wwf.eu/campaigns/living_planet_report_2018/.

[237] Gymer R. Man's impact on the global environment. Assessment and recommendations for action (Report of the study of critical environment problems) [J]. Journal of Chemical Education, 1971, 48 (5).

[238] Haile K K, Tirivayi N, Tesfaye W. Farmers' willingness to accept payments for ecosystem services on agricultural land: The case of climate-smart agroforestry in Ethiopia [J]. Ecosystem Services, 2019, 39: 100964.

[239] Hansen K, Duke E, Bond C, et al. Rancher preferences for a payment for

ecosystem services program in Southwestern Wyoming [J]. Ecological Economics, 2018, 146: 240-249.

[240] Hao C, Wu S, Zhang W, et al. A critical review of gross ecosystem product accounting in China: Status quo, problems and future directions [J]. Journal of Environmental Management, 2022, 322: 115995.

[241] Hayes T, Murtinho F, Wolff H. The impact of payments for environmental services on communal lands: An analysis of the factors driving household land-use behavior in ecuador [J]. World Development, 2017, 93: 427-446.

[242] Hoekstra R, Jeroen C J M. Van Den Bergh. Structural decomposition analysis of physical flows in the economy [J]. Environmental & Resource Economics, 2002, 23 (3): 357-378.

[243] Holdren J P, Ehrlich P R. Human population and the global environment [J]. American Scientist, 1974, 62 (3): 282.

[244] Index M T. Convention on biological diversity [J]. Science, 2004, 279: 860-863.

[245] Ingram J C, Wilkie D, Clements T, et al. Evidence of payments for ecosystem services as a mechanism for supporting biodiversity conservation and rural livelihoods [J]. Ecosystem Services, 2014, 7: 10-21.

[246] Jiang H, Jiang P, Wang D, et al. Can smart city construction facilitate green total factor productivity? A quasi-natural experiment based on China's pilot smart city [J]. Sustainable Cities and Society, 2021, 69: 102809.

[247] Jo J H, Roh T, Hwang J, et al. Factors and paths affecting payment for forest ecosystem service: Evidence from voluntary forest carbon market in South Korea [J]. Sustainability, 2020, 12 (17): 7009.

[248] Johnston R J, Wainger L A. Benefit transfer for ecosystem service valuation: An introduction to theory and methods [M]. Benefit Transfer of Environmental and Resource Values. Springer Netherlands, 2015: 237-273.

[249] Kenny A, Elgie S, Sawyer D. Advancing the economics of ecosystems and biodiversity in Canada: A survey of economic instruments for the conservation and protection of biodiversity [J]. Sustainable Prosperity, 2011.

[250] Kibria A S M G, Behie A, Costanza R, et al. The value of ecosystem services obtained from the protected forest of Cambodia: The case of Veun Sai-Siem Pang National Park [J]. Ecosystem Services, 2017, 26: 27-36.

[251] King D A, Sinden J A. Influence of soil conservation on farm land values [J]. Land Economics, 1988, 64 (3): 242-255.

[252] Kroeger T, Casey F. An assessment of market - based approaches to providing ecosystem services on agricultural lands [J]. Ecological Economics, 2008, 64 (2): 321-332.

[253] Lapeyre R, Pirard R, Leimona B. Payments for environmental services in Indonesia: What if economic signals were lost in translation? [J]. Land Use Policy, 2015, 46: 283-291.

[254] Lara A, Little C, Urrutia R, et al. Assessment of ecosystem services as an opportunity for the conservation and management of native forests in Chile [J]. Forest Ecology & Management, 2009, 258 (4): 415-424.

[255] Li G, Fang C. Global mapping and estimation of ecosystem services values and gross domestic product: A spatially explicit integration of national "green GDP" accounting [J]. Ecological Indicators: Integrating, Monitoring, Assessment and Management, 2014.

[256] Li J, Lu Z. Snow leopard poaching and trade in China 2000-2013 [J]. Biological Conservation, 2014, 176: 207-211.

[257] Li Y, Chen Y. Development of an SBM-ML model for the measurement of green total factor productivity: The case of pearl river delta urban agglomeration [J]. Renewable and Sustainable Energy Reviews, 2021, 145: 111-131.

[258] Lockie S. Market instruments, ecosystem services, and property rights: As-

sumptions and conditions for sustained social and ecological benefits [J]. Land Use Policy, 2013, 31 (none): 90-98.

[259] MacDonald M A, De Ruyck C, Field R H, et al. Benefits of coastal managed realignment for society: Evidence from ecosystem service assessments in two UK regions [J]. Estuarine, Coastal and Shelf Science, 2017: 105609.

[260] Malekmohammadi B, Jahanishakib F. Vulnerability assessment of wetland landscape ecosystem services using driver-pressure-state-impact-response (DPSIR) model [J]. Ecological Indicators, 2017, 82: 293-303.

[261] Mateusz G, Dorota M. Weronika C, et al. How much for water? Economic assessment and mapping of floodplain water storage as a catchment-scale ecosystem service of wetlands [J]. Water, 2013, 5 (4): 1760-1779.

[262] McCarthy S, Matthews A, Riordan B. Economic determinants of private afforestation in the Republic of Ireland [J]. Land Use Policy, 2003, 20 (1): 51-59.

[263] Millennium Ecosystem Assessment (MA) . Ecosystems and human well-being [M]. Washington D C: Island Press, 2005.

[264] Moushani S, Kazemi H, Klug H, et al. Ecosystem service mapping in soybean agroecosystems [J]. Ecol Indic , 2021, 121: 107061.

[265] Muradian R, Corbera E, Pascual U, et al. Reconciling theory and practice: An alternative conceptual framework for understanding payments for environmental services [J]. Ecological Economics, 2010, 69 (6): 1202-1208.

[266] Ninan K N, Kontoleon A. Valuing forest ecosystem services and disservices: Case study of a protected area in India [J]. Ecosystem Services, 2016, 20: 1-14.

[267] Norberg J. Linking nature's services to ecosystems: Some general ecological concepts [J]. Ecological Economics, 1999, 29 (2): 183-202.

[268] Ouyang Z, Song C, Zheng H, et al. Using gross ecosystem product (GEP) to value nature in decision making [J]. Proceedings of the National Academy of Sciences, 2020, 117 (25): 14593-14601.

[269] Ovando P, Beguería S, Campos P. Carbon sequestration or water yield? The effect of payments for ecosystem services on forest management decisions in Mediterranean forests [J]. Water Resources and Economics, 2019, 28: 100119.

[270] Pagdee A, Kawasaki J. The importance of community perceptions and capacity building in payment for ecosystems services: a case study at Phu Kao, Thailand [J]. Ecosystem Services, 2021, 47: 101224.

[271] Pagiola S, Arcenas A, Platais G. Can payments for environmental services help reduce poverty? An exploration of the issues and the evidence to date from Latin America [J]. World Development, 2005, 33 (2): 237-253.

[272] Pattanayak S K. Valuing watershed services: Concepts and empirics from southeast Asia [J]. Agriculture, Ecosystems & Environment, 2004, 104 (1): 171-184.

[273] Paul C, Hanley N, Meyer S T, et al. On the functional relationship between biodiversity and economic value [J]. Science Advances, 2020, 6 (5): 7712.

[274] Peng F, Peng Z, Ying Z. Spatial agglomeration effect of multidimensional poverty and spatial spillover effect of financial development on poverty reduction: Empirical evidence from China [J]. Journal of Finance and Economics, 2018, 44 (2): 115-126.

[275] Persson U M, Alpízar F. Conditional cash transfers and payments for environmental services-a conceptual framework for explaining and judging differences in outcomes [J]. World Development, 2013, 43: 124-137.

[276] Pfaff A, Robalino J A, Sanchez-Azofeifa G A. Payments for environmental services: Empirical analysis for Costa Rica [J]. Terry Sanford Institute of Public Policy, Duke University, Durham, NC, USA, 2008: 404-424.

[277] Pigou A C. The Economics of Welfare (London, 1920) [J]. HIS Italics, 1920: 12.

[278] Pimentel D. Economic benefits of natural biota [J]. Ecological Economics, 1998, 25 (1): 45-47.

[279] Portela R, Rademacher I. A dynamic model of patterns of deforestation and their effect on the ability of the Brazilian Amazonia to provide ecosystem services [J]. Ecological Modelling, 2001, 143 (1-2): 115-146.

[280] Portney P R. The contingent valuation debate: Why economists should care [J]. Journal of Economic Perspectives, 1994, 8 (4): 3-17.

[281] Rai P B, Sears R R, Dukpa D, et al. Participatory assessment of ecosystem services from community-managed planted forests in Bhutan [J]. Forests, 2020, 11 (10): 1062.

[282] Ramirez - Reyes C, Sims K R E, Potapov P, et al. Payments for ecosystem services in Mexico reduce forest fragmentation [J]. Ecological Applications, 2018, 28.

[283] Raymond C M, Kenter J O, Plieninger T, et al. Comparing instrumental and deliberative paradigms underpinning the assessment of social values for cultural ecosystem services [J]. Ecological Economics, 2014, 107: 145-156.

[284] Samuelson P A. Economists and the history of ideas [J]. The American Economic Review, 1962, 52 (1): 1-18.

[285] Sάnchez-Canales M, Benito L A, Passuello A, et al. Sensitivity analysis of ecosystem service valuation in a Mediterranean watershed [J]. Science of the Total Environment, 2012, 440 (1): 140-153.

[286] Sander H A, Haight R G. Estimating the economic value of cultural ecosystem services in an urbanizing area using hedonic pricing [J]. J Environ Manage, 2012, 113: 194-205.

[287] Sattler C, Matzdorf B. PES in a nutshell: From definitions and origins to PES in practice-Approaches, design process and innovative aspects [J]. Ecosystem Services, 2013, 6: 2-11.

[288] Schomers S, Sattler C, Matzdorf B. An analytical framework for assessing the potential of intermediaries to improve the performance of payments for ecosystem serv-

ices [J]. Land Use Policy, 2015, 42: 58-70.

[289] Sierra R, Russman E. On the efficiency of environmental service payments: A forest conservation assessment in the Osa Peninsula, Costa Rica [J]. Ecological Economics, 2006, 59 (1): 131-141.

[290] Silva R A, Lapola D M, Patricio G B, et al. Operationalizing payments for ecosystem services in Brazil's sugarcane belt: How do stakeholder opinions match with successful cases in Latin America? [J]. Ecosystem Services, 2016, 22: 128-138.

[291] Sinare H, Gordon L J, Kautsky E E. Assessment of ecosystem services and benefits in village landscapes - A case study from Burkina Faso [J]. Ecosystem Services, 2016, 21 (Part A): 141-152.

[292] Small N, Munday M, Durance I. The challenge of valuing ecosystem services that have no material benefits [J]. Global Environmental Change, 2017, 44: 57-67.

[293] Steffen W, Broadgate W, Deutsch L, et al. The trajectory of the Anthropocene: The great acceleration [J]. Anthropocene Review, 2015, 2 (1): 81-98.

[294] Steffen W, Rockström J, Richardson K, et al. Trajectories of the Earth system in the Anthropocene [J]. Proceedings of the National Academy of Sciences, 2018, 115 (33): 8252-8259.

[295] Tacconi L. Redefining payments for environmental services [J]. Ecological Economics, 2012, 73: 29-36.

[296] Tengberg A, Fredholm S, Eliasson I, et al. Cultural ecosystem services provided by landscapes: Assessment of heritage values and identity [J]. Ecosystem Services, 2012, 2: 14-26.

[297] Turner R K, Van Den Bergh J C J M, Söderqvist T, et al. Ecological-economic analysis of wetlands: Scientific integration for management and policy [J]. Ecological Economics, 2000, 35 (1): 7-23.

[298] UNDP. Human Development Report 2019. Beyond income, beyond

averages, beyond today: Inequalities in human development in the 21st century [R]. UNDP, 2019.

[299] US Environmental Protection Agency. Guidelines for preparing economic analyses [Z], 2000.

[300] Vatn A. An institutional analysis of payments for environmental services [J]. Ecological Economics, 2010, 69 (6): 1245-1252.

[301] Wallace K J. Classification of ecosystem services: Problems and solutions [J]. Biological Conservation, 2007, 139 (3-4): 235-246.

[302] Waters C. The Anthropocene is functionally and stratigraphically distinct from the Holocene [J]. ENCE, 2016, 6269 (351): 137-147.

[303] Westman W E. How much are nature's services worth? [J]. Science, 1977, 197 (4307): 960-964.

[304] Wilson M A, Hoehn J P. Valuing environmental goods and services using benefit transfer: The state-of-the art and science [J]. Ecological Economics, 2006, 60 (2): 335-342.

[305] Wunder S. Payments for environmental services: Some nuts and bolts [J]. CIFOR Occasional Paper, 2005.

[306] Wunder S. Revisiting the concept of payments for environmental services [J]. Ecological Economics, 2015, 117: 234-243.

[307] Xia F, Xu J. Green total factor productivity: A re-examination of quality of growth for provinces in China [J]. China Economic Review, 2020, 62: 101454.

[308] Xie G D, et al. Living Planet Report - China 2015 [R]. WWF, 2015.

[309] Zarandian A, Mohammadyari F, Mirsanjari M M, et al. Scenario modeling to predict changes in land use /cover using Land Change Modeler and InVEST model: A case study of Karaj Metropolis. Iran [J]. Environmental Monitoring and Assessment, 2023, 195 (2): 273.

[310] Zhang J, Zou J, Zhang K. A comprehensive model of basin ecological com-

pensation funds－A case study of the Yellow River Basin in China [J]. Frontiers in Environmental Science, 2023, 11: 178.

[311] Zhang Y, Ma Z, Sun M, et al. Quantitatively evaluating the ecological product value of nine provinces in the Yellow River Basin from the perspective of the dual-carbon strategy [J]. Land, 2023, 12 (2): 516.

[312] Zhao X, He Y, Yu C, et al. Assessment of ecosystem services value in a national park pilot [J]. Sustainability, 2019, 11 (23): 6609.

[313] Zhou Z, Sun X, Zhang X, et al. Inter-regional ecological compensation in the Yellow River Basin based on the value of ecosystem services [J]. Journal of Environmental Management, 2022, 322: 116073.

后　记

本书是内蒙古师范大学“公共管理一流学科与师资队伍建设”项目的研究成果，也是内蒙古高等学校青年科技人才发展项目（NJYT24071）、内蒙古自然科学基金项目“基于生态福利绩效的黄河流域绿色发展时空演化及路径探寻研究”（2022LHQN07003）、内蒙古师范大学基本科研业务费专项资金资助项目“绿色发展理念下内蒙古生态福利绩效评价、影响因素及提升对策研究”（2022JBZH006）的阶段性研究成果。本书的研究难点在于关于内蒙古黄河流域生态产品价值实现的数据较少，关于生态产品价值实现的实证研究成果相对较少，归纳并探讨内蒙古黄河流域生态产品价值实现的发展路径工作量较大。本书从内蒙古黄河流域生态产品价值实现的不同视角进行了探究，有助于有针对性地设计相应的模式，结合社会经济发展水平进行生态产品价值的区域差异性分析，揭示生态和经济发展的协调性问题，为内蒙古黄河流域初步形成生态产品价值实现的制度框架提供理论参考，为内蒙古黄河流域提升生态产品供给能力及生态产品价值实现路径提供依据。

本书的完成非我一人之力，在此，感谢内蒙古师范大学政府管理学院同事的指导，感谢硕士研究生杨泽蔚对本书第二、第三章内容的协助研究，感谢调研地区当地政府及工作人员的大力支持。向为本书出版付出努力或给予帮助的朋友表达最真挚的谢意，限于篇幅，不能一一列出，在此一并表示感谢。

本人长期从事区域经济与绿色发展等领域的研究，并在该研究方向上取得了一定的研究成果，本书汇集了近几年我对黄河流域生态保护和高质量发展问题的学术研究成果和调研报告。然而，生态产品价值实现研究是一项重要而艰难的系统工程，在研究过程中我深感自身能力有限，书中不当之处在所难免，希望借出版之机，得到学界同人和读者朋友的批评指正，使研究成果日臻完善。

李东海

2023 年 12 月